U0734641

TEAM MANAGEMENT AND THE ART OF COMMUNICATION

陈霞 郭瑞 —— 主编

陈坤芳 鞠晓蕾 —— 副主编

团队管理与沟通艺术

慕课版

高等职业院校新形态通识教育系列教材

人民邮电出版社
北京

图书在版编目（CIP）数据

团队管理与沟通艺术 : 慕课版 / 陈霞，郭瑞主编
. -- 北京 : 人民邮电出版社，2024.1
高等职业院校新形态通识教育系列教材
ISBN 978-7-115-63113-8

Ⅰ. ①团… Ⅱ. ①陈… ②郭… Ⅲ. ①团队管理－高
等职业教育－教材 Ⅳ. ①C936

中国国家版本馆CIP数据核字(2023)第212810号

内 容 提 要

　　高效的团队管理和沟通是促成企业蓬勃发展与保持持久竞争力的源泉。本书以团队建设为出发点，围绕团队管理和沟通艺术，密切结合团队实践，全面讲解团队构建、团队效能、团队培训与评估、团队领导与激励、团队冲突与创新、特色团队建设、团队有效沟通、团队沟通艺术等知识，引导读者学习团队构建与管理的理论和方法，掌握有效沟通的技巧和艺术。本书通过音频形式呈现素质教育内容，读者可以扫描二维码聆听和学习。

　　本书具有很强的实践价值，不仅可以作为高等职业院校团队管理、团队建设、团队沟通等课程的教材，还可以作为企事业单位学习和培训的参考书。

◆ 主　编　陈　霞　郭　瑞
　　副 主 编　陈坤芳　鞠晓蕾
　　责任编辑　楼雪樵
　　责任印制　王　郁　彭志环
◆ 人民邮电出版社出版发行　　　北京市丰台区成寿寺路 11 号
　　邮编　100164　电子邮件　315@ptpress.com.cn
　　网址　https://www.ptpress.com.cn
　　涿州市京南印刷厂印刷
◆ 开本：787×1092　1/16
　　印张：14　　　　　　　　　　2024 年 1 月第 1 版
　　字数：345 千字　　　　　　　2024 年 1 月河北第 1 次印刷

定价：49.80 元

读者服务热线：**(010)81055256**　印装质量热线：**(010)81055316**
反盗版热线：**(010)81055315**
广告经营许可证：京东市监广登字 20170147 号

党的二十大报告提出："实施科教兴国战略，强化现代化建设人才支撑。"人才是全面建设社会主义现代化国家的基础性、战略性支撑之一，是企业发展的重要资源。企业追求发展壮大，个人追求事业成功，都离不开有效的团队管理和沟通艺术。高效能的团队以其凝聚力强、合作度高、沟通融洽、创造力强等优势，能够助力企业应对复杂环境，实现经营目标。因此，团队构建、团队管理、团队沟通已成为现代社会经济管理实践的重要内容，也越来越受到高校的重视。编者团队结合教学实践经验和团队实战案例，系统梳理了团队管理与沟通技巧的要点，并结合大量案例编写了本书，以满足高校管理类课程教学及企事业单位培训的需要。

本书内容遵循从理论指导到具体实践的递进式教学过程，以团队建设、团队管理和团队沟通为主线，突出能力本位，帮助读者了解团队建设、运行的相关理论，开展团队管理实践，提高团队沟通能力。其编写思路和特色主要体现在以下几个方面。

1. **体例新颖，突出实战。** 本书每一节都按照学习目标、情景导入、知识园地、技能实训、拓展练习进行编排，教学内容中穿插了课堂互动、团队/沟通故事、知识链接、素养提升、拓展资源等模块，体例趣味性强，新颖活泼。本书以解决实际问题为目标，着力阐释团队管理与沟通的方法、途径，重视对关键能力的强化训练，突出实战性。

2. **融入素质教育，目标定位明确。** 本书积极落实立德树人根本任务，融合了爱党、爱国、爱人民、爱集体，树立文化自信，以及精益求精的大国工匠精神等素质教育元素，将"三全"育人和知识技能相互渗透，切实发挥教材的育人功能。

3. **资源丰富，形态多样。** 为适应新学习方式，本书除了配套课件、教案、教学大纲等资源，还通过二维码的形式融入素养提升音频、教学慕课视频和拓展资源等形态多样的内容，构建了线上线下一体化的新型教学模式，同时也适合学生自学和提升。

本书由无锡城市职业技术学院陈霞、郭瑞任主编，负责总体设计和编写，无锡城市职业技术学院陈坤芳和内江师范学院鞠晓蕾任副主编。编写人员具体分工如下：第一、二单元由陈霞编写，第三～五单元由陈坤芳编写，第六～九单元由郭瑞编写，第十单元由鞠晓蕾编写。在编写过程中，编者参考了大量文献材料，限于篇幅，文末所列参考文献仅是其中一部分，在此一并向这些资料的著作者以及有关专家、学者和组织表示衷心的感谢！

由于编者水平有限，书中难免存在不足之处，敬请广大读者批评指正。

编　者

2023年6月

CONTENTS 目 录

9

第九单元　团队有效沟通　　　　　　　　　154

第一单元
团队概述

1

有句话是这样说的："不要以为你什么都行，离开团队，你可能一事无成；也不要以为你什么都不行，有了团队，你也许什么都行。"任何人要在事业上获得成就都离不开优秀的团队。同样，一千个不成功的企业可能有一千个不成功的理由，但是一千个成功的企业必然会有一个要素，那就是上下同欲、精诚合作的团队。团队是企业核心竞争力的重要组成部分。

第一节 认识团队

学习目标

- 掌握团队的内涵、构成要素及功能。
- 能区分团队和群体，会分析团队构成要素。
- 结合学习实践，能积极融入团队，强化团结友爱、互帮互助的精神。
- 培养大局意识、协作精神和服务精神，培育乐于奉献、爱岗敬业的品质。

情景导入

《西游记》讲述的是唐僧师徒前去西天取经的故事，表现了惩恶扬善的经典主题。用现代人的管理眼光看，唐僧师徒四人行走路程十万八千里，最后取得真经，其实是一个团队成功的例证。唐僧从长安出发时，就萌发了团队意识。他知道：单靠他一人，是到不了西天的。孙悟空、白龙马、猪八戒、沙僧一个个来到唐僧的身边。刚开始，孙悟空是为了离开五行山，白龙马是为了离开困龙潭，沙僧是为了离开流沙河以免遭万箭穿心之苦，而猪八戒是最不愿意上路的。但是，他们经过三打白骨精的考验和整合后，统一了认识：脱离"罪孽"

和获取功名最快的方法就是保唐僧取西经。由此可见，一个团队成功的前提是大家有共同的"西天取经"价值观和一致的目标。《西游记》中，唐僧师徒四人的个性差异十分明显。唐僧目光远大，有坚韧的品格和很强的原则性，不达目的不罢休，但他做事、决策缓慢。孙悟空干劲十足，崇尚行动，精明能干，但他性格难以约束。猪八戒性格开朗，肯帮助同事，能够接受任何批评而毫无思想负担，但他意志薄弱，容易放任自己。沙和尚忠诚老实，任劳任怨，而且能够在压力下保持冷静，但他能力一般。唐僧师徒四人，谁都有明显的缺点，但是，他们组成团队后，爆发出强大的战斗力，战胜了西天取经路上九九八十一难，最终完成了"西天取经"大业。

情景解析：

无论力量型的人、完美型的人、活泼型的人还是平和型的人，都可以凭借自己的性格魅力来赢得团队伙伴的支持。在追求个人成功的过程中，我们离不开团队力量。也正是个性、气质、能力各异的人组合在一起，团队的战斗力才会是最强的。

知识园地

课堂互动

请谈谈你对团队的理解。

> 素养提升
>
> 人类命运共同体

一、团队的内涵

汉字"团队"，即有"口""才"的人和一群"耳"听的"人"组成的组织。"团队"一词，在《现代汉语词典》中的释义是"具有某种性质的集体"，英文为team，其含义是通过其成员的共同努力能够产生积极协同作用的组织。

关于团队的内涵，目前没有统一的定论。美国管理学家罗宾斯认为团队是由两个或两个以上相互作用、相互依赖的个体，为了特定目标而按照一定规则结合在一起的组织。有些学者认为团队是由员工和管理层组成的一个共同体，它合理地利用每个成员的知识和技能协同工作，解决问题，达到共同的目标。

在管理科学和实践中，各个学者对"团队"一词有着相对一致的看法，即团队是一个组织在特定的可操作范围内，为实现特定目标而建立的相互合作、一致努力的由若干成员组成的共同体。作为一个共同体，团队在集体讨论研究和决策以及信息共享和标准强化的基础上，通过队员奋斗得到胜利果实，这些果实超过个体成员绩效的总和。

为了正确理解团队的含义，我们必须明确团队的几个特征。

1. 共同目标

对于任何一个团队来说，目标都应该是团队建立的前提。先有了目标才会有团队，所以没有目标的团队就称不上团队。团队成员有着共同的目标，并清晰地知道目标、方向、原则分别是什么，为完成共同目标，成员之间彼此合作，这是构成和维持团队的基本条件。实际上，正是这种共同的目标、方向，才决定了团队的性质。因此，领导者在团队管理中，首要的任务就是先确定目标、方向。这样才能使不同角色的团队成员有完全一致的目标，更重要的是使团队有前进的动力。

2. 有效授权

团队要有自主性，团队领导者要能厘清自己的授权范围，适当放权，并说明给予团队成员的权限范围，通过书面文字确定下来。领导者还要能够根据重要性与紧迫性，将各项工作安排好先后顺序，在团队成员的工作进程中，适时通过协商解决问题与困难。团队成员在充分的自主权下履行职责，可以更好地实现自身的价值，从而获得较大的心理满足，最大限度地调动自身的主观能动性和创造性，释放工作热情，共同提高团队的工作效率。

3. 分工协作

一个合理的团队结构中，团队成员的年龄、专业知识和智力水平等不应该也不可能是整齐划一的。在成员的总体构成上，团队既要有强有力的主要负责人，又必须有各具专长的其他成员。每个团队成员都应该明确自己的角色、权力、任务和职责，确立各个成员之间的相互关系，使全体成员之间长短互补、相互配合，充分发挥群体的整体功能。

4. 互信共享

团队能力的大小受到团队内部成员相互信任程度的影响。在一个有效的团队里，成员会相互关心，承认彼此间存在的差异，信任其他人所做和要做的事情。任何团队在工作中都会有不同意见，要鼓励团队成员将意见表达出来。团队领导者要善于通过委任、公开交流、自由交换意见来推进彼此之间的信任。

共享在团队中也十分重要。共享可以迅速提高团队成员的经验和技能，使其迅速融入新的团队中，还可以增进成员间的情感，减少摩擦，有利于团队和谐。团队分享包括很多内容，最主要的两点是经验分享和信息分享。经验分享可以是老队员向新进队员介绍自己成功的经验，还可以是队员与队员之间的经验交流。信息分享是团队中的每位成员都要保持最新的市场信息在团队中顺利流通。这样有助于整个团队在短时间内及时地、全面地了解当下的环境，迅速做出相应的对策，促进团队的高效运转。

5. 有效沟通

团队必须装备先进的信息技术系统和通信网络，以满足团队高效沟通的需要。团队拥有全方位的、各种各样的、正式的和非正式的信息沟通渠道，才能保证沟通直接和高效。沟通不仅是信息的沟通，还是思想和情感上的沟通。每个团队成员不仅要具有良好的交际能力，而且要拥有较高的情商，团队内要营造开放、坦诚的沟通氛围，成员要倾听、接纳其他成员的意见，以获得有效的反馈。

⏰ 团队故事

猴子实验

有学者做了一个实验：把六只猴子分别关在三间空房子里，每间两只，房子里分别放着一定数量的食物，但放的位置高度不一样。第一间房子的食物就放在地上，第二间房子的食物分别从易到难悬挂在不同高度的位置上，第三间房子的食物悬挂在房顶。几天后，他们发现第一间房子的猴子一死一伤，伤的缺了耳朵断了腿，奄奄一息，第三间房子的猴子也死了。只有第二间房子的猴子活得好好的。究其原因，第一间房子的两只猴子一进房间就看到了地上的食物，于是，为了争夺唾手可得的食物而大动干戈，结果伤的伤，死的死。第三间房子的猴子虽然做了努力，但因食物太高，难度过大，够不着，被活活饿死了。只有第二间房子的两只猴子先是各自凭着自己的本能蹦跳取食，最后，随着悬挂食物高度的增加，难度增大，两只猴子只有协作才能取得食物，于是，一只猴子托起另一只猴子跳起取食。这样，它们每天都能取得够吃的食物，很好地活了下来。真正的团队会为了共同的目标而相互理解、相互支持和依赖，而一个团队没有团队意识，起了内耗与冲突，只会使这个团队变得平庸，甚至为了利益而争得你死我活，两败俱伤。

二、团队与群体

团队是一种具有特定属性的群体。在深入了解团队之前，还要先理解群体。

（一）两者的联系与区别

群体是与个体相对应的概念，是指具有某些共同属性的个体在相同的时空集聚。而团队是群体演化发展的结果，两者既相互联系，又有显著区别。其相同之处表现在：一是团队与群体一样由两个以上的个体组成；二是团队与群体内的各成员之间相互作用并相互依存；三是团队与群体都有共同的目标。两者也有着根本的区别，表现为以下7个方面。

1. 人数方面

高效的团队在成员数量上有一定的限制，而群体在群体数量上没有明显的数量限制。

2. 领导方面

群体应该有明确的领导者，而团队就不一定有领导者，尤其是在团队发展到成熟阶段后，所有成员共享决策权。

3. 目标方面

群体的目标必须跟组织保持一致，但团队除了有共同的目标外，团队各成员还可以有自己的目标。

4. 协作方面

群体的协作性可能是中等程度的，有时成员还有些消极或对立，但团队是一种齐心和高度合作的，这也是团队与群体最根本的差异所在。

5. 责任方面

群体的领导者要负很大的责任，而团队中除了领导者要承担责任外，每个团队的成员也要负相应的责任，甚至是要一起承担责任。

6. 技能方面

群体成员的技能可能是相同的，也可能是不同的；而团队成员的技能是互补的，团队把具有不同知识、技能和经验的人综合在一起形成角色互补，从而达到有效的组合。

7. 结果方面

群体的绩效是每一个个体的绩效相加之和，而团队的结果或绩效是所有成员共同完成的产品或服务。

课堂互动

龙舟队、旅行团、足球队、候机旅客这4个组织，哪些是群体？哪些是团队？

（二）群体向团队的过渡

从群体发展到真正的团队需要一个过程，这个过程分为以下几个阶段（见图1-1）。

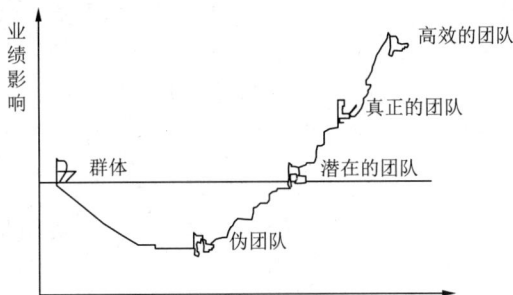

图1-1 群体向团队的过渡

第一阶段，由群体发展到所谓的"伪团队"，也就是我们所说的"假团队"。

第二阶段，由"假团队"发展到潜在的团队，这时已经具备了团队的雏形。

第三阶段，由潜在的团队发展为一个真正的团队，它具备了团队的一些基本特征。真正的团队距离高效的团队还比较遥远。

第四阶段，团队和成员共成长，形成高效的团队。

三、团队的构成要素

团队有5个重要的构成要素，简称5P，具体如下。

1. 目标（Purpose）

团队应该有一个既定的目标为团队成员导航，知道团队要向何处去。如果没有目标，这个团队就没有存在的价值。团队的目标必须跟组织的目标一致，此外大目标还可以分成小目标，具体分到各个团队成员身上，大家合力实现这个共同的目标。同时，目标还应该有效地向大众传播，让团队内外的成员都知道这些目标，甚至目标可以贴在团队成员的办公桌上、会议室里，以激励所有的人为这个目标而工作。只有共同的愿景才能使团队的成员知道自己的角色和任务，从而真正组成一个高效的群体，把工作上相互联系、相互依存的人团结起来，更有效地达成个人、部门和组织的目标。

团队故事

明确目标

自然界中有一种昆虫很喜欢吃三叶草，这种昆虫在寻找食物时都是成群结队的，第一个趴在第二个的身后，第二个趴在第三个的身后，由一只昆虫带队去寻找食物，这些昆虫连接起来就像一节节的火车车厢。管理学家做了一个实验，把这些像火车车厢一样的昆虫连在一起，组成一个圆圈，然后在圆圈中放了它们喜欢吃的三叶草。结果它们爬得精疲力竭，还是

> 吃不到这些草。这个例子说明：团队一旦失去目标，团队成员就会不知道去向何处，最后的结果可能是"饿死"，这个团队就没有存在的价值了。

2．人（People）

人是构成团队的核心，是团队中最活跃、最重要的资源。目标是通过人员具体实现的，所以人员的选择是团队中非常重要的一部分。不同的人通过分工来共同完成团队的目标。在人员选择方面，要根据团队的目标和地位来综合考虑人员的能力如何，技能是否互补，人员的经验如何，以及人员在多大程度上符合团队的目标、定位、职权和计划的要求。

3．团队的定位（Place）

团队定位包含两层意思。

（1）团队定位，包括团队在发展过程中处于什么位置，由谁选择和决定团队的成员，团队最终应对谁负责，团队采取什么方式激励成员。

（2）个体定位，是指个体作为成员在团队中扮演什么角色，是制订计划、负责具体实施某项工作任务，还是评估现有工作的成效。

4．权限（Power）

所谓权限，是指团队负有的职责和相应享有的权利。团队中领导者的权力大小跟团队的发展阶段相关。一般来说，团队越成熟，领导者所拥有的权力相应越小，而在团队发展的初期阶段，领导权力则相对比较集中。

团队权限关系主要体现在两个方面。

（1）整个团队在组织中拥有什么样的决定权，如财务决定权、人事决定权、信息决定权。

（2）组织的基本特征，如组织的规模多大，团队的数量是否足够多，组织对于团队的授权有多大，它的业务是什么类型。

团队的权限范围必须与其定位、工作能力及所赋予的资源相一致。调动团队的积极性需要适当、合理、艺术地授权。

5．计划（Plan）

计划包含两个层面的含义。

（1）目标最终的实现需要一系列具体的行动方案。计划可以理解成实现目标的具体工作程序。

（2）按计划进行可以保证团队顺利开展工作。只有在计划的指导下，操作团队才会一步一步地贴近目标，从而最终实现目标。

| 知识链接 |

团队管理经典理论

1．彼得原理

每个组织都是由不同职位、等级或阶层的人员组成的，每个人都隶属于其中的某个等级。美国学者劳伦斯·彼得在对组织中的人员晋升相关现象进行研究后，得出一个结论：在各种组织中，成员总是趋向于晋升到其不称职的级别，这就是彼得原理，也被称为"向上爬"原理。彼得原理告诉我们，不恰当的晋升是最糟糕的激励措施。对团队而言，一旦相当部分人员被推到其不称职的级别，就会造成团队人浮于事，效率低下。将某个成员晋升到一个无法很好发挥才能的岗位，不仅不是对本人的奖励，反而使其无法很好地发挥才能，也会给团队带来损失。因此，团队成员的职位晋升需要规范。

2. 酒与污水定律

酒与污水定律是指如果把一匙酒倒进一桶污水，得到的是一桶污水；如果把一匙污水倒进一桶酒，得到的还是一桶污水。在任何组织里，几乎都存在几个"难弄"的人物，他们存在的目的似乎就是为了把事情搞糟。一个正直能干的人进入一个混乱的部门可能会被吞没，而一个无德无才者能很快将一个高效的部门变成一盘散沙。组织系统往往是脆弱的，是建立在相互理解、妥协和容忍的基础上的，很容易被侵害、被毒化。破坏者能力非凡的另一个重要原因在于，破坏总比建设容易。一个能工巧匠花费时日精心制作的陶瓷器，一头驴一秒就能毁坏掉。如果一个组织里有这样的一头驴，即使拥有再多的能工巧匠，也不会有多少像样的工作成果。如果你的组织里有这样的"驴"，你应该马上将其清除掉，如果你无力这样做，就应该将其"拴"起来。

3. 木桶定律

水桶定律是指一只木桶能装多少水，这完全取决于它最短的那块木板。任何一个团队都可能面临一个共同的问题，即构成团队的各个部分往往是优劣不齐的，而劣势部分往往决定了整个团队的水平。最短的木板是团队中有用的一个部分，只不过比其他部分差一些，如果这个部分的短板程度严重到成为阻碍工作的瓶颈，团队就不得不采取措施。一个团队如果一味"避短"，团队的发展空间就会非常有限，所以要及时识别和正视团队"短板"成员，在前进中慢慢修正，注重团队整体水平的提升。

4. 马太效应

马太效应是指强者愈强、弱者愈弱的现象。马太效应告诉我们，对于团队成员管理而言，要想在某个领域保持优势，团队就必须在此领域迅速做大。团队一旦成为某个领域的领头羊，就能更轻易地获得比弱小的团队更大的收益。

5. 零和游戏

零和游戏是指在一项游戏中，游戏者有输有赢，一方所赢正是另一方所输，游戏的总成绩永远为零。在团队成员管理中，要善于在竞争中从零和走向共赢，要善于在合作中将共同利益做大做强，从而形成强大的团队内驱力。

6. 华盛顿合作定律

华盛顿合作定律说的是一个人敷衍了事，两个人互相推诿，三个人则永无成事之日。人与人的合作不是简单的人力相加，而是要复杂和微妙得多。因为人不是静止物，而更像方向各异的能量，相互推动时自然事半功倍，相互抵触时则一事无成。这就要求团队领导者对员工有足够的了解，并进行合理的人力资源配置，从而形成相互合作、促进的团队氛围，提高团队内部的运转效率。

7. 手表定理

手表定理是指一个人有一只手表时，可以知道现在是几点钟，当他同时拥有两只或更多只表时，却无法确定。因为不同手表所显示的时间并不一定相同，反而会让看表的人失去对准确时间的信心。因此，团队内部要形成一致的主流文化、团队理念，避免多头领导、多重管理理念的冲突。

8. 不值得定律

不值得定律最直观的表述是：不值得做的事情，就不值得做好。不值得定律反映出人们的一种心理，即一个人如果做的是一份自认为不值得做的工作，往往会采取冷嘲热讽、敷衍了事的态度。这样做事不仅成功概率小，而且即使成功，个人也不会觉得有多大的成就感。团队要善于分析成员的性格特征，合理分配工作，加强成员对团队目标的认同感，让成员感觉到自己所做的工作是值得的，这样才能激发团队成员的热情。同时，在成员做了自己想做的事情并有了成就后，团队要持续不断地鼓励他、赞扬他。

9. 蘑菇管理

蘑菇管理是许多团队对待初出茅庐者的一种管理方法。初学者被置于阴暗的角落（不受重视的部门，或打杂跑腿的工作），经常被指教、批评，甚至代人受过。很多人都有过这样一段"蘑菇"的经历，这不一定是什么坏事。初入职业生涯，每个人需要打磨棱角，帮助自身对形形色色的人与事物形成更深的了解，为今后的发展打下坚实的基础。团队要能够实施科学的蘑菇管理，一方面要给予团队新进成员必要的锻炼，从基层做起，提高其业务技能，培养其吃苦耐劳的精神；另一方面要将蘑菇管理控制在合理的范围内，不能打击新进成员的工作积极性。

10. 奥卡姆剃刀定律

奥卡姆主张唯名论，只承认确实存在的东西，认为那些空洞无物的普遍性概念都是无用的累赘，应当被无情地剔除。他主张如无必要，勿增实体。奥卡姆剃刀定律在团队管理中可以理解为把复杂的事情变简单，善于把握事情的主要实质，把握主流，解决最根本的问题，尤其要顺应自然，不要把事情人为地复杂化，这样才能把事情处理好。

四、团队的功能

无数滴水汇入江河，才能展现其无限的生命力；千万道光聚在一起，便足以驱走黑暗，带来光明。团队的功能强大，许多著名的、出色的企业都将团队作为重要的组织结构和管理方式。团队的功能主要体现在以下几个方面。

（一）充分利用资源

（1）任何组织现存的各种资源都往往存在着不平衡，其部分冗余不可避免。实行团队模式，可以在组织原有的工作不受影响的情况下开拓许多新的工作领域、完成更多的工作任务。

（2）当某种工作任务需要多种技能、经验和渠道时，由若干成员组成各有特色并集思广益的团队来做，通常会比个人做得更好，因为团队有助于组织更好地利用成员的才能。

（3）在复杂多变的环境中，团队工作的模式比传统的部门结构更灵活，反应更迅速，它能够快速地组合、重组和解散，这样可以大大提高组织资源的利用率。

（二）增强组织效能

团队对于组织效能的增强作用主要体现在以下4个方面。

1. 完善组织的结构

团队组织有利于改善组织的沟通状况，使团队成员之间加强交流，这有利于弥补组织的一些缺陷。团队及其成员有对组织整体的共同承诺，鼓励个体把个人目标升华为团队和组织的目标，共同为组织的目标而努力，强化整体组织的结构和战斗力。而且，团队能够增强组织的灵活性，有利于组织在操作层面上的应变。

2. 改善工作氛围

当组织员工只关心个人的工作目标时，他们往往会与其他同事工作目标的实现发生摩擦，团队模式则能够满足人的归属需要和成员之间的友情，他们会为了整个团队的共同目标而奋斗，也会为了实现团队的目标而主动地谋求合作，不仅会减少冲突，而且会在局部乃至组织总体创造良好的氛围。

3. 增强组织灵活性

市场环境的新变化是组织普遍采用团队形式的主要原因。任何组织要想在激烈的竞争环境下生存、发展，都必须改变过去等级分明、决策缓慢、机构臃肿、人浮于事、对外界变化的应变能力差的管理模式。团队工作以灵捷和柔性为特征和优势，给予成员必要的团队工作技能训练，共同的价值观使团队能更好地应对外部环境的变化和适应组织内部的改革、重组。

4. 提高组织的决策效能

团队工作模式以计算机网络、信息处理软件为支撑技术，团队成员之间的协调和联系通过总线上的共享信息实现。通过建立企业内联网和企业外部网实现信息的共享和集成，这样可以消除传统组织结构中由于层层传递所造成的信息失真和延误，从而提高信息传递的质量和速度。

（三）促进成员发展

（1）提升内在动力。团队体制重视成员的自主决策权，让成员有归属感，能够有表达自己意见的渠道，积极参与团队决策。建立良好的信息沟通渠道，能够使成员之间相互了解，化解矛盾，增强互信。建立完善的激励机制，能够让每个成员意识到个人的利益和荣誉与所在团队不可分割。同时，给予成员奖励，提高其工作参与度，可以满足成员自身成就感等心理需求。

（2）强化协作意识。团队中的每个成员之间相互依存、同舟共济、互相敬重、彼此宽容和尊重个性的差异。团队成员彼此间形成一种信任的关系，待人真诚、遵守承诺，相互帮助和共同提高，共享利益和成就且共担责任。

（3）体现人本管理。团队鼓励成员一专多能，要求成员积极参与决策，采取措施让成员的行为与团队的目标相一致，广开言路，公平、合理地分配利益，实现个人的人力资本价值，营造良好的人本管理环境。

（四）提高组织效益

（1）提高经济效益。团队这种工作形式可以产生正向协同的作用，大大提高局部组织的生产效率和整体的经济效益，从而达到促进组织绩效提高和组织发展的目的。

（2）提高管理效率。当工作任务和日常决策权交给团队后，团队可以自动运转起来，管理层就能够摆脱日常管理事务而去思考和处理更重要的问题。同时，将决策权下放给团队后，团队就能够根据环境的变化灵活处理问题，有利于组织决策的顺利实施。

（3）创造社会效益。由于团队社会网络的存在，团队通过社会资本的传递作用，可使团队所在的组织乃至组织所在的行业产生协同效应，团队的创新性成果、团队的文化理念等都会在其社会网络中产生积极的影响，这不仅有利于增加组织的无形资产，提升其在业界的口碑，还能帮助其创造社会效益。

团队故事

中国女排

中国女排在世界排球赛中，凭着团结协作、顽强拼搏的精神，5次蝉联世界冠军，为国争光，为人民建功。女排精神始终代代相传，极大地激发了中国人的自豪、自尊和自信。2021年9月，中国共产党中央委员会批准了中央宣传部梳理的中国共产党人精神谱系第一批伟大精神，女排精神被纳入，定义为"祖国至上、团结协作、顽强拼搏、永不言败"。中国女排的光芒离不开强大的团队力量。伴随女排的凯歌高奏，越来越多的体育迷知晓了女排背后不为人知的故事。主教练郎平放弃了在美国的优厚待遇，只身一人回国执教。一句"国家需要我，我就回来了"，让郎平展现出她纯粹的一面，也是她对中国女排团队精神的最好理解。面对当时女排队伍人才青黄不接、球员基本功不扎实的窘境，女排团队积极挖掘人才力量，树立"大国家队"的理念，动态的运动员管理机制更是让越来越多的运动员有了比赛机会。在比赛中，我们看到女排姑娘每一次得分、每一次协作回球后都会轻轻拥抱、绽放笑容、互相鼓励，这就是女排队员对团队精神的最好理解。把女排教练组、队员当作家人，为了家人而战，为了梦想而战，这种对团队的深刻理解让女排精神有了温暖的人性光芒。

技能实训

天才的猎取

实训目标：确定和认同团队成员的能力，确保成员能力在团队中得到开发。

实训工具：大的彩色纸或轻的纸板、记号笔。

实训步骤：

（1）让团队成员写下每个团队成员的名字，在每个名字下面建立他(她)的才能清单。向成员们强调在日常基础工作中可能未曾用到的才能的重要性。

（2）在房间四周为每个团队成员张贴一张大彩纸，在每张纸旁边放一支记号笔。

（3）让团队成员拿着他们建立好的清单，并将他们已确定的那些才能描述誊写到大彩纸上。

（4）以组为单位检查这些列表，并确保每张列表中的每个才能都被注意到。用心去做这件事，因为这是对团队成员所做贡献的一个小小的庆祝。询问每个成员他们是否有什么才能被忽视了，如果有，将它们添加上去。针对每个成员，确定团队正在对其全力开发的才能和未全力开发的才能。

（5）为每个团队成员至少选择一个未全力开发的才能，并向小组询问："团队如何更好地利用此才能？"

（6）将成员的才能列表交给本人保管，并建议成员将才能列表张贴起来，以提醒自己充分利用这些才能。

思考与讨论：

（1）你清楚团队中其他成员的才能吗？

（2）怎样做才能让我们更好地了解队友，以及让队友了解我们？

拓展练习

人椅游戏

目的：体验信任、支持，合力体现群策群力、挑战自我，培养集体感和团队观念，加强团队协作精神。

要求：

（1）小组队员围成一个圈。

（2）每位成员将双手放在前面一位成员的双肩上。

（3）听从老师的指令，缓缓地坐在身后同学的腿上。

（4）坐下后，老师再给指令，每位成员喊出相应的口号：齐心协力、勇往直前。

（5）各小组以竞赛形式进行，以坚持最长时间不松垮的小组获胜。

思考：

（1）练习过程中，你的心态是否发生变化？身体和声音是否也相继出现变化？

（2）在出现以上变化时，你是否及时进行了调整？

（3）你是否有依赖思想，你认为自己的松懈对团队影响大不大？最后情况是怎样的？

（4）要想在竞赛中取胜，你认为最重要的是什么？

第二节 团队的发展历程及类型

学习目标

- 掌握团队发展的5个阶段及团队类型的理论知识。
- 了解不同团队发展阶段的团队特点、工作重点和领导风格。
- 认同可持续发展理念，领悟团队创新的重要性，强化团队精神。
- 培养发展的眼光，树立全局思维，了解优秀民族企业的团队发展历史，激发爱国主义热情，增强使命感和责任感。

団队概述

情景导入

华为在刚创业的那几年主要以贸易为主，做过不少产品的贸易，通信设备只是其中一种。在朋友的推荐下，任正非开始做PBX交换机的代理。20世纪90年代，电信产品需求旺盛、价格不菲，然而国内很少有企业可以研发、制造电信设备，与国外厂商竞争。面对巨大的商机，华为从代理走向了自研的道路。依靠C&C08数字程控交换机的巨大成功，华为完成了创业初期的原始积累。到1996年，华为的销售额已经突破了20亿元，人员也从最初的几个人扩张到了2 000多人。

华为已经从"小作坊"蜕变成了中型企业。然而，这个过程也暴露了华为越来越多的管理问题，企业管理一盘散沙。企业缺乏管理体系和约束机制。更严重的是，这些原先"打天下"的人，部分以功臣自居，不服从管理，沉溺于草莽英雄式的自由、散漫。任正非非常焦虑，他曾在《北国之春》中提到，自己那时就是"甩手掌柜"，任由各地"诸侯"野蛮生长。这样下去肯定不行，企业没有办法进一步做大，部分管理人员无法适应未来企业发展的需要。因此，任正非找来了孙亚芳（后担任华为董事长）商量，孙亚芳提出干脆来个市场部大辞职，对落后的管理人员进行一次大整顿。"主动辞职、重新竞聘上岗"的内部整训运动整整持续了一个月左右，孙亚芳带领团队的26个办事处主任，同时向企业递交两份报告——一份辞职报告，一份述职报告，由企业视组织改革后的人力需要，具体决定接受每位递交报告者的哪一份报告。在竞聘考核中，大约30%的管理人员被替换下来，就地下岗，再择优录用，华为也由此开启了大规模的团队体系建设。

情景解析：

企业管理的核心命题之一是如何让组织持续保持活力。只有组织保持活力，企业才能持续经营。团队领导者要视团队所在发展阶段的需要，有意识地、制度性地让"水"流动起来，让组织成员有高低、有评价、有危机、有威胁，激发组织的活力、创造力和战斗力。

知识园地

素养提升

新时代青年

课堂互动

你认为创业团队是如何发展起来的？

一、团队的发展历程

一个良好的团队如同一个有机体，是有生命和意义的。有生命的开始，就会有生命的结束。团队也是如此，没有一个团队能保持亘古不衰。布鲁斯·塔克曼的团队发展阶段模型（见图1-2）可以被用来辨别团队构建与发展的关键因素。团队发展的5个阶段是组建阶段、激荡阶段、规范阶段、高产阶段和休整阶段。布鲁斯·塔克曼认为，所有5个阶段都是必需的、不可逾越的，团队在成长、迎接挑战、处理问题、发现方案、规划、处置结果等一系列过程中必然要经过上述5个阶段。在这个过程中，团队绩效会随着团队的发展而不断得到提高；团队状态则会在团队激荡阶段跌至最低点，随后逐渐上升。

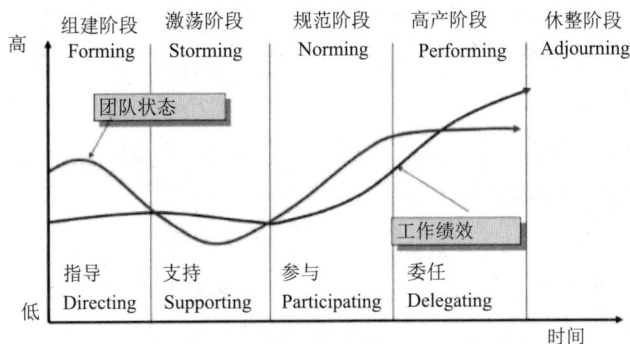

图1-2　布鲁斯·塔克曼的团队发展阶段模型

（一）组建阶段

组织组建队一般有两种可能：一是建立以团队为基础的组织，即以团队为整个组织的运行基础；二是在组织中有限的范围内或在完成某些任务时采用团队的形式。

1. 团队特点

这一阶段团队的目的、结构、领导都不确定。整个团队还没有建立起规范，或者对于规范还没有形成共同的看法，团队成员各自摸索群体可以接受的行为规范。团队由不同动机、需求与特性的人组成，此阶段缺乏共同的目标，彼此之间的关系也尚未建立起来，人与人的了解与信任不足，彼此之间充满着谨慎和礼貌。在人际关系的发展方面表现为，成员之间相互了解和交往，彼此表现出一种在一起的兴趣和新鲜感受，部分成员还可能表现出不稳定、忧虑等特征。

2. 工作重点

这一阶段，团队的主要任务有以下两个方面：一是初步构成团队的内部框架。在团队成立伊始，管理者应该十分明确团队的各个要素，如团队的目标，规模，规范，定位，职权，人员和计划。团队内成员的角色应如何分配，团队成员如何取得，这些都是在团队的组建阶段设定的。二是建立团队与外界的初步联系。主要包括：建立起团队与组织其他工作集体及职能部门的信息联系及相互关系；确立团队的权限，如自由处置的权限、资源使用权、信息接触的权限等；建立对团队的绩效进行激励与约束的制度体系；争取对团队的支持，如专家指导培训及物资、经费、精神方面的支持；建立团队与组织外部的联系与协调的关系，如建立与企业顾客、企业协作者的联系，努力与社会制度和文化取得协调等。

3. 领导风格

此阶段的领导风格要采取控制型，不能放任，领导者自己确立大致目标（但是要合理和经过大多数成员的认同），清晰直接地告知成员具体的目标和任务，不能让成员自己想象和猜测，促进成员之间的信任与合作，让成员共同构建团队目标。此时也要尽快建立必要的规范，规范不需要完美，但是需要尽快让团队进入轨道。领导者还要身先士卒，在很多事情上要亲力亲为，鼓舞团队成员的士气，为后续的团队发展奠定基础。

（二）激荡阶段

1. 团队特点

团队经过组建阶段后，问题逐渐暴露，就会进入激荡期。团队内部冲突加剧，虽然说团队成员接受了团队的存在，但对团队给个人带来的约束仍有抵触。成员们争权夺利，为获得具有控制权的职位而钩心斗角。成员们对于团队的适当发展方向也争论不休。外在的压力渗透到团队内部，个人维护自己的权益的同时，增加了组织内部的紧张气氛。在这一阶段，热情往往让位于挫折和愤怒，抗拒、较劲、嫉妒是常有的现象。团队成员间、团队和环境间、新旧观念间会出现矛盾，甚至领导者的权威也会面临挑战。

2. 工作重点

在激荡阶段，团队的首要工作是安抚人心。领导者要认识并处理各种矛盾和冲突。例如，某一派或某个人力量绝对强大，那么领导者要实时化解这些权威和权力，绝对不允许以个人权力打压其他人。同时，领导者要鼓励团队成员就有争议的问题发表自己的看法；要善于做引导工作，想方设法化解矛盾，而不应置之不理或进行权力压制。在这个阶段，团队需要建立明确的工作规范。如果团队没有工作规范和标准的约束，就会造成一种不均衡，这种不均衡也是冲突源。领导者在规范管理的过程中，自己要以身作则。

3. 领导风格

在团队激荡阶段，领导者可以采用参与型领导风格。参与型领导是民主型领导的一种特殊形式，其主要特点是大多数决策是在与下属协商一致的基础上达成的，人际关系的协调被置于首位。参与型的领导者积极组织和参与团队的各项活动，乐于听取员工的意见，在做出决定之前，会同有关人员商议，尽量用说服的方法使他人接受自己的主张。参与型的领导风格有利于决策的贯彻执行，有利于缓解团队成员间的紧张关系，帮助团队顺利度过激荡阶段。

（三）规范阶段

1. 团队特点

经过一段时间的激荡，团队将逐渐走向规范。组织成员开始以一种合作的方式组合在一起，并且在各派竞争力量之间形成了一种试探性的平衡。经过努力，团队成员逐渐了解了领导者的想法与组织的目标，建立了共同的愿景，互相之间也产生了默契，对于组织的规范有了了解，违规的事情减少，日常工作能够顺利进行。在这个阶段，团队内部成员之间开始形成亲密的关系，团队表现出一定的凝聚力。这时团队成员会产生强烈的团队身份感和积极的态度，表现出相互理解，并再次把注意力转移到工作任务和目标上来，大家关心的问题是彼此的合作和团队的发展。团队成员对新的技术、制度也逐步熟悉和适应，并在新旧制度之间寻求某种均衡。团队与环境的关系也逐渐地理顺。但是团队成员对领导者有很强的依赖，还不能形成自治团队。

2. 工作重点

在这一阶段，团队面临的主要危险是团队成员因为害怕遇到更多的冲突而不愿提出自己的建议。这时的工作重点就是提高团队成员的责任心和权威，帮助他们放弃沉默，而此时如何形成有力的团队文化，促成共同价值观的形成，调动个人的活力和热忱，增强团队的凝聚力，培养成员对团队的认同感、归属感、一体感，营造成员间互相合作、互相帮助、互敬互爱、关心集体、努力奉献的氛围，将成为团队建设的重要内容。在这一阶段，领导者还应该进行更广泛的授权与更清晰的权责划分；在成员能接受的范围内提出善意的建议；在授权的同时维持控制，不能一下子给得太多，否则回收时会导致士气受挫。

3. 领导风格

在团队规范阶段，领导者可以采用教练型领导风格。教练型领导者鼓励成员建立发展目标，并帮助他们制订实现目标的计划，领导者在成员应扮演的角色及实现目标的途径方面，与成员达成一致，并给予大量的指导和反馈。他们擅长分配工作任务，能够给成员安排具有挑战性的工作，如果失败对成员今后的发展有利，领导者也愿意承受短期的失败。教练型的领导者既给予成员业务指导，又给予成员以一定的弹性学习空间，从而尽可能地发挥成员的工作积极性，推进团队的进一步发展。

（四）高产阶段

1. 团队特点

在这个阶段，团队结构已经开始充分地发挥作用，并已被团队成员完全接受。团队成员的注意力已经从试图相互认识和理解转移集中到充满自信地完成手头的任务、提高团队效率和效益上来，并且能用他们的全部能量去面对各种挑战，能经受住一定程度的风险，这是一个出成果的阶段。此时，团队成员的角色都很明确，并深刻领悟到完成团队的工作需要大家的配合和支持，同时已学会以建设性的方式提出异议，大家高度互信、彼此尊重，也呈现出接受群体外部新方法、新输入和自我创新学习的状态。整个团队已熟练掌握处理内部冲突的技巧，也学会了团队决策的各种方法，能通过团队会议来集中大家的智慧做出高效决策，即通过大家的共同努力去追求团队的成功。在执行任务的过程中，团队成员加深了了解，增进了友谊，同时整个团队在摸爬滚打中更加成熟，工作也更加富有成效。

2. 工作重点

"领导者要干自己的事，不干别人能干的事"，这是现代领导的基本法则。对于处于高产阶段的高绩效团队，团队领导者应该掌舵而不划桨，应集中精力关注预算、进度、计划、业绩和成员的教育培训等事关全局的大事，对其他事情应进行授权管理。同时，在这个阶段，团队领导者要根据业务发展需要，随时更新工作方法与流程，推动经验与技术的交流，提高管理效率，营造高绩效的组织文化，集中团队的智慧做出高效决策，通过成员的集体努力追求团队绩效。

3. 领导风格

在团队高产阶段，领导者可以采用委任型的领导风格。委任型的领导风格即委托任命型的领导风格，是指团队领导者将团队业务进行模块化分解，并给予团队成员充分的授权，让成员以高度的自主性参与团队建设，领导者则负责解决疑难杂症等非常规事务，在这种领导风格下，团队成员拥有相当的自主权和较高的业务决策权，这是对团队成员职业道德、职业技能和个人素质的综合考验，团队领导者在这个阶段则相对比较轻松，其主要职责是团队整体方向的把控、团队利润分享机制的建立以及团队奖惩机制的构建和执行等。

（五）修整阶段

1. 团队特点

在修整阶段，团队可能有以下几种结局。第一种是团队解散。为完成某项特定任务而组建的团队，会因任务的完成而解散。此时，高绩效不是压倒一切的首要任务，注意力转移到了团队的收尾工作上。在这个阶段，团队成员反应差异很大，有的很乐观，沉浸于团队的成就中，有的则很悲观，惋惜在共同的工作团队中建立起的友谊关系不能像以前那样继续下去。第二种是团队休整。例如，企业会在完成阶段性工作任务后做出人员调整的计划安排，开始休整并准备进行下一个工作周期，此间可能会有团队成员的更替，即可能有新成员加入，或有原成员流出。第三种是团队整顿。在高产阶段表现得差强人意的团队进入修整期时可能会被勒令整顿，即通过努力消除一些假团队的特质，经过"回炉处理"，锤炼成真正的团队，于是出现新一轮的团队建设。

2. 工作重点

在这个阶段，团队的工作重点是平稳过渡。对于解散型的团队，修整阶段的工作重点是平稳解散，要协调好团队成员的未来出路，解决好成员的遗留问题，帮助成员度过艰难的修整阶段。对于转型变革的团队，修整阶段的工作重点是平稳变革，要注重变革方式的合理选择，处理好变革的后续问题，从而帮助团队平稳转型。

3. 领导风格

在团队修整阶段，领导者可以采用安慰型或变革型的领导风格。安慰型的领导风格适用于团队面临解散的情形，安慰型的领导者以人际关系为导向，关注团队成员的个体心理、团队成员间的人际互动关系以及团队的群体心理。在这种领导风格下，团队领导者的工作风格应该突出亲和、善意的特征，让团队成员感受到团队的温暖，从而让成员个体及团队整体能够平稳地度过修整阶段。变革型的领导风格适用于团队处于转型变革的情形。变革型的领导者通过领导魅力、领导感召力、智力激发和个性化关怀等，让团队成员意识到所承担的责任及任务的重要性，激发其更高层次的价值追求，实现团队成员与领导者共同应对外部环境变革与内部结构调整。在这种领导风格下，团队领导者既要对成员实行个性化的关怀，以激发其斗志，又要设计科学的团队战略规划，以指引团队的转型发展。

以上5个阶段反映的是团队发展的一般性过程，在实践中团队发展阶段有时也会有所偏差。团队发展过程会出现跳跃现象，或是会出现各个阶段的融合。总的来说，如果团队建设过程顺利，它通常会表现出如下特征。

（1）团队行为与组织目标所规定的方向日趋一致。

（2）团队绩效逐渐提高。

（3）团队的自我管理、自我调节和自我完善能力不断增强。

（4）团队越来越能兼顾组织、团队和个人的利益并能把三者有机地结合起来。

（5）团队能持续地学习提高。

🕐 团队故事

海尔团队

1984年，张瑞敏临危受命，接任当时已经资不抵债、濒临倒闭的青岛电冰箱总厂厂长。32年创业创新，张瑞敏始终以创新的企业家精神和顺应时代潮流的超前战略决策引航海尔，持续发展。海尔冰箱、洗衣机、酒柜、冷柜曾分别以大幅度领先第二名的品牌零售量蝉联全球第一。在海尔持续创新、不断壮大的过程中，张瑞敏确立的以创新为核心价值观的企业文化发挥了重要作用。在管理实践中，张瑞敏将我国传统文化精髓与现代管理思想融会贯通，"兼收并蓄、创新发展、自成一家"。张瑞敏认为，没有成功的企业，只有时代的企业，所谓成功只不过是踏准了时代的节拍。在互联网时代，张瑞敏的管理思维再次突破传统管理的桎梏，提出并在海尔实践互联网时代的商业模式——人单合一双赢模式，让员工在为用户创造价值的过程中实现自身价值；通过搭建机会公平、结果公平的机制平台，推进员工自主经营，让每个人都成为自己的CEO（首席执行官）。西方管理界和实践领域对海尔和张瑞敏的创新给予了较高评价，认为海尔推进的创新模式是超前的。

二、团队的类型

（一）常见的团队类型

如果按照团队存在的目的和形态分类，一般团队可以划分成问题解决型团队、自我管理型团队和跨组织团队等。

1. 问题解决型团队

问题解决型团队是指组织成员就如何改进工作程序、方法等问题交换看法，对如何提高生产效率和产品质量等问题提出建议。问题解决型团队的核心是提高生产效率、提高产品质量、改善企业工作环境等。在这样的团队中，成员定期会面，讨论工作程序和方法等问题，探讨问题成因，提出解决建议，但是成员没有对自己形成的意见或建议单方面采取行动的决策权。

⏰ 团队故事

质量圈

小刘所在的公司最近在采取一种新的团队运行模式——质量圈（见图1-3）。这种模式将公司的整体运行划分为6个单元：①团队可以通过头脑风暴等方式找到本公司质量或效率方面存在的问题；②团队要在众多问题中选择一些必须马上解决的问题；③团队要对拟解决的问题进行评估，评估其存在的危害及严重等级；④团队要对问题解决方案进行甄选、推荐，形成方案排序；⑤团队要对推荐的各个方案进行评估，包括评估方案执行的成本、可行性和安排等环节；⑥团队要将推荐的方案提交给具体的执行部门，质量圈团队则需要配合执行。

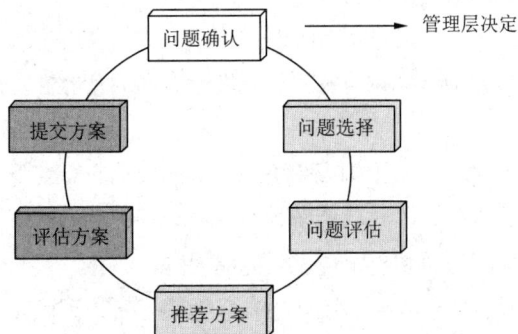

图1-3 "质量圈"团队运行模式

2. 自我管理型团队

自我管理型团队是在良好的内外部环境的支持下，由经过严格培训而具有高技能的一些个体组成，是拥有高度自主权的协作团队，他们可以完成一项完整的工作任务并负完全责任，同时全体团队成员共同积极参与团队管理并肩负起团队的计划、统筹、组织、协作、评估和决策等管理工作。

自我管理型团队模式起源于20世纪50年代的英国和瑞典，例如沃尔沃现在的管理模式非常先进，其位于武德瓦拉的生产基地完全由自我管理型团队进行整辆轿车的装配。金佰利、宝洁等少数几家具有前瞻意识的公司在20世纪60年代初开始采用自我管理型团队模式，取得了良好的效果。随后的企业所采用的团队类型在不断变化，以求得最佳效果，很多公司已逐渐从关注工作团队转变为强调员工参与决策和控制决策的实施，其中以团队成员自我管理、自我负责、自我领导、自我学习为特点的自我管理型团队越来越显示出其优越性，也逐渐被主流接受。

3. 跨组织团队

跨组织团队是指为了实现共同的发展目标，通过柔性的组织形态，跨越传统组织边界，构建一个包含生产商、供应商、用户、采购商、设计师等在内的跨越不同组织的团队。

（1）跨组织团队的伙伴关系

跨组织团队是一种超越已有组织边界的团队合作，是各组织寻求利益最大化的结果，这种跨组织关系的实质是一种伙伴关系。形成这种伙伴关系的纽带可以是利润，也可以是资源。其具体的伙伴关系可以包括以下两种。

一是与合作商的伙伴关系。合作商伙伴关系包括与上游的供应商、采购商、中间商之间的伙伴关系，也包括与下游的分销商、渠道商、终端用户之间的伙伴关系。这些利益相关群体通过跨组织团队合作的方式，实现资源共享、利润共享，形成具有一定网状结构的团队形态。

二是与竞争者的伙伴关系。竞争对手之间组建的跨组织团队寻求的是双赢或者多赢，竞争者之间能进行及时、有效的沟通，能积极解决可能存在的冲突，实现双方的竞合关系，互惠互利。

（2）跨组织团队的特点

跨组织团队是企业再造理论的新形式，是企业利用外围组织资源所进行的一种新的价值链重构。随着组织边界的模糊化、柔性化，跨组织团队可以应用于组织内部，也可以出现在组织群落中，逐渐成为一种常态化的团队类型。它具有如下特点。

一是团队成员显著的互补性。由于跨组织团队的目标就是要解决单个组织无法解决的问题，因此其成员的构成更加注重技能、知识、资源、属性等方面的互补性。只有如此，跨组织团队的构建才有不可替代的价值。

二是团队成员关系的柔性化。由于构成跨组织团队的成员有着自身的原始组织，因此他们在跨组织团队中的关系比较柔性化，不具有传统组织内成员间刚性的行政关系，即维持团队成员关系的纽带比较多元，成员之间的关系也比较复杂且扁平化。

三是团队发展的动态性。由于跨组织团队往往采取项目制，因此项目执行完成后，团队就有可能重新组合或者解散，团队发展始终处于动态的发展中。

知识链接

创客空间

"创客"是指出于兴趣与爱好，努力把各种创意转变为现实的人。创客空间指的是社区化运营的工作空间。在这里，有共同兴趣的人们，如人工智能、机械、技术、科学、数字艺术或电子信息等领域的专家、学者、商人等，围绕某个主题或项目，进行聚会、社交，以跨组织团队的形式展开合作。创客空间的形式是多样的，可以是社区的某个个人从家里分享出来的一个小空间，如车库、阳台、后院，也可以是某个社区的活动中心、大学实验室、咖啡馆等，还可以是营利性企业专门运作收费的向社会提供服务的空间。创客空间是一种典型的跨组织团队，既有着鲜明的跨组织团队特征，又有着鲜明的创新创业特色。例如，深圳创客空间团队创始人均有工科院校专业背景，涵盖人工智能、无人化装备、无人机、机器人、移动互联网、云计算、大数据、AI+VR/AR/MR+区块链等专业领域。该创客空间致力于布局未来产业，围绕"航空航天海洋工程等高端智能装备、新能源、新材料、生物医药、生命科学"，跨界整合"科技、技术、人才、高校、产业、资本、政府"等优质资源，进行"政、产、学、研、资、用"市场对接。

团队概述

（二）新团队类型

1. 学习型团队

拓展资源

多功能型团队

学习型团队是指具有强大凝聚力、不断发展、自我管理的高效工作团队，是思想统一、步调一致、管理规范、技术一流的团队。团队成员能够有意识、系统和持续不断地获取知识、改善行为、优化团队体系，使团队在变化的环境中保持良好生存和健康和谐发展的团队。学习型团队注重让每个成员能够全身心地投入学习，有持续学习的能力，在学习中创造自我，在工作中体会到生命的意义，并且使团队效能不断提升。在学习型团队中，学习已经内化为团队的日常行为，主动学习、自觉学习将代替被动学习，制度性学习、系统化学习将代替零星式学习。

彼得·圣吉在《第五项修炼：学习型组织的艺术与实践》中提出5项训练，他认为，在学习型组织内开展系统思考、自我超越、改变心智模式、建立共同愿景、团队学习5项训练，可以改善组织内长期制约发展的思维方法和习惯，形成新视野、新思维、新习惯，提升组织文化。

（1）系统思考。通过搜集信息，掌握事件的全貌，以避免见树不见林，培养纵观全局的思考能力，看清楚问题的本质，有助于清楚了解因果关系。

（2）自我超越。自我超越是指突破极限的自我实现或技巧的熟练。个人有意愿投入工作，专精工作技巧，个人与愿景之间有种创造性的张力，正是自我超越的来源。

（3）改变心智模式。组织的障碍多来自个人的旧思维，例如固执己见、本位主义。个人唯有通过团队学习，以及标杆学习，才能改变心智模式，有所创新。

（4）建立共同愿景。愿景可以凝聚团队上下的意志力，通过建立团队共识，大家努力的方向一致，为同一个目标，个人也乐于奉献，为组织目标奋斗。

（5）团队学习。团队智慧应大于个人智慧的平均值，以做出正确的决策，通过集体思考和分析，找出个人弱点，强化团队向心力。

学习型团队能够不断地自我更新、自我创造。它不断改变的动力源于内在不断激发的对卓越、速度、发展的渴望。

课堂互动

请以小组为单位，结合学习型团队的基本要素，设计一次团队学习活动方案。

---

2. 虚拟团队

虚拟团队与传统的实体组织不同，它是围绕核心能力，利用计算机信息技术、网络技术及通信技术，与全球企业进行互补、互利的合作，合作的目的达到后，虚拟团队的合作关系就会随即解散。虚拟团队在虚拟工作环境（通过数字或电子通信方式工作）中，由进行实际工作的真实的人组成。以此种形式，虚拟团队能够快速获取处于全球各处的资源，为我所用，从而缩短从观念到现金流的周期。不仅如此，灵活的虚拟团队可以避免环境的剧烈变动给组织带来的冲击。

以虚拟团队进行工作的主要好处是：对目标更加关注；能降低经营成本；能在现有最为出色的人员之间实现协作；能在个人生活与专业工作之间实现契合。

3. 电子商务团队

电子商务团队是在企业内部利用互联网开展企业电子商贸活动，利用网络将企业的销、产、供、研等活动串在一起，实现企业在网络上发展的多人团体。该团队类型根植于电子商务企业，因此它深受企业类型及工作性质的影响，形成了不同于传统企业团队的特点。

（1）虚拟性。电子商务市场建立在互联网为基础的网络之上，它的商务活动、产品交易、结算都是以数字化的形式出现，任何一个企业都可以利用这个虚拟市场向全世界推销他们自己的产品，这使团队成员的工作、合作都存在较强的虚拟性。

（2）动态性。电子商务团队的构成及发展更具有动态特点，受外部环境影响显著。团队规模、结构和分工不是一成不变的，而是在与环境的互动中演化发展的。

（3）技术性。电子商务建立在计算机技术以及通信技术上，计算机技术、网络技术的发展，以及软件技术的广泛应用造就了电子商务欣欣向荣的发展趋势，这样不仅提高了系统运行的可靠性，也需要团队成员能够具备有效利用它们的能力。

（4）高效性。电子商务中，各个商务活动所产生的商业文件信息都能在互联网上实现瞬间传递，团队成员合作效率更高。

团队故事

直播助农

2022年7月中旬到8月底，华中农业大学赴恩施州建始县"直播助农"社会实践团队走进乡村田间地头，用"农业科普＋公益直播"的新形式助农，通过线上电商平台帮助建始县优质农产品走出大山，在乡村振兴中绽放青春。"为了呈现出好的直播效果，我们从流程策划、内容脚本、销售技巧等方面进行了深入学习，每场直播结束后我们都会认真复盘，希望在总结中不断进步，为农户带来更多收益，以此带动更多青年大学生们参与到公益助农实践中。"直播助农社会实践团队队员高子艺说。

在为期近一个月的"直播助农"中，社会实践团队共开展了30余场直播，帮助当地推介了50余种特色农产品，累计观看量超30万次，直播成交订单1000余份，销售总额超5万元。"每成交一次，都是我们助力乡村振兴事业的一份心意。"团队成员姜梓谦在统计直播数据时十分振奋地说。谈及"直播助农"社会实践，祝鑫表示，"助农直播实践是一个需要长期积累和持续探索的过程，大家不仅要了解当下的直播环境和农产品现状，分析直播运营模式，通过升级直播设备等基础设施提升直播效果，更重要的是将直播"带货"与农业科普、文化传播相结合，打造有青春担当、有文化内涵、有创新元素的大学生特色直播间。同时，大家需要永远保持助农的初心和精益求精的'品'字要求，在实践过程中深入感悟耕读精神，增强社会责任感，提高实践能力，为强农兴农赋能更多青春智慧。"

技能实训

电子商务团队实训

实训目标：了解电子商务团队的运作模式。

实训工具：网络平台。

实训步骤：

（1）请每个成员分享印象最深刻的一次直播电商活动。

（2）分析此次活动中的电商团队需要哪些岗位？画出所需岗位、部门的架构图。

（3）进一步分析各岗位的职责、技能和素质要求。

（4）抽取成员代表阐述自己的设计与分析结果。

思考与讨论：

（1）电子商务团队与传统企业团队有哪些差异？

（2）结合实际案例，说说电子商务团队的特点。

拓展练习

越过绳子

目的：增强互助精神，熟悉问题解决型团队的运行模式。

工具：找一块有树木的空地，将结实的尼龙绳捆绑在两棵树干上，离地约1.2米。

要求：

（1）游戏规则：假设绳子是电线网，任何人都不能触碰这张电线网。团队成员必须从这张电线网上面翻越过去，不能使用任何工具，不能跳跃、抛接，若触碰电线网或者违反其他规则，所有成员需返回起点重新挑战。

（2）8～10人组建一个团队，每两个团队组成一个游戏小组，分别为A团队和B团队。

（3）A团队负责提出问题解决方案，并向B团队推荐，B团队则要完全按照A团队所推荐的方案完成团队游戏。

（4）游戏过程中，B团队只能按照A团队所推荐的方案执行。B团队如果执行方案失败，则需要等A团队重新推荐方案后方可再次执行。

思考：

（1）游戏过程中，你有哪些感受？

（2）分析问题解决型团队的运行模式。

第二单元
团队构建

2

古人云："人心齐，泰山移。"现如今也有："团结就是力量。"现代企业的竞争归根结底是团队间的竞争，是团队协作作战本领的竞争。运用科学的方法，构建高绩效团队，对企业的长久健康发展至关重要。

第一节 团队构建原则及方法

学习目标

- 理解团队构建的意义。
- 掌握团队构建的原则及途径。
- 养成团队合作的习惯，能主动参与团队建设。
- 具有团队意识，培养爱岗敬业、锐意进取、团结奉献的职业品质。

情景导入

2015年4月，罗文娟加入了职位悬赏 App 团队，见证了该团队的起起落落。团队起步时，产品发展得很好，在上线之前就拿到了首轮投资。团队的两个合伙人都从腾讯公司出来，双方都有创业想法，于是一拍即合开始做这个产品。创业过程中，团队的首席技术官（Chief Technology Officer，CTO）因家中陆续发生了很多事情，在照顾家庭的过程中影响了工作，团队起初很体谅CTO，让技术团队在没有CTO参与的情况下单独开发产品。

当时CTO一周大概有三四天都不在公司，对工作也不太上心。团队从5月工作到8月，没有做出任何产品。于是罗文娟便和团队的首席执行官（Chief Executive Officer，CEO）商量：要不要和CTO交流下，这毕竟是一个创业团队，如果他保持这样的现状，团队或许需要换一个人。但是CEO本身就不太擅长和人交流，而且他觉得这种事不好开口。之后，CTO家里的事越发繁多，CTO的工作状态也一直受到很大影响。"团队如果拧成一股绳，会有很强的战斗力，这种情况下可以弥补一些资本和技术的不足。但是有时，团队中人越多，出现的问题越多。我后来也思考，CTO对工作不太在意，一方面是因为个人问题一直没有处理好，另一方面就是他认为背后有团队支撑，他的缺点可以由团队的其他人弥补。"罗文娟和CEO商量，希望找到解决问题的更好方式。

"在这之间还有一个小插曲，就是我们的技术人员出卖了我们。"有一天，罗文娟的一个竞争对手对她说，"既然你们公司现在出了问题，你不如来我们公司。"罗文娟一打听，才知道是一个技术人员把团队的困境告知了这个竞争对手。然而当罗文娟把这件事告诉CEO时，CEO却认为这个技术人员可能也有自己的难处。罗文娟说："其实我思索之后，觉得可能和CEO本人的经历有关。他在遇到这种违背契约精神的事后，缺乏应对复杂突发问题的能力，这时往往选择逃避而不是想办法去处理问题。"

这几件事之后，CEO告诉罗文娟，他打算暂停这个项目，但是担心CTO不愿意退出或者要求高额回购股份，所以想要假装公司破产。从那之后，团队项目无法继续下去。"我个人觉得这个项目非常可惜。因为现在我回头看，当时我们的模式是很棒的。"创业本就是在摩擦中曲折前行的，团队成员之间需要更多的沟通，遇到问题时更是如此，应该共同寻求解决方法。而在创业团队的沟通过程中，团队成员需要经常进行直接的谈话和交流，这样才能够避免其他的错误。职位悬赏App于2015年9月下线，当月底，公司宣布解散，历时不到半年。

情景解析：

这是一个比较典型的创业失败案例，说明团队在组建过程中一定要遵守某些原则。组建团队时通常遵循的一个基本原则就是素质互补原则。只有团队成员实现素质互补，才有可能发挥"1+1 > 2"的协同效应。

知识园地

素养提升

女排精神彰显
团队力量

课堂互动

请向身边同学描述自身所处的团队并做简单的评价。

一、团队构建的意义

团队构建是现代社会发展的重要组成部分，它对于企业的成功和发展具有重要的意义。团队构建不仅仅是管理者的一种行为，更是企业的一种文化。

团队构建的重要意义是提高企业的效率、提升企业的声誉、激励员工的积极性和提高员工的工作质量。团队构建是管理者和员工之间进行有效沟通、达成一致目标、提高企业竞争力和资源利用效率的保证。

团队构建不仅仅是管理者对企业内部的管理行为，更是企业组织文化的体现。企业文化决定了企业的方向，是企业发展的重要因素，而团队构建是企业发展的核心，是企业文化的重要组成部分。

二、团队构建的原则

（一）目标明确原则

构建任何团队，都离不开目标的确定。对于企业来说，自从打算在组织内部建设团队一开始，就必须树立明确的目标，直至该团队完成使命消亡为止。建立团队的原因是什么？我们希望团队能够为我们的企业解决什么问题，完成什么任务？这些都是在建立团队之初就应该明确的。团队的目标还有更广泛和深远的意义。共同、远大的目标可以令成员振奋精神，与企业的政策与行动协调和配合，充分发挥生命的潜能，创造超乎平常的成果，从而在真正的学习中体会工作的真意，追求心理的成长与自我实现，并与周围的世界产生一体感。清晰的共同目标可以方便确定事情的轻重缓急，确立一些明确的行为准则，让团队确定并把握核心的任务和目标；可以为团队成员指引方向和提供动力，使成员个体提高绩效水平。

（二）精简高效原则

为了减少创业期的运作成本，最大限度地分享成果，团队的人员构成应在保证企业能高效运作的前提下尽量精简。法国数学家格雷卡耐斯提出了"管理幅度"与"关系数"概念，他指出：伴随管理者的下属数量按等差级数增加，团队内部的关系数将呈等比（几何）级数增加。决策层直接管理的下属数量应严格控制，以实现管理动作的直接高效。精简高效团队建设，在组织设计上的特点可以概括为"一体两翼"。一体：即其重点和主线，是组织结构及权责系统的扁平化。两翼：一方面要精简总部，打造精简高效的总部指挥系统；另一方面要强化基层，打造坚实有力的基层执行系统。组织结构及权责系统扁平化，核心是减少决策层级，提高决策效率。一切管理动作都有成本。从这个意义上说，无论是业务扩张阶段，还是持稳甚至下行阶段，都需要尽可能地减少决策层级，提高决策效率。

（三）分工明确原则

通常在有了目标后，管理者还需将任务进行分解，让每个人清楚地知道自己应该干什么。

管理者要考察与目标相关的所有工作，确保自己理解了这些工作，包括存在哪些问题或困难程度如何。然后，管理者就可以向做这项工作的员工说明工作的性质和目标，要保证说明过程清晰且明确。管理者切记不要把马上需要自己处理或非常保密的工作布置出去，因为如果员工对工作不了解，很可能会造成工作延误或泄密。

管理者需要对员工进行完整的评价，了解员工完成工作的速度以及质量，根据自己对工作的期望，为他们安排最合适的工作。这样管理者才能让员工发挥最大的作用。

团队成员间分工明确既可以发挥团队的整体效能，提高工作效率，又可以发挥个人的特长和优势。很多工作是个人无法完成的，即使完成也不能有很好的效果。分工协作可以让每个人根据专长去完成相应的工作，使每个步骤都相对尽善尽美。

团队故事

刘经理是新上任的部门经理，他还没能完全适应自己的新角色。最近，部门要准备年终会议，而这个工作以前是刘经理负责的，但刘经理升职后，还没有确定新的负责人。因现在的下属都是原来的同事，刘经理不好意思命令他们，于是让几个负责行政的员工考虑一下，看谁来负责。结果，几天后，刘经理与这几个员工商量年终会议的筹备事宜时，发现他们谁都没准备。

刘经理很苦恼，于是找领导请教。领导告诉他，他现在是部门经理，工作时一定要跳出原来的员工角色，把自己看作指挥者。任何工作任务必须明确到人，并且说清楚执行的目标和期限，否则员工很难主动承担工作。刘经理听完领导的话，恍然大悟，随即调整了布置任务的方式。之后，这样的现象再也没有出现过。

这就是典型的任务布置不明确。大部分员工在没有奖励时自我驱动能力差，而且不会主动承担责任。管理者如果不想工作被一拖再拖，就要明确任务归属，告诉员工哪些是他应该承担的责任。

（四）动态开放原则

团队发展的过程是一个充满不确定性的过程，团队中不断有人离开，同时也不断有人要求加入。因此，在组建团队时，管理者应注意保持团队的动态性和开放性，使真正合适的人员能被吸纳到团队中来。

团队故事

1984年10月28日，广东联邦家私集团前身——广东南海盐步联邦家具厂成立了。这个小家具厂的四名成员——王润林、何友志、杜泽荣、陈国恩是从小在一起长大的玩伴，他们走在一起，立志要干一番大事业。四个人都是农民出身，既没有什么教育背景，也没有显赫的家世。王润林学过设计，何友志做过藤椅师傅，杜泽荣在建筑公司干过打桩，他们因为生活所迫走上了创业的道路，却对办企业一无所知。几个月之后，家具厂因为销路不畅出现了危机，大量产品积压，他们欠了银行近10万元的贷款。

雪上加霜的是，厂里的生产经理见势不妙，离开了家具厂。一筹莫展的四人突然想到了他们儿时的玩伴杜泽桦。那时的杜泽桦正在一家藤器厂担任厂长，是广州小有名气的管理人才。杜泽桦被四人说动，来到家具厂担任了总经理一职，他利用自己的管理经验，迅速出动了一系列"急救"手段，让家具厂摆脱了困境，扭亏为盈。后来，家具厂壮大起来，管理层人员欠缺，于是同样有着藤器厂工作背景的另一玩伴郭泳昌也被请来。这六个人就组成了联邦最初的六人组合，后来一步步发展成为今天的广东联邦家私集团。

在家具厂面临危机时，王润林、何友志、杜泽荣、陈国恩四个创业者及时找到了有着丰富管理经验的杜泽桦加入团队，让企业焕然一新。在企业发展到一定规模时，他们又及时为团队注入新鲜血液，形成了稳定的创业队伍，为之后团队的发展奠定了基础。团队成员之间的互补、协调以及与创业者之间的补充和平衡，起到了降低管理风险、提高管理水平的作用。

（五）诚实守信原则

诚信是人类社会共有的一项根本性行为准则，是我国自古以来一直尊奉的道德原则，也是我们日常生活中都应该尊崇的一条重要原则。要成为一个优秀企业或打造一个优质团队，都必须以诚信为基石，严格要求成员，树立好企业或团队形象。重承诺、守信用是对团队成员最起码的道德要求。团队成员通常会全面介入企业的经营管理，了解企业内部情况，如果道德有问题，那么企业的资金、人员、关系等都可能遭到不必要的损害。

🕐 团队故事

春秋战国时期，秦国的商鞅在秦孝公的支持下主持变法。当时处于战争频繁、人心惶惶之际，为了树立威信，推进改革，商鞅下令在都城南门外立一根三丈长的木头，并当众许下诺言：谁能把这根木头搬到北门，赏金十两。围观的人不相信如此轻而易举的事能得到如此高的赏赐，结果没人肯出手一试。于是，商鞅将赏金提高到五十金。重赏之下必有勇夫，终于有人站起将木头扛到了北门。商鞅立即赏了他五十金，在百姓中树立起了威信，于是商鞅接下来的变法很快就在秦国推广开了。由于新法的实施，秦国渐渐强盛，最终统一了六国。

（六）素质互补原则

所谓素质互补就是团队的核心成员之间，每个人都有比较突出的特殊才能，而且各不相同。"麻雀虽小，五脏俱全。"有懂管理的，有懂技术的，有懂销售的，有懂客户的，这是构建团队的基本前提之一。团队强大的真正原因，不是只有某个人或某个方面强大，而是核心层的整体强大。

建立优势互补的团队是成功的关键。"主内"与"主外"的人才、耐心的"总管"与具有战略眼光的"领袖"、技术与市场两方面的人才都不可偏废。领导者寻找团队成员，首先要弥补当前资源能力上的不足，要针对团队目标与当前能力的差距，寻找所需的配套成员。好的团队，成员间的能力通常都能形成良好的互补，而这种能力互补也会有助于强化团队成员间彼此的合作。

三、团队构建的途径

（一）角色界定途径

团队角色理论起源于20世纪60年代末，是由梅雷迪思·贝尔宾博士在英国剑桥大学产业培训研究所工作期间，在与亨利管理学院联合开展的一项合作研究中发现并提出的。梅雷迪思·贝尔宾博士将团队角色定义为"个体在群体内的行为、贡献以及人际互动的倾向性"。经过长达9年半，对几百个团队的观察、实践和研究，思考探讨解决团队构建、构成、设计、团队业绩预测等层面的问题，梅雷迪思·贝尔宾博士得出：团队业绩好坏取决于团队角色分布是否均衡，也即团队角色理论。他认为一个结构合理的团队应该拥有9种团队角色，即这9种团队角色在团队中起着互补且同样重要的作用。

（二）价值观途径

许多人认为，团队建设的核心是在团队成员之间就共同价值观和某些原则达成共识，因此，建设团队的主要任务是建立上述共识。魏斯特提出了形成团队共识的5个方面，并以此作为指导团队建设的原则。形成团队共识的5个方面如下。

1. 明确：建立团队的目标、价值观及指导方针必须明确，而且经过多次讨论。

2. 鼓动性价值观：这些观点必须是团队成员相信并且愿意努力工作去实现的。

3. 力所能及：团队共识必须是团队确实能够实现的。确定不现实或无法达到的目标是没有用的，因为这只会使人更想放弃。

4. 共识：所有团队成员都支持这一观点是至关重要的，否则他们可能发现各自的目标彼此相反或无法调和。

5. 未来潜力：团队共识必须具有在未来进一步发展的潜力。拥有固定的、无法改变的团队共识是没有意义的，因为人员在变、组织在变，工作的性质也在变，需要经常重新审视团队共识，以确保它们仍然能够适应新的情况和新的环境。

团队故事

世界著名指挥家皮埃尔·莫安琦小时候有着令人头疼的性格，他孤僻，又不听话。他出生在单亲家庭，后来母亲为了生计把他送入一所寄宿学校。

这所寄宿学校的学生大部分是"问题儿童"。校长对所有人采用监狱般的高压管制，经常体罚学生，还斥责他们无可救药。但是，校长的做法遭到了学生们的反抗，他们变得更加没有纪律且无视老师的存在。这样的局面直到一位颇具音乐才华的老师克莱蒙·马修到来后才被改变。

马修老师将所有学生组成了一支业余合唱团。他根据每个学生的声音特点把孩子们划分成低、中、高3个声部，让他们担任不同声部的演唱工作。即便不适合唱歌的孩子也有自己的角色，他们负责打拍子、端着乐谱。而皮埃尔因为拥有天籁之声，担当起独唱部分的重任。

由于感受到自己的责任与价值，孩子们的角色不再是被遗弃的社会"渣滓"。他们开始为了合唱团的存在努力表现，且更加团结，甚至集体反对破坏纪律的人。最后，大家通过齐心协力的练习，得以进行了一场成功的合唱演出。

（三）任务导向途径

以任务为导向的建设途径突出强调团队要完成的任务。按照这一途径，团队必须清楚地认识到某项任务的挑战，然后在已有的团队知识基础上研究完成此项任务所需要的技能，并发展成具体的目标和工作程序，以保证任务的完成。

卡特森伯奇（Katzenbach）和史密斯（Smith）都认为，在表现出色的团队中，任务导向途径尤显重要。为此他们在现实组织环境中找出了建设高效团队的8个基本原则，建设以任务为导向的团队。

1. 确定事情的轻重缓急，并确定指导方针。
2. 按照技能和技能潜力，而不是个人性格选拔团队成员。
3. 对第一次集会和行动予以特别关注。
4. 确立一些明确的行为准则。
5. 确定并且把握几次紧急的、以任务为导向的目标。
6. 定期用一些新的事实和信息对团队成员加以考验。
7. 尽可能共度时光。
8. 利用积极的反馈、承认和奖励所带来的力量。

（四）人际关系途径

在工作中，每个人都有自己与他人相处的相对固定的"防范距离"，即与其他人保持的物理的和心理的距离。团队管理者要试图运用各种活动、情景等方式，以缩短"防范距离"，这类方式就属于人际关系途径。该途径通过在成员间形成较高程度的理解与尊重，来推动团队的工作。打造团队，一开始从人际关系入手，比较容易理解，彼此也能够接受。良好的人际关系无疑有利于促进团队的工作。公开、坦诚地讨论群体内部的关系与冲突，这样做会形成相互依赖的气氛，并因此建立起有效的工作团队。

需要注意的是，建立良好的人际关系只是团队管理的手段，而非管理团队的目的。组织花费大量的财力、物力、时间等来组织各类丰富多彩的活动，最终一定要揭示其目的，就是成员们要更好地投入工作，为组织服务。

四、团队构建的常见问题

（一）精神离职

精神离职的特征：工作不在状态，对本职工作不够深入，在团队内部不愿意协作，个人能力在工作中发挥不到30%，行动较为迟缓，工作期间无所事事，基本上在无工作状态下结束一天的工作。但是也有积极一面，上班、下班非常准时，几乎没有迟到、事假、病假，面对团队领导指派的任务通常是迅速而有效地完成。

（二）超级员工

超级员工的表现特征：个人能力强大，能独当一面，在团队中常常以绝对的销售业绩遥遥领先于团队其他人，组织纪律散漫，好大喜功，目空一切，自身又经常定位于团队功臣之列。

（三）非正式组织

团队是全体成员认可的正式组织，而非正式组织的产生有两种原因：一是团队的领导故意行为；二是团队成员在价值观、性格、经历、互补性等方面达成一致时产生非正式的组织。前者是管理者强化自身管理职能的需要，培养亲信，增强管理效力，客观上形成的非正式组织，虽然表面上能够很好地进行日常动作，能够提高团队精神，调和人际关系，实施假想的人性化管理，在团队发展过程中，基本上向有利于团队的方向发展，但长期而言，会降低管理的有效性，团队的精神、工作效率会低下，优秀团队成员流失。这种非正式组织通常是松散型组织。后者则是紧密型非正式组织，其愿景通常与团队愿景不一致，在团队中常常不止一个这样的非正式组织。这种紧密型非正式组织可能会偏离团队的价值观，阻挠团队的创新精神和开拓精神。通常松散型组织又会向紧密型组织发展，紧密型组织又会和松散型组织对抗。因此，团队领导者在团队中建立非正式组织是不可取的，是基于一种管理水平低下同时对团队极不信任的结果。

以上3种情况是团队建设和发展中的绊脚石，出现其中任何一种苗头，团队的领导者都应引起重视，做到防患于未然。

技能实训

团队建设小游戏

实训目标：把握团队建设的目标明确原则和分工明确原则，体会团队建设的意义。

实训工具：气球若干。

实训步骤：

（1）将学生分成几个小组，每组在6人以上为宜。

（2）小组成员每人小腿上各绑一只气球，抽签决定对抗小组，以小组为单位进行比赛。

（3）在教室外较为空旷的场地进行比赛，比赛双方成员想方设法地将对方小组成员的气球踩爆，直到其中一组成员的气球全部被踩爆为止，则另一组为胜者，进入下一轮。

（4）小组赛获胜的团队进行总决赛，直至决出总冠军。

思考与讨论：

（1）如何将对方的气球踩爆，同时又能保全自己的气球？

（2）团队成员如何互相配合，如何帮助队友？

（3）如何进行团队建设？

拓展练习

请结合"诸葛亮挥泪斩马谡"的故事，谈谈团队组建过程中应该注意什么？

第二节　团队构建步骤及影响因素

学习目标

- 掌握团队目标和团队成员的构建步骤。
- 能结合实际分析团队构建的影响因素。
- 养成良好的逻辑思维习惯，积极融入团队构建。
- 培养系统思维、创新思维能力，培养正确的价值观和职业观。

情景导入

在美国一个农村，住着一个老头，他有三个儿子。大儿子、二儿子都在城里工作，小儿子和他住在一起，父子相依为命。突然有一天，一个人找到老头，对他说："尊敬的老人家，我想把你的小儿子带到城里去工作。"

老头气愤地说："不行，绝对不行，你滚出去吧！"

这个人说："如果我在城里给你的儿子找个对象，可以吗？"

老头摇摇头："不行，快滚出去吧！"

这个人又说："如果我给你儿子找的对象，也就是你未来的儿媳妇是洛克菲勒的女儿呢？"老头想了又想，同意了。

过了几天，这个人找到了美国首富石油大王洛克菲勒，对他说："尊敬的洛克菲勒先生，我想给你的女儿找个对象。"

洛克菲勒说："快滚出去吧。"

这个人又说："如果我给你女儿找的对象，也就是你未来的女婿是世界银行的副总裁，可以吗？"洛克菲勒同意了。

又过了几天，这个人找到了世界银行总裁，对他说："尊敬的总裁先生，你应该马上任命一个副总裁！"

总裁先生摇头说："不可能，这里有很多副总裁，我为什么还要任命一个副总裁呢，而且必须马上？"

这个人说："如果你任命的这个副总裁是洛克菲勒的女婿，可以吗？"总裁先生当然同意了。

情景解析：

巧妇难为无米之炊。企业要进行正常的生产经营，就必须拥有一定的资源，因为只有具备了可以带来未来收益的经济资源，企业才能依靠资源的潜力赢得利润。但更重要的是，企业资源再雄厚、再优越，资源潜力再大，如果缺乏足够的资源整合能力，这个企业也只能处于休眠状态，无法形成现实的竞争能力。

知识园地

素养提升

卓越的团队精神

课堂互动

请同学们思考自己在某个团队中担当的是什么角色。

一、团队构建步骤

（一）确定团队目标

团队应该有清晰、具体的目标。团队目标不但要规定具体的任务，也需要规定完成任务的具体时间，它是团队存在的理由。每个团队成员都需要对团队目标做出承诺。

1. 制定目标

团队目标是指一个团队在未来一段时间内要达到的目的、要完成的任务。团队目标来自公司的发展方向和团队成员的共同追求。制定团队总体目标是团队目标管理的关键，其前提是进行科学的调查、预测，以及团队内部自上而下、自下而上的反复协商。在总体目标确定之后，团队目标需要进行层层分解，确定更基本、更具体的目标，形成团队目标体系。此外，还需要在每个层次上都制定实现目标的具体对策和措施，并落实到团队的每个部门和每个成员。

2. 执行目标

在执行目标阶段，需要将大的目标分解成若干个小目标，将目标尽量落实到各个部门乃至各个成员上，这样才有利于目标的实施与达成。在实际的目标执行过程中，团队要有一个明确的计划，并将计划清晰地落实到具体的时间和具体的人。与此同时，团队还可以通过"看板"及时查看目标执行情况，及时纠正偏差，以推进目标的执行。

3. 评价成果

评价成果是指对目标实施成果进行检查和评价，即将实现的成果同原来制定的目标相比较，以检查目标实施的进度、质量和最终落实情况。目标管理要求在规定的时间考核目标完成情况。考核应以目标为依据，考核的标准、过程、结果也应当公开。

4. 实行奖惩

奖惩标准的设定应该与目标制定同时进行，从而给团队成员以清晰的工作目标导向和奖惩导向。而在目标检查期，团队的主要任务就是将业绩结果量化、及时反馈，并严格按照事先制定的奖惩标准实行奖惩。对结果进行奖惩是目标管理的重要组成部分，更是团队激励的重要内容，团队必须予以重视。

团队故事

海尔的 OEC 管理

采用目标管理法获得成功的企业有很多，通用汽车、IBM 都是其中的代表，但是真正将目标管理法运用得出神入化的是海尔，或者说是海尔的张瑞敏。

张瑞敏博采众长、上下求索，始创了 OEC（Overall Every Control and Clear）管理法。OEC 管理法的核心就是目标管理。OEC 管理法是海尔以目标管理为基础所独创的一种生产管理模式，也可以表示为"日事日毕，日清日高"，即每天的工作每天完成，每天的工作要清理并每天有所提高。具体内容如下：Overall（全方位），Everyone（每人）、Everyday（每天）、Everything（每件事），Control（控制）、Clear（清理）。基本做法包括日清工作法和区域管理法。日清工作法包括 3 个方面的内容：当日工作当日清、班中控制班后清、员工自清为主组织清理为辅。区域管理法亦称定置管理法，即依据生产及工作对现场的要求，为便于生产或工作，按照工艺要求或工作要求将区域进行功能划分，并用专门的区域线进行标识，指定专门的区域作为专门用途的场所。在该场所内留下必要的，去除多余的或不必要的，留下的按工艺或工作最便利的要求摆放整齐。

> OEC管理法是海尔生存的基础，并成为海尔对外扩张、推行统一管理的基本模式，也是海尔走向世界的一个竞争优势。

（二）组建团队成员

1. 角色分工

团队角色是指一个人在团队中的行为、贡献以及人际互动的倾向性。著名的贝尔宾团队角色理论认为没有完美的个人，但有完美的团队。成功的团队中应当有9种角色，团队成员必须清楚其他人所扮演的角色，了解如何相互弥补不足，发挥优势。成功的团队协作可以提高生产力，鼓舞士气，激励创新。

（1）智多星（Plant）。智多星创造力强，充当创新者和发明者的角色。他们为团队的发展和完善出谋划策。通常他们更倾向于与其他团队成员保持距离，运用自己的想象力独自完成任务，标新立异。他们对于外界的批判和赞扬反应强烈，持保守态度。他们的想法总是很激进，并且可能会忽略实施的可能性。他们是独立的、聪明的、充满原创思想的，但是他们可能不善于与那些气场不同的人交流。

（2）外交家（Resource Investigator）。外交家是热情的、行动力强的、外向的人。无论团队内外，他们都善于和人打交道。他们与生俱来是谈判的高手，并且善于挖掘新的机遇、发展人际关系。虽然他们并没有很多原创想法，但是在听取和发展他人想法的时候，外交家效率极高。就像他们的名字一样，他们善于发掘那些可以获得并利用的资源。由于性格开朗外向，他们无论到哪里都会受到热烈欢迎。外交家为人随和，好奇心强，乐于在任何新事物中寻找潜在的可能性。然而，如果没有他人的持续激励，他们的热情会很快消退。

（3）审议员（Monitor Evaluator）。审议员是态度严肃的、谨慎理智的人，他们有着与生俱来对过分热情的免疫力。他们倾向于三思而后行，做决定较慢。通常他们非常具有批判性思维。他们善于在考虑周全之后做出明智的决定。具有审议员特征的人所做出的决定基本上是不会错的。

（4）协调者（Co-ordinator）。协调者最突出的特征就是他们能够凝聚团队的力量向共同的目标努力。成熟、值得信赖并且自信是他们的代名词。在人际交往中，他们能够很快识别对方的长处所在，并且通过知人善任来达成团队目标。虽然协调者并不需要是团队中最聪明的成员，但是他们拥有远见卓识，并且能够获得团队成员的尊重。

（5）鞭策者（Shaper）。鞭策者是充满干劲的、精力充沛的、渴望成就的人。通常，他们非常有进取心，性格外向，拥有强大的驱动力。他们勇于挑战他人，并且关心最终是否胜利。他们喜欢领导并激励他人采取行动。在行动中如遇困难，他们会积极找出解决办法。他们是顽强又自信的，在面对任何失望和挫折时，他们倾向于显示出强烈的情绪反应。鞭策者对人际不敏感，好争辩，可能缺少对人际交往的理解。这些特征决定了他们是团队中最具竞争性的角色。

（6）凝聚者（Teamworker）。凝聚者是在团队中给予最大支持的成员。他们性格温和，擅长人际交往并关心他人。他们灵活性强，适应不同环境和人的能力非常强。凝聚者观察力强，善于交际。作为最佳倾听者的他们通常在团队中备受欢迎。他们在工作上非常敏感，但是在面对危机时，他们往往优柔寡断。

（7）执行者（Implementer）。执行者是实用主义者，有强烈的自我控制力及纪律意识。他们偏好努力工作，并系统化地解决问题。执行者是将自身利益和忠诚与团队紧密相连、较少关注个人诉求的角色。然而，执行者或许会因缺乏主动而显得一板一眼。

（8）完成者（Completer Finisher）。完成者是坚持不懈的、注重细节的。他们不太会去做他们认为完成不了的任何事。他们由内部焦虑所激励，但表面看起来很从容。一般来说，大多数完成者都性格内向，并不太需要外部的激励或推动。他们无法容忍那些态度随意的人。完成者并不喜欢委派他人，而是更偏好自己来完成所有的任务。

（9）专业师（Specialist）。专业师是专注的，他们会为自己获得专业技能和知识而感到骄傲。他们首要专注于维持自己的专业度以及对专业知识的不断探究之上。然而由于专业师们将绝大多数注意力集中在自己的领域，因此他们对其他领域所知甚少。最终，他们成为只对专一领域有贡献的专家。但是很少有人能够一心一意钻研，或有成为一流专家的才能。

课堂互动

请结合9种角色对自我展开剖析，你认为自己具有哪些角色的特质？

依据贝尔宾团队角色理论，总结实践经验，组织领导者要组建一个成功的、高绩效的团队，应该注意以下4点。

（1）角色齐全。唯有角色齐全，才能功能齐全。正如贝尔宾所说："用我的理论不能断言某个群体一定会成功，但可以预测某个群体一定会失败。"一个成功的团队首先应该是智多星、外交家、审议员、协调者、鞭策者、凝聚者、执行者、完成者、专业师这9种角色的综合体。

（2）容人所短，用人所长。知人善任是每个管理者都应具备的基本素质。管理者在组建团队时，应该充分认识到各个角色的基本特征，容人短处，用人长处。在实践中，真正成功的管理者对下属人员秉性特征的了解都是很透彻的，而且只有在此基础上组建的团队，才能真正实现气质结构上的优化，成为高绩效的团队。

（3）尊重差异，实现互补。对于一份给定的工作，完全合乎标准的理想人选几乎不存在，也即没有一个人能满足所有的要求。但是一个由个人组成的团队可以做到完美无缺，因为它并非单个人的简单罗列组合，而是在团队角色上亦即团队的气质结构上实现了互补。也正是这种在系统上的异质性、多样性，才使整个团队生机勃勃，充满活力。

（4）增强弹性，主动补位。从一般意义上而言，要组建一个成功的团队，必须在团队成员中形成集体决策、相互负责、民主管理、自我督导的氛围，这是团队区别于传统组织及一般群体的关键所在。

团队领导者要做的是确保每个团队成员处于一个最有机会发挥其个人优势、最大化个体贡献的岗位上，并根据企业现状和团队目标，定期对成员的团队角色进行评估、盘点，确保团队在任何时期都是健康、均衡、可持续发展的。

2. 组建程序

（1）制订用人计划，使用人计划的数量、层次和结构符合组织的目标任务和组织机构设置的要求。

（2）确定人员的来源，即确定是从外部招聘还是从内部重新调配人员。

（3）对应聘人员根据岗位标准要求进行考查，确定备选人员。

（4）确定人选，必要时进行上岗前培训，以确保能适用于组织需要。

（5）将所定人选配置到合适的岗位上。

（6）对员工的业绩进行考评，并据此决定员工的续聘、调动、升迁、降职或辞退。

（三）整合团队资源

1. 资源整合概念

资源整合是企业战略调整的手段，也是企业经营管理的日常工作。整合就是要优化资源配置，就是要有进有退、有取有舍，就是要获得整体的最优。

在战略思维的层面上，资源整合是系统论的思维方式，是通过组织和协调，把企业内部彼此相关但却彼此分离的职能，把企业外部既参与共同的使命又拥有独立经济利益的合作伙伴整合成一个为客户服务的系统，取得"1+1＞2"的效果。

在战术选择的层面上，资源整合是优化配置的决策，是根据企业的发展战略和市场需求对有关的资源进行重新配置，以凸显企业的核心竞争力，并寻求资源配置与客户需求的最佳结合点，目的是要通过组织制度安排和管理运作协调来增强企业的竞争优势，提高客户服务水平。

2. 团队资源整合的原则

（1）渐进原则

对于任何一个团队来说，有利的团队资源有时候是难以完全开发、配置和利用的。因此，团队必须遵循渐进原则，团队资源整合要综合考虑团队对资源的需求程度，以及资源开发和利用的成本、收益以及不确定性，逐步寻找和利用各种团队资源。也就是说，对于每一种团队资源，都应当选择一个适当的整合时机，以降低资源的维护成本。

（2）双赢原则

实际上，我们所开发和利用的每一种团队资源往往也是一个相对独立的利益体。因此在开发和使用这些资源的时候，就不能仅仅考虑团队自身的利益，而要坚持双赢原则。尤其是需要长期使用的团队资源，更要重视对方的既得利益。

（3）量力原则

团队不仅要对不同的资源进行渐进式开发和使用，即使对于同一种团队资源，也需要逐步开发。尤其是在团队组建初期，资源开发的能力和经验都相对较弱，因此就更需要坚持量力而行的原则，逐步开发和使用团队资源。

🕐 团队故事

范蠡卖马

战国名相范蠡发现了一个巨大的市场需求：吴越一带需要大量战马；同时北方多牧场，马匹便宜又剽悍。如果能将北方的马匹低成本、高效率地运到吴越，一定能够大获其利。可问题是：买马不难，卖马也不难，就是运输马匹难。千里迢迢、人马住宿费用代价高昂不说，更重要的是当时正值兵荒马乱之时，沿途常有强盗出没。怎么办？

经过一番设计和调查，范蠡终于了解到北方有一个很有势力、经常贩运麻布到吴越的巨商姜子盾。姜子盾因为经常贩运麻布早已用金银买通了沿途强盗。于是，范蠡打算与姜子盾合作。

在获知某天姜子盾将要经过城门时，范蠡写了一张告示张贴在城门口，大意是：范蠡新组建了一支马队，开业酬宾，可免费帮人向吴越运送货物。

果然，姜子盾看了告示之后主动找到范蠡，请求运输麻布。范蠡满口答应。就这样，范蠡与姜子盾一路同行，货物连同马匹都安全到达吴越，马匹在吴越很快被卖出，范蠡因此获得了巨大的商业利益。

（四）制定团队规划

团队发展规划是团队在激烈的市场竞争中为了求得生存和发展所制定的总体谋略及具体规划。进行团队发展规划的过程，就是团队的最高决策者根据团队发展的宗旨，分析团队内部条件和外部环境，确定发展目标和方向，制定、实施和评价总体谋划的全过程。团队发展规划制定包括规划阶段、实施阶段及评估阶段。

1. 规划阶段

规划阶段是团队未来发展的总体设计阶段，涉及团队使命、团队发展总目标、团队发展阶段性目标、团队发展执行体系、团队发展保障体系等内容。规划阶段又分为环境分析和规划制定两个具体阶段。

（1）环境分析

① 外部及行业环境分析。外部及行业环境分析包括宏观的环境分析（政治、经济、文化等）、市场环境分析、产业变化分析和竞争对手的分析。

② 企业内部环境分析。企业内部环境分析包括团队的文化和价值观、发展战略、资源、能力及核心竞争力分析等。

（2）规划制定

① 确定团队使命，确定团队的核心价值观、发展愿景，以体现团队的终极价值，形成一种精神导向。

② 明确团队发展目标。团队发展目标包括团队发展总目标和阶段性目标，这是团队愿景的具体化和阶段性成果。

③ 设计团队发展执行体系。团队发展执行体系即实现团队目标、完成团队使命的具体执行方案，包括目标执行主体、执行路径、执行方式等。

④ 设计团队发展保障体系。团队发展保障体系即确保团队发展规划执行的保障条件，如团队内外部资源、条件等。

除此之外，团队还要制定备选方案，以作为临时的应变规划。

2. 实施阶段

在实施阶段，团队需要在设定年度目标、调整团队结构、制定配套的规章制度、培育团队文化等方面做出决策并予以执行。

（1）设定年度目标

按照团队发展规划确定年度目标。例如，团队规划在第五年要实现一个总目标，那么第一年年底需完成总目标的1/5，至第二年年底需完成总目标的2/5，以此类推。

（2）调整团队结构

在实施团队规划的过程中，要按照团队发展方向和团队所处阶段不断调整团队结构，以实现团队内部结构与发展规划的匹配。

（3）制定配套的规章制度

规章制度是实施发展规划的一种保障。调整了团队结构之后，为确定流程和管理标准，还需要按照规范化体系，制定一些配套的规章制度。

（4）培育团队文化

团队文化是团队内在的精神元素，体现了团队的核心价值观，是驱动团队发展的重要因素。为此，团队可以通过一些活动项目的开展实现有效的团队合作，提高团队凝聚力和战斗力，培育良好的团队文化，为团队规划的有效实施提供支撑。

3. 评估阶段

发展规划经过一段时间的推动和实施以后，团队需要评估和总结在实施过程中出现的问题和不足，从而及时纠正团队错误，调整成员的偏差行为，确保团队发展规划的可持续推进。

（1）检查发展规划基础

在实施规划的过程中要不断地检查原来的分析是否正确，如果原本的计划或目标没有发生变化则说明发展规划是相对正确的。

（2）检查团队绩效

发展规划正确与否的重要检验标准是团队的绩效，绩效评估是发展最重要的措施。

（3）采取纠正措施

根据绩效检查的结果，团队需要对局部的一些问题采取相应的纠正措施。例如在实施了五年发展规划一年后，若发现有问题，在第二年就要及时进行修正。

二、团队构建影响因素

团队构建受多种因素影响，这些因素相互作用，共同影响构建过程，并进一步影响团队建成后的运行效率。

（一）团队领导者

任何团队的领导者首先要认清自己的能力，然后培养自己的品德和诚信，向团队成员灌输求胜的意念，激励他们发挥出超越体能和职能所能承受的能力，那么这个团队才可能有所收获。

团队领导者应具备以下能力。

1. 团队责任感

团队领导者鲜明的责任感就是整个团队的成员的责任感。一个优秀的团队领导者强烈的帮助他人成功的责任感能带动和复制出整个团队成员的责任感，能使整个团队在责任感的驱使下，健康、有序地发展。

2. 使命感

团队领导者必须有使命感，帮助每一个团队成员梦想成真，改变每一个团队成员的生活，培养他们的自信心和挖掘他们的潜能。这样团队领导者自身的梦想才会成真。团队领导者的使命感同样会影响每个团队成员把使命感作为原动力，这样才能打造出高素质、高潜质的团队。

3. 品格的魅力

"做正直的人，做正确的事"是团队对领导者在品格方面的最高要求。做正直的人意味着团队领导者应该做到没有欺诈行为、没有煽动行为、没有为个人私利损害团队利益的行为、没有个人英雄主义的行为、没有盲目崇拜的行为、没有损害公司利益的行为等有损团队形象的行为。一个具备优秀品格的团队领导者还应具有对团队成员的爱心，对团队成员的尊重和理解，使团队成员感到在团队这个大家庭中的温暖。

4. 造梦的能力

团队的领导者应该是梦想的实践者，又是梦想的缔造者，能给团队造一个大梦想，能激发团队成员的大梦想，用梦想去打造团队，团队才能梦想成真，个人才能梦想成真。

5. 凝聚力

团队的领导者要带头遵守制度，树立遵守规章制度的榜样，展示制度的权威，说服员工。领导只有带头遵守制度，才能得到下属的关注。领导有责任用自己的行动影响下属，对下属要严格要求，致力于打造精英团队。团队的领导者在发号施令时，要自觉追求言简意赅。

6. 激励力

只要是由人组合成的团队，团队成员就一定会有意志消沉和遇到困难与挫折的时候。在这种情况下，团队的领导者理应承担起激励团队士气、帮助团队成员渡过难关的责任。当团队成员获得进步和成长时，团队的领导者要给他们必要的鼓励，分享他们成功的喜悦，进而激励他们增强成功的信心。

7. 协调力

团队合作难免磕磕碰碰，这时团队的领导者若具有极强的协调能力，将大事化小、小事化了，团队的业务运作就不会受到影响。否则，两个部门或小组出现冲撞，团队的领导者不能公正、客观地协调事件，势必伤害整个团队成员的团结，影响团队的凝聚力。

8. 表率作用

在任何团队中，领导者的身体力行都将直接影响团队成员的行为。在团队中流传着这样一句话："别人不看你怎么说，而看你怎么做。"如果团队领导者对所有的团队成员说："你们每天都要学习，以快速地提升能力。"结果团队成员发现，团队的领导者自己都没有参加学习，他们自然也不会照领导者说的去做，他们会因为看到团队的领导者夸夸其谈而夸夸其谈，最后就是整个团队很难做出想要的业绩。

⏰ **团队故事**

沙龙兔的故事

南非沙漠里有一种动物叫沙龙兔。沙龙兔之所以能在沙漠里存活而不被干死，完全是因为它们具备团结的精神。沙漠每两年才会下一次像样的雨，这对于沙漠里的任何生命来说，都是极为珍贵的。

　　每次下雨，成年的沙龙兔都会跑上几十里，不吃不喝，不找到水源绝不回来。每次它们都能把好消息带给大家。沙龙兔在返回来时，连洞也不进，因为沙漠中的雨水有时会在一天内蒸发掉，这又是沙龙兔一两年中唯一一次正经补水。于是，为争取时间，平日很少见到的沙龙兔群集的景象便出现了：一大群的沙龙兔会在首领的带领下，跑上几十里去喝水。而那只成年沙龙兔，往往会在到达目的地后，因劳累而死去。

（二）商机

　　商业机会是团队构建的重要驱动力，商机的创造、识别及捕捉尤为重要。领导者应保持对商机的理性分析和把握，倾注想象力、动机、承诺、激情、执着、正直等，努力寻找团队构建思路。不同类型的商机需要的团队类型也不同，领导者应根据自己与商机的匹配程度，决定是否要构建团队以及何时、如何构建团队。一旦确定进行团队构建，还要加强对资源整合的利用与配置，做好对风险的认识和规避。

（三）团队目标与价值观

　　明确的目标、使命和核心价值观能提高团队的向心力和凝聚力，激发成员的积极性和创造精神，强化团队的市场竞争力，是团队长青的动力和源泉。团队的使命是团队为了达到愿景要坚持做的事和具体操作的方法。它告诉团队"为何去"，是团队赖以生存的核心。例如，小米公司的使命是"始终坚持做感动人心、价格厚道的好产品"。围绕这一使命，小米公司从手机领域一直做到家电、文具、生活用品领域，并且每一样产品都做到了高性价比，为人们的生活带去很多的便利。团队的价值观是团队需要遵守、倡导的行为准则，是团队做事的底线，是团队处于任何境遇都要坚守的信仰。价值观告诉团队"怎么去"。

　　共同的价值观、统一的目标是组建创业团队的前提，团队成员若不认可团队目标，就不可能全心全意地为此目标的实现而与其他团队成员相互合作、共同奋斗。没有一致的目标和共同的价值观，创业团队即使组建起来，也缺乏战斗力，无法有效地发挥协同作用。

（四）团队成员

　　团队成员是构成团队的核心力量，团队成员的数量和质量是团队成功与否的关键因素。所以，在团队构建时，领导者要着力进行团队成员的组织与管理。团队目标是通过团队成员来实现的，团队成员能力的总和决定了团队的整体能力和发展潜力。选择团队成员时要注意，团队成员的才能互补是组建团队的必要条件，而团队成员间的互信是形成团队的基础，互信的缺乏将直接导致团队成员间出现协作障碍。

（五）外部因素

　　团队的生存和发展直接受到制度性环境、基础设施服务、经济环境、社会环境、市场环境、资源环境等多种外部因素的影响。这些外部因素从宏观上间接地影响着对团队组建类型的需求。

技能实训

团队成员组建

实训目标：通过情景分析，掌握组建团队时每个人的角色分工。

实训步骤：

（1）实训前要求提前阅读团队成员组建的相关文献，了解本次实训的理论知识。

（2）7人为一个小组，对以下情景进行分析。

情景分析——外星球生存计划

假设我们的地球遭遇险情，不久就要毁灭。一艘宇宙飞船会带一些人去外星球，现在有14名备选人员，他们分别是科学家、农民、工人、足球运动员、音乐家、建筑师、医生、教师、残障无线电工、成年女性、小男孩、年长的僧侣、小说家、相声演员。因为飞船承重能力有限，只有6个人可以跟你一起前往外星球。

思考与分析：

请仔细阅读上文情景，并回答以下问题。

（1）你会带哪6个人去外星球？

（2）你的职责是什么？

（3）成员1是谁？他（她）的职责是什么？

（4）成员2是谁？他（她）的职责是什么？

（5）成员3是谁？他（她）的职责是什么？

（6）成员4是谁？他（她）的职责是什么？

（7）成员5是谁？他（她）的职责是什么？

（8）成员6是谁？他（她）的职责是什么？

拓展练习

请同学们围绕校园文化艺术节的某一项活动完成项目团队构建，并开展活动策划，在课堂上汇报讨论。

第三单元
团队效能

3

在组织管理中，团队是组织的重要资源，高效的团队则是组织健康快速发展的有力保证。动员团队发挥最大功效是组织发展的必要环节，以高效团队的打造为目标，挖掘团队的最大潜能，才能让组织在激烈的竞争中立于不败之地。

第一节 高效团队特征

学习目标

- 掌握团队效能的内涵及高效团队特征。
- 理解并掌握形成团队规范、培养团队文化的基本方法，并能结合所学分析实际案例。
- 养成良好的团队思维，能主动参与团队建设。
- 培养团队协作精神，不断提升自身素质，为团队效能发挥自己最大的潜能。

情景导入

成立于 1987 年的华为技术有限公司是一家全球领先的信息与通信技术（Information and Communications Technology，ICT）基础设施和智能终端提供商，致力于把数字世界带入每个人、每个家庭、每个组织，构建万物互联的智能世界。目前，华为拥有 18.8 万名员工，业务遍及 170 多个国家和地区，服务 30 多亿人口。

在企业运营和日常管理中，华为要求团队中每个成员都必须十分清楚个人和团队的共同目标，明确个人的角色定位和在组织中的作用，在各自的专业领域保持敏锐的洞察力和前瞻思考能力，分工合作，相互照应，以快速、敏捷的运作方式有效地发挥角色所赋予的最大潜能，从而推动整个企业系统的快速、高效运转。这也是华为在市场中超越竞争对手的重要利器。

华为团队品质的另外一个很大的优点是众志成城、互帮互助，这应该是"优秀团队品质"里关键的一点。这种团结协作的精神在华为的整个企业内部，特别是在营销部门起到了十分重要的作用。正是靠着这种全体员工共同奋斗、团结一心、互相协作的精神，华为才能够击败众多竞争对手，成长为全球性企业，在2020年全球最具价值品牌500强中排名第10。

情景解析：

优秀的团队类型多种多样，但优秀团队的品质往往都包括了明确的目标、清晰的角色、相互的技能、相互间信任、良好的沟通、合适的领导等内容。

知识园地

素养提升

华为：中国人的骄傲

课堂互动

请向身边同学描述你对团队效能的理解。

一、团队效能的内涵

团队效能是团队及其成员相信自己团队能够获得成功的自信和信念所引发的激励团队成员在工作中付出更大努力的作用。有过成功经验的团队能增强对未来再次获得成功的信念；团队成员的能力越强，团队及其成员产生团队效能并利用这种效能的可能性越高。

具体地说，团队效能是指在规定的项目环境条件下和规定的时间内，对团队完成规定任务程度的度量。它是团队的能力、可信赖性和适应性的函数，是成功或失败的关键要素。

二、高效团队的特征

（一）共同愿景

有人做过一个调查，问团队成员最需要团队领导者做什么，70%以上的人回答——希望团队领导者指明目标或方向；而问团队领导者最需要团队成员做什么，几乎80%的人回答——希望团队成员朝着目标前进。共同愿景也叫共同目标，是组建一个有战斗力的团队的第一要义。它是指团队有一个明确的目标，这个目标是团队所有人员共同认可的，每一个人都承诺为实现这一目标而努力。

创造共同愿景一般有以下几种方法。

（1）以个人愿景为组织共同愿景的基础。

（2）平等对待每一个人，并彼此尊重。

（3）寻求相互合作、休戚与共。

（4）每个人的意见只代表自己。

（5）用阶段性的愿景来鼓舞士气。

（6）深度沟通产生愿景。

（二）有效沟通

一般来说，一个团队里产生的矛盾有70%来源于误解，而误解主要是沟通不良所致，因此沟通是解决矛盾的最好方法。高效团队的领导者会让每一个团队成员与其他成员进行有效沟通，说出自己心中的真实想法，并提倡成员注意倾听伙伴们的建言，在双向或是多向沟通中，减少成员之间的摩擦和团队发展的障碍。

（三）精诚合作

精诚合作要求团队里的每一个成员都必须明白自己的角色、责任和团队的共同愿景，并与其他成员"心往一处想，劲往一处使"，注重整体搭配、协调一致。如果成员之间彼此不信任、不支持，那么团队就无法士气高昂并有战斗力，也就更谈不上"高效"。

（四）参与式管理

参与式管理又叫集体领导，集体领导并不是"大家领导"，而是指团队的领导者鼓励每一位团队成员积极参与管理。企业是大家的，团队也是大家的，只有每一个成员都有"主人翁意识"才能把团队经营得更好。

三、形成团队规范

所有团队都有自己的规范。所谓规范，就是团队成员共同接受的一些行为标准。其目的是鼓励对团队成长有益的行为，规避有害的行为，让团队成员知道自己在一定条件下应该做什么，不应该做什么，从而提高团队的自我管理、自我控制能力。从个体的角度看，团队规范意味着在某种情况下，团队对一个人的行为方式的期望。团队规范被团队成员认可并接受之后，就可以成为以最少的外部控制影响团队成员行为的手段。

综上，团队规范是指团队的价值观念与行为规范，属于群体规范的范畴。在组织要素中，分别通过成员和目标反映出来。团队的运作特别强调合作、贡献和共享。团队管理中，强化规章制度的执行落实是重中之重，是每一个经营管理者重点考虑的问题。为此，在团队管理中要着重加强团队执行力建设，确保把政策方针、规章制度落实到位，执行到位。

团队故事

茅台集团构建"1234"董事会管理模式，系统提升决策治理效能

紧盯"1"个目标：发挥董事会"定战略、做决策、防风险"的目标定位，加强治理管控体系研究不放松，持续推进高水平董事会建设，坚持以资本为纽带、以股权为基础、以董事为依托，体系化推进董事会规范建设，"三会"运行规范有序，为茅台集团高质量发展奠定基础。

建强"2"支队伍：一是建设"复合型"外部董事人才队伍，坚持"增员、配优、专职"原则，开展"雷达图"对比分析研究，配备管理类综合型人才及法律、财务、规建类专业型人才；二是打造"高级别"董秘队伍，强化规范董事会建设带头人作用，各子公司坚持发挥董事长头雁效应，积极探索建立"雁阵式"董事会人员队伍，持续打造高级管理人员作为董事会秘书的董事会服务团队。

抓好"3"类服务：一是抓好"高效率"董事会服务，以提高管控能力为根本，扎实推进董事会服务水平；二是提供"专业化"子公司服务，出台《茅台集团所属子公司董事会工作规则》《茅台集团所属子公司董事会运行指南及评价办法》等系列制度；三是做好"优质化"董事服务，出台《派出董事履职服务手册》，明确派出董事工作职责。

优化"4"项管理：一是规范派出董事授权管理，用足用好派出董事资源，开展"双控"特色管理模式；二是理顺子公司董事会换届管理，对全资、控股子公司董事会换届情况进行摸底，细分为"四类"情形，梳理换届流程，分别开展董事会换届工作，解决子公司"董事会届次不清、换届程序不规范、董事超期履职"等问题，董事会建设质量进一步提高；三是聚焦派出董事考核管理，出台《茅台集团派出董事考核评价细则（试行）》等制度并严格执行，从职业操守、履职能力、勤勉尽责、工作实绩和履职评价5个维度，对集团公司派出董事进行考核；四是用好数字化信息系统管理，适应数字化转型的趋势，将"智慧茅台"理念与"法人治理"相结合，精心打造"茅台集团子公司及董监高管理系统"。

（一）团队规范制定的原则

管理者在制定团队规范时，需要遵循以下几点原则。

1. 适用性

制定团队规范要从团队实际出发，依据团队规模、业务类型、技术特性等因素进行综合考虑，不仅要体现团队的特点，还要保证团队规范的可行性和适用性。

2. 科学性

制定团队规范要遵从管理的客观规律，服从管理学的普遍原理和方法。

3. 必要性

制定团队规范要从团队需求出发，必要的规则一个不能少，无用的规则一个不能有，否则会适得其反，干扰团队正常运作。

4. 合法性

团队规范的内容坚决不能违背相关的法律、法令、法规，即团队规范要合法。

5. 合理性

制定团队规范一方面要秉承严谨、公正的原则，另一方面要考虑人性的特点，不能过于冷血和死板。

（二）团队规范制定的误区

团队规范制定的误区主要体现在以下4个方面。

1. 制度制定人员不专业

非专业人员对团队的运作流程和员工实际工作流程了解不足，其制定的团队规范就会缺乏实用性。

2. 团队规范管理未形成体系

任何一个部门都不能独立于团队流程之外。若团队规范的范围未能涵盖所有部门，团队的制度体系就会出现流程"断节"，进而影响其他制度的执行。

3. 团队规范与团队现状不符

团队规范本身只是工具，只有与团队的实际情况结合起来才能产生实际效果，如果与现状不符，会导致度失控。

4. 缺少对团队规范的适时优化

团队的发展及其面临的问题都是在变化的，当下合适的团队规范过一段时间后就会出现各种各样的弊端。因此，团队在制定团队规范后，要定期或不定期地及时修正不适用的流程，否则团队规范很难执行下去。

⏰ 团队故事

某科技团队有这样一条规定：员工迟到一次罚款20元。但该团队依旧有很多员工迟到。为了改变这一现状，团队修改了制度，从工资中划出全勤奖，迟到一次即扣当月全勤奖200元。

大部分员工的薪水为每月4000元左右，迟到几分钟就扣200元，这样重的处罚力度使部分员工直接选择了离职。后来该团队调整了处罚力度，将罚款金额变为50元。这种罚款力度是绝大部分员工能接受的，而且能达到警告的效果。

依据该团队员工的实际薪酬，"迟到一次即扣当月全勤奖200元"这样的制度明显脱离了实际。团队在设置制度时一定要联系实际，适合团队实际情况的制度才有生命力。

四、培养团队文化

文化是激励团队持续稳定的基石。在团队建设中，正确运用积极向上的团队文化，对团队的发展能起到至关重要的作用。团队文化是团队在发展的过程中所形成的工作方式、思维习惯和行为准则。高效团队来自统一的团队文化，团队文化一旦形成，便会强烈地支配着团队成员的思想和行为。

（一）团队文化的要素构成

人（People），人是构成团队最核心的力量。

共同目标（Shared Purpose），共同目标为团队成员导航，让团队成员知道要向何处去。

团队的定位（Place），团队的定位要明确团队由谁选择和决定团队的成员，团队最终应对谁负责，以及团队采取什么方式激励下属等问题。

权限（Power），明确团队在组织中的权限及团队内部人员的权限。

计划（Plan），明确实现目标的计划和步骤。

（二）团队文化的培养

1. 要有明确的企业愿景、使命、价值观及具体的战略目标

企业的愿景、使命、价值观及战略是企业文化的内核，企业的愿景、使命有着强大的拉力，文化又为企业战略的优化提供连绵不断的内在动力。企业如果没有明确的愿景规划和战略目标，只是走一步算一步，那么就无法形成自身的核心驱动力。团队的运作亦是如此，如果团队的成员不知道自己应该去做什么，应该怎么做才好，这将在一定程度上限制了团队能力的发挥；如果没有共同一致的目标，企业或团队就没有凝聚力和向心力，也就无法发挥出团队的最大效能。

团队效能

⏰ **团队故事**

　　每年的九月至十一月，加拿大境内的大雁都要成群结队地往南飞行，到美国东海岸过冬。第二年的春天再飞回原地繁殖。在长达万里的飞行途中，它们会遭遇猎人的枪口，历经狂风暴雨、电闪雷鸣及寒流与缺水的威胁，但每一年它们都能成功往返。雁群一字排开成"V"字形时，比孤雁单飞提高了71%的飞行能量。

　　每只雁都振翅高飞，也为后面的队友提供了"向上之风"，这种省力的飞行模式让每只雁都能节省能量。如果团队成员如雁一般向着共同的目标前进，就能彼此相互依存，分享团队的力量。当一只雁偏离队伍时它会立刻发现单独飞行的辛苦及阻力，它会立即飞回雁阵，善用前面伙伴提供的"向上之风"。

　　当领头的雁疲倦时，它会退到队伍的后方，而另一只雁则飞到它的位置上来填补。其实，艰难的任务需要轮流付出，相互尊重、共享资源，发挥所有人的潜力。当某只雁生病或受伤时，会有其他两只雁飞出队伍跟在其后面，协助并保护它，直到它康复，然后它们自己组成"V"字形雁阵，再开始飞行并追赶团队。

　　其实，如果我们如雁一般，无论在困境或顺境时都能彼此维护、互相依赖，再艰辛的路程也不惧怕遥远。在队伍中的每一只雁都会发出"呱呱"的叫声，鼓励领头的雁勇往直前。

2. 建有明确的整套规章制度及流程

　　目前团队常见的问题是缺乏完善的制度体系及制度的执行没有得到有效落实。企业文化是规章制度的基础和土壤，而制度是文化的体现和保障；在企业还没有形成一种积极向上的企业文化时，需要有个强制执行的过程，也就是制度层面的建设问题；反过来，制度也能够有效促进企业文化建设的发展。

3. 团队内部要通过日常的管理活动来推进文化的实施

　　企业文化不应该只是表现宣传口号、制度制定及流程设计当中，而应该落实并体现在一些具体的日常工作中。例如，我们是否可以将企业的文化同企业具体的人员招聘结合起来，是否考虑了应聘人员的性格特质与企业文化的适应程度，是否在新人入职的时候对其进行了系统的企业文化的培训，是否在针对人员的考核中引入企业文化的要素。

4. 有目的地在团队内部促进企业文化的推广与发展

　　当前很多企业服务部门设立了相关服务的标识及宣传渠道，如宣传栏、读书俱乐部、相关的竞赛及文体活动等，通过对优秀服务人员的表彰和宣传，树立榜样，促进了解和沟通等；此外，整体的着装、干净整洁的办公环境等外在的物质形象可以体现出团队的氛围和文化。而一些服务团队，如电话订货员服务团队的建设就很注重这方面的考虑，从踏入电话订货服务中心的第一步到离开，从宣传栏到表扬栏，从环境到着装，无时不在感受团队文化的魅力。

5. 培养并任命高效的市场经理

　　市场经理对团队文化的形成往往起到十分重要而又微妙的作用，这就要求企业对市场经理进行必要的引导、培训及考核；根据企业的战略，结合团队成员的各自职责为客服团队的每个成员设定具体、明确、可以量化的目标、绩效指标、目标值、行动方案和任务，进行数字化管理；对客服团队的管理人员进行全面的绩效管理和测评，促进其业绩的提升，使其不断努力、更加用心地工作，形成积极、上进的工作氛围；把市场经理的绩效管理、能力发展与浮动薪酬挂起钩来，充分利用企业的信息系统，使之易于跟踪和检查，必要时以便及时调整战略以实现团队目标。

6. 加强对团队成员的培训

团队成员的组成、知识结构、工作经验都参差不齐，这就要求团队领导者对成员开展一些相应的培训，通过专业的培训让团队成员了解相关的产品知识。有些人没有干过销售工作，怎么办？那就安排有经验的成员对他们进行"传、帮、带"，让他们通过实践来熟悉整个工作流程。一些工作技巧以及谈话技巧在每月的例会中都应该重点提出来，让大家相互交流、学习。

7. 加强团队成员之间的沟通、交流与合作

团队成员之间应该经常相互联系、沟通信息，特别是同一市场的销售人员之间更应该经常交流，了解相互之间的处事方式，因为每一个成员代表的都是企业的形象，不能因为个人的处事方式不同而影响到企业的整体形象。作为一个整体，团队成员和领导者之间的沟通也应该是公平合理的。

8. 加强团队成员的稳定性

对于团队而言，成员的稳定性是非常重要的。团队领导者要给予团队成员充分的尊重，给予他们充分的自由发挥的空间，经常与他们沟通，了解他们的诉求，增强他们的获得感和满足感。这样才能留住人才，稳住团队结构。

⏰ 团队故事

百度的企业文化

百度是全球著名的中文搜索引擎、中文网站。1999年底，身在美国硅谷的李彦宏看到了中国互联网及中文搜索引擎服务的巨大发展潜力，抱着技术改变世界的梦想，毅然辞掉硅谷的高薪工作，携搜索引擎专利技术，于2000年1月1日在中关村创建了百度公司。

"百度"二字，来自800多年前南宋词人辛弃疾的一句词"众里寻他千百度"。这句话描述了词人对理想的执着追求。

百度早期的使命：让人们最便捷地获取信息，找到所求。

百度的责任：让世界更有效，让人们更公平。

百度的性格：简单，可依赖。

现在百度不再是单纯的互联网公司，而是定位高科技公司。

百度当前的使命：用科技让复杂的世界更简单。

百度的核心价值观：简单可依赖。

五、发展团队能力

团队能力指建立在团队的基础之上，发挥团队精神、互补互助以达到团队最大工作效率的能力。团队的成员不仅要有个人能力，还要有在不同的位置上各尽所能、与其他成员协调合作的能力。

团队能力一般指团队协作能力。团队协作能力对于一个团队至关重要。团队中的个人取长补短，相互协作，即能造就出一个好的团队，所以才有"三个臭皮匠顶个诸葛亮"之说。在一个团队中，每个成员都有自己的优点、缺点。如果团队的每位成员都主动去寻找他人的积极品质，那么团队的协作就会变得很顺畅，工作效率就会提高。团队精神的最高境界是"不抛弃，不放弃"。团队能力具体包括以下6个方面。

（一）情绪管理能力

有些人存在这样的问题，他不仅不能很好地影响团队，反而很容易被团队的负面情绪影响，被同化，被改变，甚至在行为上表现出来。领导者如果一不小心做出这样的负面行动，对团队的士气是莫大打击。领导者要能很好地控制自己的情绪，特别是控制负面的情绪的能力。失落、愤怒、大喜、大悲等负面情绪是影响自身能力发挥、打击团队士气的杀伤性武器。

（二）做事能力

领导者需要具有较强的做事能力，在团队中逐渐树立自己的权威。我们知道，权力除了公司授予的，还来源于其他方面。权威多与自身努力有关。位置是干出来的，不是别人给你的。权威来源于较强的做事能力。团队需要在工作领域内通过实干逐步树立起权威。

（三）团队沟通能力

真诚是团队信任的基础。团队成员中普遍存在从众心理、服从权威心理、求同心理等。领导者在进行团队管理时，要善于发现每个成员的个性特点和个人诉求，培养团队成员的语言沟通能力。良好的沟通会极大地提高团队的发展能力。

团队故事

团体心理沙盘——带你感知沟通的真谛

1．什么是团体心理沙盘

心理沙盘是通过专业的工具，根据制作者当下的心情和脑中的意象完成一幅沙盘作品，在盛有细沙的特制箱子里用各种模型、玩具组建心灵庭院，摆弄心灵故事，探索自我的心路历程。而团体心理沙盘则更倾向为沙盘游戏或团辅活动，对于人际关系的改善能够发挥其独特的作用。团体心理沙盘的参与者会按照规则无意识地在沙盘上摆设沙具，用一种非言语的方式与大家进行一场真实的沟通。

2．团体沙盘游戏中非言语沟通的独特魅力

人类语言只是一种有限的交流工具，它并不能充分地表达一个人的思想。团体沙盘游戏的意义在于为人们搭建一座桥梁，以促进人与人之间的沟通与合作。沙盘游戏有别于一般游戏之处恰恰在于其非语言性的特点，揭示了沟通来自心理的深层影响力。

（1）面对自己，开放自己。借助沙盘和沙具，团队成员开放自己，与自我对话，这也是团队沟通的首要条件，让他人懂得自己的本意，同时自己也可以明白他人的意思。

（2）倾听他人，关注他人。沙盘作品最后的完美呈现往往与其中成员的"关注他人""大局意识"密切相关，而这种人在沟通中也更能获得团队其他人的认可。

（3）共情理解，尊重接纳。良好的沟通必定建立在相互理解的基础上，理解他人、为他人着想是营造良好人际关系的关键。沟通有个黄金定律，即你希望别人怎样对待你，你就要以同样的方式对待别人。而团体沙盘游戏就提供了这样一个彼此尊重、互相接纳的空间，也是人际沟通和谐的重要因素。

（4）换位思考，将心比心。沙盘游戏中的成员会不断改变自己的想法和行为方式，从而达到内心的平和与人际关系的协调。

（5）个人责任，团队意识。由于沙盘游戏采用的是非言语的方式，人们之间的交流不是直接的言语，而是用玩具和动作象征性地表达自己的内心世界，这既避免了言语交流过程中自身形象遭受损害的威胁，又有助于相互沟通的深刻化。沟通中个人责任更加突出，团队意识更加明晰。

（四）识人用人能力

要尊重每个成员，真诚对待他们，把他们当成你的朋友。要为每个成员提供发挥其作用的机会，人尽其能。要有识人能力、量才而用。

对一个不具备能力的人委以重任，即可能因为他的能力差，对团队成员、对他自己都会产生不良后果。而对一个有能力的人弃之不用，就会造成浪费，而且不能调动积极性。

（五）良好的人格、善于做人

德是第一位的，个人要在行事、言谈、行为上符合基本道德准则。这是人的基本的修养，得道多助、失道寡助。一个没有德的领导，你很难想象大家会愿意跟随这样的人一起做事。

人之所以区别于动物，主要就是德。要会做人、善于做人。不会做人，就不可能做好事，也就不具备做领导者的条件。

（六）赞美能力

赞美是鼓励团队士气的一把钥匙，人无完人，但是人又可能各有所长，有值得大家赞美的地方。赞美也是自身高尚人格的体现，那些不愿意赞美他人、经常自以为是的人，实际上都是本身就有看不起人的坏毛病。

赞美是自身修养的一种体现，只有真诚的赞美才会对团队士气产生效果。学会赞美，说到底是完美自己的修养，这仍然是管理者的必修课。

技能实训

请同学们选择自己所在的团队，或者选择一个企业团队，进行团队效能的评估测评，并分析测评结果。

拓展资源

团队效能评估量表及测评标准

拓展练习

一个小型加工厂因为一个偶然的机会接到了一笔大订单，但是订单要求的供货时间很短。要想按期交货，就需要工人们加班赶工，这势必会引起工人们的抱怨。厂长很为难，想了很久，终于想出一个办法。

厂长把所有工人都召集起来开讨论会。在会上，厂长告诉工人们，如果他们能够准时赶制出这笔订单的话，月底每个人都会得到一笔丰厚的奖金。然后，厂长让工人们讨论有没有哪些办法能够提高工作效率。工人们展开了激烈的讨论，提出了很多能够按时完成订单的建议。后来，工人们按照自己提出的方法，加班加点，终于如期完成了这笔订单。

结合团队效能所学，谈谈你对此案例的认识。

第二节 外部动力与约束

团队效能

学习目标

- 能准确、恰当地分析团队发展的外部动力与阻力；
- 养成良好的深度思考和总结习惯；
- 具有自主自学意识，培养组织管理、敬业乐业的职业品质。

情景导入

拉面馆的故事

在一个街区上有两家拉面馆，一家叫张家拉面馆，一家叫王氏拉面馆，两家面馆的食品种类相差无几。张家拉面馆为了增加客源，采取了降价促销的措施。这样一来，张家拉面馆的客源明显增多，而王氏拉面馆的客源则有所减少。

本以为张家拉面馆只是短期的降价促销，谁知张家拉面馆降价一周后仍没有恢复原价。随后，王氏拉面馆迫于无奈，也只好做出降价调整，这样王氏拉面馆夺回了一些客源。面对王氏拉面馆的降价，张家拉面馆迅速做出反应，再次降价。两家拉面馆的价格战越来越激烈。两家拉面馆都认为，只有对方倒闭，自己的生意才会好转。

就这样过了三个月，两家拉面馆都开始经营困难。价格战最终导致两家拉面馆两败俱伤，这就是恶性竞争造成的恶果。

安徽桐城六尺巷的故事：迁就和回避

张英是康熙年间的一个重臣。他是安徽桐城人，早年中了进士，后来在朝廷为官，官至大学士。

有一年，张英的桐城老家人来信说，他们家要修建房屋，与隔壁姓吴的穷秀才家因宅基地发生了矛盾。张家与吴家本来有过契约，约定两家墙角相连，可吴秀才这次一定要张家把墙壁挪过去一些，张家自然不同意，写书给京城的张英，让张英收拾一下吴家。张英接信后，只是在上面回了一首诗：

"一纸书来只为墙，让他三尺又何妨。长城万里今犹在，不见当年秦始皇。"

家人见了张英的回复后不再与邻居争执了，主动让了三尺地基建房子。邻居吴秀才非常感动，也退地三尺建宅院，这样就有了著名的"六尺巷"。

情景解析：

以上两个案例都表明团队发展会面临多种冲突，我们必须清醒认识到，世界本就存在于矛盾和冲突之中，旧的矛盾解决了，新的矛盾又会不断地涌现，这是自然和社会发展的客观规律。如何识别并妥善地解决团队冲突是团队发展的必经环节。

知识园地

课堂互动

请向身边同学描述你所在的团队面临哪些问题。

素养提升

2021年中国
航天科工感动
团队

团队效能

一、团队发展中的社会现象

美国心理学家勒温提出了"团体动力学"理论，用场理论和力学概念，说明了团队各成员之间各种力量相互依存和相互作用的关系。他认为团体不是个体的简单总和，而是大于个体的总合。团体对个体能发生巨大影响，个体在团体中会产生不同于在个体单独环境中的行为反应效果。团队发展中一般会面临两个社会现象：社会促进现象（社会助长作用），即由于他人在场，对工作产生促进的作用；社会干扰现象（社会抑制作用），即由于他人在场，对工作产生抑制的作用。

美国学者罗伯特·查容克（R.B.Zajonc）假设：动机的增强能诱导从事简单工作的人们做出他们最占优势的反应，而非优势反应会受到刺激。对简单的工作来说，人们可以相当熟练地完成，并且很少出差错。这种习惯性的正确反应就成为这个人占优势的反应。他人在场可造成一个人的内驱力或动机增加。这种动机的增强有时会促进工作，有时又会干扰工作。具体是促进工作还是干扰工作，要依工作的性质而定。如果是操作简单的工作，他人在场可能是一种促进，而如果是复杂工作或学习新的工作，则可能妨碍。

二、团队发展的外部动力

目前，80％的《财富》500强企业中，至少有一半的员工以团队方式工作。事实表明，如果完成某种工作任务需要多种技能、经验和判断，那么通常由团队来做效果更好。管理层发现，在多变的环境中，团队比传统的部门结构或其他形式的构成更为灵活，反应也更迅速。团队能够进行迅速的组合、配置、重新定位和解散。此外，团队能够增强组织中的民主气氛，提高工人积极性、主动性和创造性。团队发展通常伴随外部环境、外部机遇两大外部动力。

（一）外部环境

任何企业的团队活动都是在一定的社会环境下进行的，诸多事物和要素之间互动联系、碰撞，形成了一个面面俱到的现实环境系统，对团队建设与发展产生了十分重要的影响。团队外部发展环境包括政策法规调整、社会经济发展、社会环境变化、科学技术进步和自然条件变化等。

1. 政策法规调整

政策法规对团队发展加以规定和要求，对团队活动具有现存的和潜在的影响。政策法规出现变化往往意味着团队机会的出现。2004年7月1日，我国颁布《中华人民共和国行政许可法》，许可民营企业进入更多的行业领域，企业自主的经营范围更为宽泛和自由；2006年1月1日，实施新修订的《中华人民共和国公司法》，有限责任公司注册资本的最低限额下调至3万元；2014年9月，李克强在达沃斯论坛上首次提出"大众创业、万众创新"的号召。20年间，政府对企业活动的支持力度不断增强，特别是现阶段更是为企业的发展提供了良好的环境。

2. 社会经济发展

企业经营的成败在很大程度上取决于整个社会的经济运行情况，团队领导者要善于对经济因素进行分析，发现机会。2014年，在全球经济复苏乏力，我国经济发展也面临着转型困难的大环境下，我国政府提出要大力破除对个体和创业创新的种种束缚，建设"人人创新""万众创新"的新局面，让我国的经济发展再上新水平。创新正在改变人们对于经济发展的预期，促成经济的转型。经济转型是创业热潮兴起的内在驱动力。随着经济的发展，我国资本市场日趋健全和活跃，在融资方面，银行贷款、金融支持、融资担保、风险投资等为团队提供贷款担保和贴息的业务不断推陈出新。当前经济环境适合团队建设。

3. 社会环境变化

社会环境包括社会文化、社会习俗、社会道德观念、社会公众的价值观念及人口统计特征等。变化的社会环境影响社会对企业产品或劳务的需要，也会改变企业的战略选择和发展方向。社会的不断进步会催生很多新需求，也会改变人们对创业等的看法，带来更多的机会。因此，团队领导者需要在团队运作中对有关的社会环境加以考虑，分析消费者的收入水平、受教育程度、地区特点和民族特色。社会环境决定了企业的产品需求和发展方向，是细分目标市场的重要依据。

4. 科学技术进步

科学技术的进步可以创造新的市场，产生大量新型的和改进的产品，也可以使现有的产品和服务过时，改变企业在产业中的相对成本及竞争位置。科学技术的进步还会影响企业的产品、服务、市场、供应商、分销商、竞争者、用户、制造工艺、营销方法及竞争地位。科学技术的变革可以减少或消除企业间的成本壁垒，缩短产品的生产周期，带来比现有竞争优势更为强大的新的竞争优势。对于团队领导者来说，能正确识别和评价关键的科学技术的机会与威胁是至关重要的。

5. 自然条件变化

古语云，"靠山吃山，靠水吃水"，指的就是企业团队应依靠自然环境进行发展。在运作初期，要对选定的项目进行认真分析，确认所在地区是否有足够的资源来支持团队的生存与发展，领导者对该地区的熟悉程度如何，该地区的人文和社区支持体系是否完善，领导者在该地区有多大的影响力，地区的基础设施可行性如何，新创企业在这个地区内将会有何影响，民情风俗是否会对企业产生影响，等等。

（二）外部机遇

外部机遇就是团队活动中的机遇和机会，可能会带来对新产品、新服务或新业务的需求，是一种有利于创业的偶然性和可能性，或者说是一种还没有被实现的商务必然性。外部机遇存在于社会和经济的变革过程中。社会环境的变化会给各行各业带来良机，科学技术的进步、价值观与生活形态的变化，人口因素的变化，社会和政治结构的变化，以及顾客需求的变化，甚至着眼于人们苦恼的事和烦恼的事，都可能是某些发展的机会。

团队故事

寓言

一对父子在沙漠中行走，又累又渴，忽然看到一枚马蹄铁，父亲让孩子弯腰捡起来，孩子心想这样做没什么用，于是没弯腰，父亲没责备他，自己捡起来放在衣袋里。后来，他们走到一座城堡，在城堡中父亲用马蹄铁换回了500枚酸葡萄。当他们再次走入沙漠，父子俩喉咙干渴得快要冒出青烟。父亲边走边吃葡萄，并不时地抛下一枚酸葡萄。为了这一枚枚酸葡萄，儿子竟弯了几百次腰。

机遇不可多得，我们必须珍惜每一次机遇，或许，在某些时刻，它就成为你事业成功的关键因素。

三、团队发展的阻力

我们从组织结构、管理层和团队个人来分析团队发展阻力的来源。

（一）阻力的来源

1. 来自组织结构的阻力

（1）传统的组织结构限制团队的发展。

传统的组织结构主张自上而下的管理方式，而团队很多时候需要拥有相当的自主权。从某种意义上来说，这是对传统组织结构的一种挑战。

（2）死板而没有风险的企业文化。

企业越稳越好，但事实上成熟的企业都鼓励边缘化的探索，鼓励做一些有风险的但有益的尝试，这为企业未来的生存和发展带来新的渠道和发展路径，团队在这方面其实是一种很好的尝试。

（3）从信息传递的改变。

在团队中，个体与个体之间、成员和领导之间，甚至团队和团队之间都可以传递信息，可以是自上而下，也可以是自下而上，还可以是在平级当中进行信息的传递。

（4）部门间各自为政。

传统的组织结构中有生产部门、销售部门、研发部门、客户服务部门，每个部门都有自己的部门职责，他们各自为政，不太喜欢相互融洽交流的团队方式打乱他们应有的阵地，但由此带来了许多问题和麻烦：公司的销售业绩上不去，销售部门说生产部门没有生产出合格的产品，次品率太多，卖不出去；生产部门说研发部门研发出来的产品没有考虑到生产的工艺和流程，所做的开发就目前的技术、设备和人员而言是做不到的；研发部门说只有按照我们所设计的来生产才具有竞争力。这就导致组织的堕落、衰退，而团队有时可以整合这些力量。

2．来自管理层的阻力

（1）管理层担心一旦有了团队，管理层就失去了应有的权利。

（2）管理员认为组织机构不再需要这个团队了。

（3）管理层认为没有及时地授予团队权威和责任。

（4）管理层没有及时提供足够的培训和支持。

（5）管理层没有及时传达企业的总体目标并制定出相关的细则。

3．来自个人的阻力

（1）既然强调团队的贡献，那么个人的贡献谁来承认，个人的成就感从哪儿来？

（2）如果在团队中必须保持合作的态势，那么个性还能不能发挥，个人优势还能不能得到认可？

（3）个人害怕团队会给自己带来更多的工作。

（4）团队成员害怕承担责任。

（5）个人担心团队在一起工作时会出现新的冲突。

（二）内部阻力的内容

1．对工作的传统看法和态度

强调团队价值不仅威胁到员工对工作的传统看法，还威胁到了他们对生命的态度。许多人长期依赖传统式的上司或领班，因此一旦不再有上司，便感到很难适应。

2．不信任感

有些企业由于以往曾发生过由管理引发的风潮及劳资双方的对立，无法直接取信于第一线员工，特别是有工会组织的员工，因此也无法赢得执行团队管理所需的相互信任。如果管理层认为团队发展是一项支出，而非投资，而员工认为团队制度不过是要求员工配合管理层的一项手段，那么要建立团队管理制度，恐怕会失败，许多面临危机的企业，之所以能成功地建立团队管理制度，是因为它们的员工和管理层之间互相信任。

3．影响中层管理者的升迁

团队管理会使组织中层管理者变少，组织更趋扁平化，如此一来将影响其升迁的机会。对中层管理者而言，原本可以为之攀登的职业阶梯一下子消失了，因此会存在被降级的风险。

4．缺乏同情心和了解

自我管理团队的管理层需具备倾听、改变观点、设身处地以及改变基本行为模式的能力。如果在训练和发展人际方面的工作技巧上没有做适当的投资，团队发展恐怕进展缓慢，甚至会因此受到阻碍。

5．管理层的抗拒

一些向来以强迫或具威胁性的方式来管理员工的领导者，也许无法轻易接受团队的概念。毕竟，团队管理在许多方面都与传统的强硬式管理截然不同。

严重运行不良的团队，特别是严重运行不良的高管团队，会带坏整个组织。他们幻想、信念、情绪和行为会像传染病一样传遍整个组织，让组织变得"神经质"。这个传染过程可能非常微妙。

6. 搭便车效应

搭便车效应是指在一个群体性的组织中，其中一个人所做出的努力，最终得到的成果，组织内的所有人都能享受到，但最终成本就是由这一个人承担。组织内会有一部分人因此认为，自己即使不出力，最终也能获得相应的成果，这是所谓的投机取巧。

为了消除搭便车效应的消极影响，团队管理中应该设置合理的团队目标，使个人目标与团队目标一致；建立有效的团队绩效考核机制，关注团队中成员的个人绩效；增强沟通交流，增强成员的团队意识；加强团队管理，建立学习型组织，实现团队与个人共赢。

⏰ 团队故事

曾有一个国王，为了显示自己的威信，安排了一次活动：让自己的子民在他生日那天的正午时刻同时高呼"陛下万岁"。子民们都很期待这一刻，因为这可能是他们能够听到的世界上最大的声音了。

但是，一位智者发现，如果自己也跟着呼喊的话，这个世界上最大的声音就听不到了。所以，他采用了一个策略：保持沉默。同时，这位智者还把这个消息告诉了身边的人。不到半天时间，这个消息几乎传遍了整个王国。

正午时刻来了，大家发现，自己等来的不是世界上最大的声音，而是一片静默。

这就是搭便车行为产生的后果。

技能实训

游戏——解开"手链"

实训目标：从游戏中观察团队活动可能存在的困难（阻力），确保提出的应对策略能产生较好的效果。

实训步骤：

（1）邀请两组同学，每组10人，到教室中间的空地上，手拉手围成两个大圆圈，记住与自己左右手相握的手。

（2）当背景音乐响起时，大家松开手，在圈内随意走动，音乐停止时站在原位，找到原来与自己相握的左、右手，分别握住。

（3）每个小组参与者的手彼此相握，并形成一个错综复杂的"手链"。教师播放舒缓的背景音乐，大家在不松开手的情况下，将交错的"手链"解开，恢复原来的手拉手的大圆圈。比赛看哪个组解开得最快。

思考与讨论：

（1）游戏参与者在参与游戏中遇到了哪些困难，是如何解决的？在游戏中哪些人和哪些策略起到了很好的效果和作用？

（2）场外的观察者从自己的视角看，在这个游戏中哪些操作细节是有利的，哪些是不利的？

拓展练习

　　有调查表明，学生们在填写不记名的问卷或教学调研时，通常不会太认真，除了选择题必须给出一个选项外，遇到开放性问题时，通常不会花费时间去思考。但是，当这种问卷需要署名时，大家就会意识到，如果敷衍了事，看到问卷的人万一认识自己，就可能对自己产生很差的印象，因此会回答得很谨慎、很认真。

　　谈谈你对此现象的看法。

团队效能

第四单元
团队培训与评估

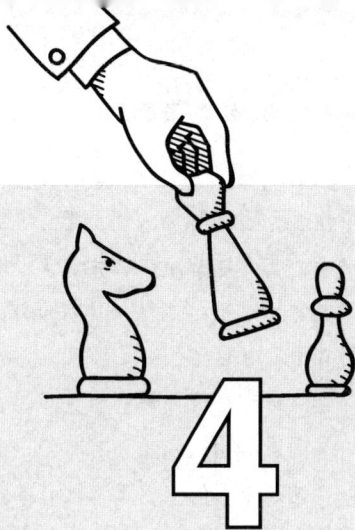

4

团队发展离不开培训与评估，开展团队培训有利于提高员工的整体素质，增强员工的职业精神和企业凝聚力，让团队适应环境变化、满足竞争需要、提高自身的改革与创新能力，进而培养核心竞争力。团队评估是增强团队凝聚力、创造力、执行力的基础，及时诊断了解团队发展中存在的问题，可以让团队更加高效。

第一节 团队培训

学习目标

- 掌握团队培训的概念、组织过程。
- 理解团队培训的方法及其优点和缺点。
- 养成良好的思考习惯，能主动参与团队培训。
- 具有团队精神和全局意识，培养主动探究的学习能力，培育勤学踏实、不断进取的职业品质。

情景导入

小张是上海一家医疗器械公司的人力资源部经理，公司最近招了一名销售员小李。经过面谈后，小张认为小李在销售方面具有很大的潜力，符合公司对销售人员的要求。可是，几星期后，销售部经理告诉小张，小李提出了辞职。小张把小李叫到办公室，询问他提出辞职的原因。小李说，在上班的第一天，有人告诉他，正式的产品培训要一个月后才进行，并给他一本销售手册，让他在这段时间里阅读学习。第二天，有人告诉他在徐汇区有一个展览，要他去公关部帮忙一周。第三周，又有人让他去整理公司的图书。在产品培训课程开课的前一天，有人通知小李，由于某些原因课程要推迟半个月，安慰他不要着急，说先安排公司的销售骨干小赵给他做一些在职培训，并让他陪同小赵一起拜访客户。所以，小李觉得这家公司并不适合自己。

你认为这家公司的新员工培训存在哪些问题？

情景解析：

这家公司的培训工作没有做好。新员工上岗培训工作管理混乱，没有计划性，培训方式不科学，培训内容也不完善，应包括企业文化、公司管理制度、相关政策、员工行为守则等内容。

知识园地

课堂互动

请向身边同学分享你参加过的团队培训。

素养提升

"千手观音"绽放别样魅力

一、团队培训组织

（一）团队培训的概念

团队培训是指通过讲授、游戏等各种方法提高成员个体及团队整体能力，进而提升团队整体绩效的过程。团队培训作为一种大众化的培训方式，仍然是现代企业管理中的基本培训方式。它在提高团队成员能力、协调团队成员关系、促进成员之间的合作、更好更快地达到组织目标等方面发挥了重要作用。

团队培训的作用主要体现在促使团队成员掌握本职工作所需技能，提高成员的业务技能及团队合作技能，提高成员的环境适应能力，增强成员的归属感，提升团队士气和战斗力。

（二）团队培训组织

1. 团队培训需求分析

（1）培训目的

团队培训需求分析的第一个重要内容就是深入挖掘团队培训的目的。生存型的培训应该紧紧围绕生存危机展开，而且培训过程必须不折不扣、严格执行；发展型的培训则要以掌握前瞻性知识或提高技能为导向。

（2）培训内容

对培训内容进行需求分析可以有效地增强培训效果。知识型的培训应该以知识讲解、培训后考试为主；技能型的培训应该以实践操作为主；素质型的培训应该以感悟、情感体验为主。

（3）培训时间

培训是要投入时间的，所以在培训需求分析中必须调研培训对象的时间要求，特别是一些无法脱岗培训的成员，更加需要科学地安排培训时间。

（4）培训成本

培训需要投入物力、人力和财力，所以在开展培训前需要清晰地计算出培训的直接成本、间接成本，并将培训的成本预算报送团队领导者，在与领导者充分沟通后确定培训的成本支出。

（5）培训方式

从理论上讲，团队培训的方式有脱产培训、不脱产培训、业余学习等多种方式。所以在开展团队培训前，需要分析团队及其成员对培训方式的需求，从而选择最适宜的培训方式，提高培训的可接受度。

（6）培训方法

团队培训的方法非常多，具体包括直接传授型培训法、实践型培训法、参与型培训法、态度培训法和科技时代的培训方式等。所以在开展团队培训前，需要认真分析团队的实际需求，选择成员接受度高的培训方法，从而提高培训方法的适用性。

2. 团队培训的步骤

（1）确定培训需求

确定培训需求的目的在于明确团队工作所需要提高或改进的方面，具体包括以下3个方面内容：①团队需求分析，即根据团队发展或变革需求所提出的团队整体培训需求；②岗位需求分析，即在团队运作过程中根据具体岗位操作所产生的培训需求；③个体需求分析，即团队对成员个体素质提高的培训需求，或者是团队成员对提高自身工作技能和发展职业生涯的自我培训需求。

（2）制订培训计划

确定培训需求后，就要为培训工作建立明确、可度量的目标及计划。培训计划是培训活动的指南，一个完整的培训计划主要包括以下5个方面。

① 确定培训内容。团队培训要结合培训需求分析，设置科学的、多维度的培训内容。

② 确定培训对象。原则上，人人都可以成为培训对象，每个人都有接受培训的权利和义务。但对于一个具体的培训项目而言，其目标群体通常是有限且具体的。为此，确定培训对象时可以结合团队需求分析、岗位需求分析以及个人需求分析，实行分类分层、有针对性的团队培训。

③ 确定时间、地点。在团队培训时间的选择上，要做到及时、有效。在培训地点的选择上，可以根据脱岗培训和在岗培训等培训方式的不同来选择培训地点。培训地点除了传统教室外，还可以是车间、会议室、培训中心、户外拓展基地等。

④ 安排培训师。培训师是负责实施具体培训的教师，是培训成败最为关键的因素。团队培训师可以是专业培训师，也可以是团队成员或团队领袖，如部门经理等。在培训师的选择上，要基于培训需求分析，注重考察培训师的专业知识、专业技能、工作经验、语言沟通及教学能力。

⑤ 选择培训材料。为了实现培训目标，培训中需要设置相应的培训课程，提供相应的培训材料，如教学资料、视听材料、案例或测试题目等。这些材料可以是自主开发的培训教材，也可以是团队所购买的外部培训资料。

（3）培训实施阶段

① 设计培训课程。培训课程应服务于培训所要达到的目标。每一种知识和技能都是通过相应课程来传授的，因此课程的设计一定要科学，既要考虑培训的系统性，又要考虑适用性，还要

根据不同的对象和不同的时间有所变化。

② 培训师的培训与开发。对培训师来说，应根据每次的培训目的进行针对性的授课技巧、教学工具、教学内容等的培训。企业还应对培训师的整个教学效果和过程性教学效果开展评估，这是企业保证团队培训质量的重要手段。优秀的培训师则能够成为企业的培训储备资源。

③ 选择培训方法和方式。培训的方法多种多样，各有千秋，要根据培训目标选择适用的有效方法。常用的培训方法有讲授、个案讨论、角色扮演等。培训方式可采用脱产、半脱产、业余等形式。

④ 安排培训有关事务。培训事务安排主要包括时间、地点、设备和食宿等事务的安排。

⑤ 准备培训经费。根据培训的种类、内容等，准备培训所需的经费。

⑥ 制定必要的培训规章制度。例如请假制度、奖惩制度等，这是组织对员工培训的制约。

⑦ 具体实施和控制培训。在实施中及时反馈有关信息，纠正培训中产生的偏差，使培训取得预期的效果。

（4）培训效果评估

① 确定评价标准。以培训目标为基础，确定培训的评价标准。

② 按照标准评价培训。培训的效果评估可以采用学习期间征询受训者的意见、结业时考试、观察受训者回到岗位后的表现和计算长期经济效益等方法来进行。培训的费用评估包括评估受训者和培训师的工资和福利及其他奖励、课本、教材、教学仪器以及租用教室费用等。如果是脱产培训还应评估学费、住宿、交通等费用以及由于培训而损失的工作时间等成本。

③ 培训效果的转化。培训效果的转化是员工培训最重要但被许多培训项目忽视的一个步骤。把培训的效果转化到工作实践中去，提高工作效率，这是培训的最终目标。因此，能否正确评估培训带来的工作变化是最终衡量一次培训是否有效果的关键。

二、团队培训的方法及技巧

（一）直接传授型培训法

1. 讲授法

讲授法是指培训师按照准备好的讲稿，系统地向受训者传授知识的培训方法。它是最基本、最常见的培训方法，主要有灌输式讲授、启发式讲授和画龙点睛式讲授3种具体方式。培训师是决定讲授法成功与否的关键性因素。

讲授法的优点：传授的知识比较系统、全面，有利于大规模培养人才；对培训环境要求不高；有利于培训师主观能动性的发挥；受训者可利用培训环境相互沟通；受训者的平均培训费用较低。

讲授法的缺点：传授的内容较为枯燥，受训者难以消化、吸收；单向传授不利于培训双方的互动；不能满足受训者的个性化需求；培训师的水平直接影响培训效果，容易导致理论与实践相脱节。

2. 专题讲座法

专题讲座法在形式上和讲授法基本相同，但在内容上有所差异。讲授一般是针对系统知识，每次培训会涉及一个专题，接连多次授课；而专题讲座则是针对某一个专题知识，一般只安排一次培训。专题讲座法适合于团队管理人员或技术人员了解专业技术的发展方向或当前的热点问题等方面的知识。

专题讲座法的优点：培训不占用大量的时间，形式比较灵活；可随时满足受训者某一方面的培训需求；讲授的内容集中于某一专题，更易于被受训者理解。

专题讲座法的缺点：讲座中传授的知识相对集中，内容缺乏系统性。

3. 研讨法

研讨法是指在培训师的引导下，受训者围绕某一个或几个主题进行相互交流、相互启发的培训方法。

研讨法的优点：多向式信息交流；受训者积极参与讨论，有利于培养受训者的综合能力；加深受训者对知识的理解。研讨法形式多样、适应性强，可针对不同的培训目的进行调整。

研讨法的缺点：对研讨题目、内容的准备要求较高；对指导老师的要求较高。

（二）实践型培训法

实践型培训法是让受训者通过在实际工作岗位或真实的工作环境中，亲身操作、体验，掌握工作所需的知识、技能的培训方法。这种方法直接将培训内容和实际工作相结合，具有很强的实用性，是团队培训的有效手段，适用于从事具体岗位所应具备的技能和管理实务类培训。

1. 工作指导法

工作指导法又称教练法、实习法，是指由一位有经验的团队成员，如直接主管人员担任培训师，在工作岗位上对受训者进行培训的方法。一对一的指导风格在员工之间建立了一种远远超出培训范围的关系。它还允许受训者在课堂上提出他们可能不愿意在培训师主导的培训中提出的问题。这种培训方法可以线下完成，也可以通过在线辅导课程以虚拟方式完成。

工作指导法的优点：其应用广泛，可用于团队基层生产工人培训，如让受训者通过观察培训师的示范和实际操作，掌握岗位所需的基础操作技能；也可用于团队各级管理人员培训，让受训者与培训师一起工作，培训者负责对受训者进行指导。

工作指导法的缺点：选择培训者要慎重，工作指导法的培训者并非经过专业培训的培训讲师，因而在培训过程中很容易受个人情绪的影响，进而间接影响培训的效果。

2. 工作轮换法

工作轮换法是指让受训者在一定时期内变换工作岗位，使其获得不同岗位的工作经验。

工作轮换法的优点：能够丰富受训者的工作经验，加强对团队业务工作的了解；使受训者明确自己的长处和弱点，找到适合自己的位置；改善团队或组织间的合作，促进成员之间的相互理解。

工作轮换法的缺点：鼓励"通才化"，适合于团队中一般直线管理人员的培训，但不适用于职能管理人员的培训。

团队故事

海豚式升迁

海尔公司在提拔员工时，会采取"海豚式升迁"。这种方式不是让员工马上到新岗位任职，而是先去新岗位下的基层锻炼一段时间。例如，一个员工在生产车间工作，由于工作做得好，从班组长提任为车间主任。而企业为了全方位锻炼这名员工，让他去事业部下的市场一线锻炼。经过再次锻炼，该员工又从普通员工提任为市场一线的工作组组长。这样，他不仅具备了生产能力，又具备了市场工作能力，综合能力不断提高，这就是"海豚式升迁"。"海豚式升迁"有利于员工多岗位锻炼，提高工作能力和工作效率。

3. 个别指导法

个别指导法与"师傅带徒弟"或"学徒工制度"类似，其培训师为团队中的"师傅"。目前，仍有很多企业组织、团队在实行这种帮带式培训方式。其主要特点在于通过资历较深的团队成员的指导，让新成员迅速掌握岗位技能及团队业务能力。

个别指导法的优点：新成员在"师傅"的指导下开展工作，可以避免盲目摸索；有利于新成员尽快融入团队；可以消除新成员刚入职时的紧张感；有利于团队传统优良工作作风的传递；新成员可从培训师处获取丰富的经验。

个别指导法的缺点：为防止新成员对自己构成威胁，培训师可能会有意保留自己的经验、技术，从而使指导流于形式；培训师自身水平对新成员的学习效果有极大影响；培训师不良的工作习惯可能会影响新成员；不利于新成员的工作创新。

（三）参与型培训法

参与型培训法是调动受训者积极性，使其在与培训师的互动中相互学习的培训方法。这类方法的主要特征是每个受训者都积极参与培训活动，在亲身参与中获得知识、技能和正确的行为方式，开拓思维，转变观念。其主要形式有案例分析法、头脑风暴法、模拟训练法、敏感性训练法等。

1. 案例分析法

案例分析法又称个案分析法，它是围绕一定的培训目的，把实际中的真实场景加以典型化处理，形成供受训者思考、分析和决断的案例，通过独立研究和相互讨论的方式来提高受训者分析及解决问题能力的一种培训方法。案例分析法中的案例用于培训时应满足以下3个要求：内容真实；案例中包含一定的管理问题；案例使用有明确的目的。案例分析法具有生动形象，方式灵活多样等优点；但也存在案例选择困难或案例分析带有主观偏见等风险。

2. 头脑风暴法

头脑风暴法又称研讨会法，其特点是受训者在培训活动中相互启发思想、激发创造性思维。它能最大限度地发挥受训者的创造能力，使其提出更多、更好的问题解决方案。

头脑风暴法的操作要点如下。

（1）只规定一个主题，即明确要解决的问题，保证讨论内容不发散。

（2）把受训者组织在一起，让他们无拘无束地提出解决问题的建议或方案，培训师和受训者不能评议他人的建议和方案。

（3）事后收集各受训者的意见，然后排除重复的、明显不合理的方案，修改内容表达含糊的方案。

（4）所有受训者对各可行方案逐一评估，选出最优方案。

头脑风暴法的优点：培训过程中为团队解决实际问题，大大地提高了培训的收益；培训中受训者参与性强；团队讨论有利于加深受训者对问题的理解；团队讨论集中团队智慧，达到了相互启发的目的。

头脑风暴法的缺点：对培训师的要求较高，如果培训师不善于引导，可能会使讨论漫无边际；培训师主要扮演引导角色，讲授机会较少；培训主题的挑选难度大。

3. 模拟训练法

模拟训练法以组织或团队工作中的实际情况为基础，将实际工作中可利用的资源、约束条件和工作过程模型化，受训者在假定的工作环境中参与培训活动，学习从事特定工作的行为和技能，进而提高处理问题的能力。其基本形式有人与机器共同参与模拟、人与计算机共同参与模拟（假定的环境）等。

模拟训练法的优点：可以提高受训者的工作技能；有利于加强受训者的竞争意识；可以带动培训中的学习气氛。

模拟训练法的缺点：模拟环境的准备时间长，而且质量要求高；对培训师的要求较高，培训师需要熟悉培训中的各项技能。

4. 敏感性训练法

敏感性训练法简称ST（Sensitivity Training）法。敏感性训练要求受训者在小组中就自身和其他受训者的个人情感、态度及行为进行坦率、公正的讨论，相互交流对彼此行为的看法，并说明其引起的情绪反应。它的目的是提高受训者对自己和他人行为的洞察力，了解自己在他人心目中的"形象"，感受与周围人群的相互关系和相互作用，学习与他人沟通的方式，提高在各种情况下的应变能力。敏感性训练法适用于团队发展训练、晋升前的人际关系训练、中青年管理人员的人格塑造训练、新进人员的集体组织训练和外派工作人员的异国文化训练等。

敏感性训练法的优点：可明显提高人际关系与沟通的能力。

敏感性训练法的缺点：培训效果在很大程度上依赖于培训师的水平。

（四）态度型培训法

态度型培训法主要针对行为调整和心理训练、包括角色扮演法和拓展训练法。这里主要介绍角色扮演法。角色扮演法是根据受训者可能担任的职务，让受训者身处模拟的团队工作环境之中，并按照其在实际工作中应有的权责来担当与实际工作类似的角色，模拟性地处理工作事务，从而提高其处理各种问题的能力。这种方法的精髓在于"以动作和行为作为练习的内容来开发设想"。也就是说，受训者不是针对某个问题相互对话，而是采取实际行动来解决问题，以提高个人及团队的业务能力和工作绩效。

角色扮演法的优点：受训者参与性强，受训者与培训师之间的互动交流充分，可以提高受训者培训的积极性；角色扮演中特定的模拟环境和主题有利于增强培训效果；在角色扮演过程中，受训者之间需要进行交流、沟通与配合，因此可增加彼此之间的情感交流，培养受训者沟通、自我表达、相互认知等社会交往能力；具有高度的灵活性，培训师可以根据培训的需要改变受训者的角色、调整培训内容。

角色扮演法的缺点：场景是人为设计的，如果设计者没有精湛的设计能力，则其设计出来的场景可能会过于简单或与实际不符，使受训者得不到真正的角色锻炼、能力提高的机会；实际工作环境复杂多变，而模拟环境则相对静止；扮演中的问题分析仅限于个人，不具有普遍性；如果受训者参与意识不强，在角色扮演中漫不经心，则直接影响培训效果。

（五）科技时代的培训方式

1. 网上培训

网上培训又称基于网络的培训，是指通过团队的内部网或互联网对受训者进行培训。它是将现代网络技术应用于人力资源开发领域而创造出来的培训方法，以其无可比拟的优越性受到越来越多企业和其他组织的青睐。培训师将培训课程上传至特定的在线平台，散布在世界各地的受训者利用网络浏览器进入该平台接受在线培训。

2. 虚拟培训

虚拟培训是指利用虚拟现实技术生成实时的、具有三维信息的人工虚拟环境，受训者通过运用某些设备接受和响应该环境的各种感官刺激而进入仿真情境，并可根据需要采用多种交互设备来驾驭环境、操作工具和操作对象，从而达到提高各种技能的目的。

> ⏰ **团队故事**
>
> ### 小米公司的员工培训
>
> 小米公司成立于2010年，虽然还很年轻，但是它已经成长为国内的头部企业之一。
>
> 2019年8月，小米公司正式成立"清河大学"，目标是打造一所具有特色的企业大学。2021年，因政策原因"清河大学"变身为集团学习发展部，作为组织集团层面培训活动的负责部门，持续为公司各部门、各级别员工提供线上线下培训并量身定制或升级各类培训计划。小米公司的发展不断加速，2019年公司进入世界500强榜单。公司员工人数从2019年的18 170人，增加到了2021年的35 415人，两年的时间几乎翻了一倍。与此同时，小米公司在员工培训上的投入也不断加大，线上培训课程、学习项目、线上用户的数量都有不同程度的大幅增加。
>
> 2021年，小米公司员工受训人数占比为97.42%，受训平均小时数为25.76。
>
> 面对日益庞大的员工队伍以及更为多样化的培训需求，小米公司在培训计划上更强调有针对性。
>
> 首先，在集团提出的新十年战略背景下，集团学习发展部更加关注人才储备和梯队建设。针对不同的新入职员工，小米公司设计了繁星计划、TOP高潜、小米实习生和社招4种培训项目。其中繁星计划针对应届毕业生，从集团、部门和岗位3个级别开展大规模和系统性的培训，集团课程帮助应届生了解公司，融入文化，掌握办公及职场基本技能，并塑造良好的职场形象；部门课程帮助应届生了解部门，理解业务，掌握部门制度规范，以更好地适应工作环境；岗位课程帮助应届生掌握所在岗位的基础技能，助其尽快上岗、开展工作。
>
> 其次，针对初、中、高不同级别的管理干部，小米公司也设置了不同的培训计划，并扩大了课程所覆盖的员工比例，以增强管理层的管理与业务能力。星火计划：从角色定位、目标达成、团队管理、打造团队4个方向帮助新任经理提高岗位胜任力。火炬计划：以组织部能力要求为切入点，根据能力调研分析结果，设计以行动学习为核心帮助中层管理者问题分析与解决为目标的课程。燃计划：针对公司战略需要和干部能力现状进行定向突破提升，让

出色的管理者脱颖而出，培养和选拔业务领军人。

最后，针对不同业务/部门人员，小米公司也开发了不同的培训项目。例如：针对销售人员服务意识的培训，以提高服务效率与质量；针对新店长按业务需要到门店接受2周至3个月的现场培训，以了解工作中所面临的需求与问题以及适用的解决方法；针对员工信息安全与隐私意识和技能的培训；培训员工如何预防腐败行为和反洗钱培训。

技能实训

实训目标：通过团队实践活动，学生学会对现实企业团队进行问题诊断，并根据所学方法对诊断出的问题提出相应的解决办法，制订团队培训计划，并实施团队培训，从而培养学生寻找问题、分析问题、解决问题的能力。

实训步骤：

（1）学生3～5人为一组，完成小组的组建及分工。

（2）每个小组选择一家企业，对其团队进行问题诊断，形成问题诊断分析报告。

（3）根据问题诊断报告，各个小组制订团队培训计划书，并实施团队培训，实施过程拍摄成3分钟的视频。

（4）以小组为单位提交实训报告，内容包括团队问题诊断分析报告、团队培训计划书及团队培训视频。

思考与讨论：在实施团队培训中，同学们遇到了哪些问题，是如何解决的？

拓展练习

你如何理解参与型培训法？现实中如何应用？

第二节　团队评估

学习目标

- 掌握团队评估的内容和方法。
- 能根据团队品质评估和团队成功度评估的方法进行实例分析。
- 养成良好的分析判断习惯，提高专业思辨能力。
- 具有求真务实的精神，培养勇于探究、独立思考能力。

情景导入

扁鹊见蔡桓公

扁鹊见蔡桓公，立有间，扁鹊曰："君有疾在腠理，不治将恐深。"桓侯曰："寡人无疾。"扁鹊出，桓侯曰："医之好治不病以为功！"

居十日，扁鹊复见，曰："君之病在肌肤，不治将益深。"桓侯不应。扁鹊出，桓侯又不悦。

居十日，扁鹊复见，曰："君之病在肠胃，不治将益深。"桓侯又不应。扁鹊出，桓侯又不悦。

居十日，扁鹊望桓侯而还走。桓侯故使人问之，扁鹊曰："疾在腠理，汤熨之所及也；在肌肤，针石之所及也；在肠胃，火齐之所及也；在骨髓，司命之所属，无奈何也。今在骨髓，臣是以无请也。"

居五日，桓侯体痛，使人索扁鹊，已逃秦矣。桓侯遂死。

情景解析：

这篇故事选自《韩非子·喻老》，内容带有劝喻型性。文章以时间为序，以蔡桓公（桓侯）的病情发展为线索，通过扁鹊"四见"的局势，通过记叙蔡桓公因讳疾忌医最终致死的故事，阐明一个道理：不能盲目相信自己，不能讳疾忌医。同时给人们以启迪：对待自己的缺点、错误，也像对待疾病一样，决不能讳疾忌医，而应当虚心接受批评，防患于未然。告诫人们要正视自己的缺点和错误，虚心接受他人的意见。团队建设也应如此，居安思危，及时诊断尤为关键。及时分析团队成员各自的性格特征、能力、体力和环境等具体条件，审视团队职责，针对问题，对症下药，这样才能充分调动团队成员的积极性，使其为提高团队效率而贡献力量。

知识园地

素养提升

弘扬科学家精神，重温钱学森故事

课堂互动

请思考并讨论你所处的团队存在哪些问题。

一、团队建设的需要度诊断

团队建设是团队开展各项活动的全然保证。评估何时开展团队建设以及如何开展团队建设，是组织发展的必要阶段。下面借助评估量表（见表4-1）来进行团队建设的需要度诊断。

首先，在头脑中形成一幅你参加的组织或者你将要参加的组织的形象，这会有助于你完成量表，正确地估计组织对团队的需要程度。在完成评估量表时要在头脑中继续保持组织的形象。

针对表中的每项描述，用1到5的数字评估适合组织的程度，1表示有一点相似，5表示很相似。

表4-1 团队建设需要度评估量表

描述	1	2	3	4	5
（1）产出下降，或者比预想的低					
（2）出现抱怨、委屈的现象，或者原有的抱怨和委屈正在增强，并且士气较低					
（3）出现成员间的矛盾和敌意，或者这种矛盾和敌意逐渐增长					
（4）一些成员对分配的任务有疑惑，不知道做什么，或者对于和其他成员的关系不是很清楚					
（5）缺少明确的目标，或者缺少对目标的认同					
（6）成员间有明显的冷漠倾向，彼此缺少兴趣和投入					
（7）试图冒险和挑战性的建议往往不被重视					
（8）会议没有效率					
（9）不同组织层次和单位之间的工作关系令人不满意					
（10）各种职能间缺少协调					
（11）交流减少，人们不愿意彼此说话，信息不再共享					
（12）成员间以及成员和上级领导之间缺少信任					
（13）在一些成员没有弄明白或者不同意的情况下就做了决定					
（14）人们感觉到好好工作也得不到奖励，或者奖励不公平					
（15）不再鼓励成员为了组织利益而一起工作					
（16）客户和供应商不再是组织做出决定时的考虑因素					
（17）组织中各成员的工作没有效率，在工作进行中有很多的怠工现象					
（18）面临增加一个或者多个员工的问题和挑战					
（19）为了完成工作，成员必须调整他们的活动					
（20）面临困难挑战，而这个困难却没有任何一个人可以解决，或者诊断出问题所在					

根据团队建设需要度评估量表的测试结果，可以计算出最后的得分，当得分超过50分时，表明该团队建设存在一定的问题，并且阻碍了团队的健康发展，因而，需要结合具体的表现，及时开展团队优化建设。

二、团队品质评估的步骤和内容

优秀的团队通常要包括四大品质：科学的团队目标、清晰的团队角色、合理的团队规范和适宜的团队规模。团队品质评估主要围绕着这4个方面依次展开。

（一）科学的团队目标

制定科学的团队目标需要遵循SMART原则。

S（Specific）——明确性，所谓明确，就是要用具体的语言清楚地说明要达成的行为标准。明确的团队目标几乎是所有成功团队的一致特点。很多团队不成功的重要原因之一就是团队目标定得模棱两可，或没有将团队目标有效地传达给相关成员。

M（Measurable）——可衡量性，可衡量性就是指团队目标应该是明确的，而不是模糊的。团队目标应该有一组明确的数据，作为衡量团队是否达成目标的依据。

A（Achievable）——可完成性，团队目标是要能够被执行人所接受的，并能利用自身能力实现既定的目标。

R（Realistic）——实际性，实际性是指团队目标在现实条件下是可行、可操作的。

T（Time-constrained/Time-related）——时限性，时限性是指团队目标是有时间限制的。

（二）清晰的团队角色

面对繁复的工作时一个人的力量是有限的，团队的力量是无穷的。想要完成既定的工作目标，就要明确自己在团队中所处的位置，扮演好自己相应的一种或者多种角色，与团队中的队员相互配合，体现出自己最大的价值，为完成团队目标做出一份贡献。团队建设中一般存在9种角色：智多星、外交家、审议员、协调者、鞭策者、凝聚者、执行者、完成者、专业师。

团队角色在建设时要符合以下要求：角色齐全，多个角色综合平衡搭配；知人善任，团队管理者照顾到各个角色的基本特征，容其所短，用其所长；角色互补，团队角色的综合素质实现结构性互补；柔性管理，打造集体决策、民主管理、自我监督的氛围；准确的角色定位，让团队成员认清自我，发挥所长；清晰的角色分工，让团队成员之间不互相推诿；明确的团队责任，保证团队之间权责清晰、责任到人。

（三）合理的团队规范

俗话说，"不成规矩无以成方圆"。一个团队应该有一个大家都应该遵循的规章制度。有些企业管理者觉得管理制度建设有些多余，其实不然，企业管理制度是一个附属的判断标准和工作有序进行的保障体系。在一个团队中，如果出现能者多劳而不多得，就会使成员之间产生不公平感，在这种情况下也很难开展合作。要想有效推动合作，管理者必须制定合理的规章制度及合作的规范。

（四）适宜的团队规模

团队规模是构成团队结构的一个重要变量，主要是指组成团队的人员数量。在体育界，不同比赛中各个运动队上场的队员数量都很明确：篮球队5个人，棒球队9个人，足球队11个人。但在工作场所，随着团队合作在不断扩大且复杂化的组织中日益普遍，要确定每支团队的最佳人数就变得非常困难。凯瑟琳·克莱因（Katherine Klein）认为，对于团队而言，人数是很重要的。如果只有两名成员，则很难弄清楚这是一个团队还是二元对等体；而如果有3名成员，则会有进行权力斗争的可能，因为能够制造出二比一的角力状态。可见，当成员的数量过少时，团队很难发挥团队战斗力。成员过少或过多，都会产生内耗。虽然针对最佳团队规模的研究还没有明确结论，但应该是在5～12人的范围内，也有人认为5～9人最妥当，且最佳团队规模的数字为6才是刚刚好。团队的规模在一定程度上对团队中的成员个人及团队绩效起着重要的影响作用。在企业里面，团队管理者，需要注意自己的团队中是否进入了太多的"南郭先生"。

⏰ **团队故事**

县令买饭

南宋嘉熙年间，江西一带山民叛乱，身为吉州万安县令的黄炳调集了大批人马，严加守备。一天黎明前，探报来说，叛军即将杀到。

黄炳立即派巡尉率兵迎敌。巡尉问道："士兵还没吃早饭怎么打仗？"黄炳胸有成竹地说："你们尽管出发，早饭随后送到。"黄炳并没有开"空头支票"，他立刻带上一些差役，抬着竹箩木桶，沿着街市挨家挨户叫道："知县老爷买饭来啦！"当时城内居民都在做早饭，听说知县带人来买饭，便赶紧将刚烧好的饭端出来。黄炳命手下付足饭钱，将热气腾腾的米饭装进木桶就走。这样，士兵们既吃饱了肚子，又不耽误行军，最后打了一个大胜仗。

县令黄炳没有亲自捋袖做饭，也没有兴师动众、劳民伤财，他只是借别人的人，烧自己的饭。县令买饭之举算不上高明，看起来平淡无奇，甚至有些荒唐，但取得了很好的效果。

管理者是否优秀不在于他会不会做具体的事务，而在于他是否能发动集体的力量。管理者尤其要注重加强培养管理人才的能力，知人善任，了解什么时候、什么力量可以帮助自己取得成功。

三、团队健康度测评

任何团队都希望了解自己团队的现状，想知道可以从哪些方面去评价团队，以及自己的团队在这些方面的具体表现如何。一般情况下，我们可以从以下5个方面来评价团队的健康度。

① 成员共同领导的程度。团队中的每个成员都可以并有义务分享一份领导责任，团队是由大家共同领导的。如果一个团队是独裁、专制性的，那它的健康水平就很低。

② 团队工作技能。团队工作技能是指团队成员在一起工作相处的技巧能力。

③ 团队氛围。团队氛围是指团队成员共处的情绪的和谐度和信任度。

④ 凝聚力。凝聚力是指团队成员对目标的一致性。

⑤ 团队成员的贡献水平。它指的是团队成员为实践自己的责任所付出的努力和成就程度。

也就是说，管理者在建设团队方面，应当考虑从这5个方面入手。如果一个团队在这几个方面都很出色，那它也会是一个很优秀的团队，也就必定是一个高绩效的团队。简单的团队健康度诊断表如表4-2所示。

请用1～4分评定各种描述是否符合你所在的团队。1代表不符合，2代表偶尔不符合，3代表基本符合，4代表完全符合。

表4-2　团队健康度诊断表

描述	1	2	3	4
（1）每个人都有同等的发言权并得到同等的重视				
（2）把团队会议看作头等大事				
（3）大家都知道可以互相依靠				
（4）我们的目标要求明确并达成一致				
（5）团队成员实践他们的承诺				
（6）大家把参与看作自己的责任				
（7）我们的会议卓有成效				
（8）大家在团队内体验到透明感和信任感				
（9）对于实现团队目标，大家有强烈一致的信念				
（10）每个人都表现出愿意为团队的成功分担责任				
（11）每个人的意见都能被充分利用				

团队培训与评估

描述	1	2	3	4
（12）大家都完全参与到团队会议中去				
（13）团队成员不允许个人事务妨碍团队的绩效				
（14）我们每个人的角色十分明确，并为所有的成员接受				
（15）每个人都让大家充分了解自己				
（16）在决策时我们总是请适当的人参加				
（17）在团队会议上，大家专注于主题并遵守时间				
（18）大家感到能自由地表达自己真实的看法				
（19）如果让大家分别列出团队的重要事宜，每个人的看法都十分相似				
（20）大家都能主动且创造性地提出自己的想法和考虑				
（21）所有的人都能了解到充分的信息				
（22）大家都很擅长达成一致意见				
（23）大家相互尊敬				
（24）在决策时，大家能顾全大局，分清主次				
（25）每个人都在努力地完成自己的任务				

（1）～（25）条目共分成5项内容，在上面分列为A、B、C、D、E共5栏。把各栏中所标题目的相应评分累加起来，就可以得到在各栏项目上的分数。它们的含义如下：A为共同领导，B为团队工作技能，C为团队氛围，D为团队凝聚力，E为成员贡献水平。

$$A=1+6+11+16+21$$
$$B=2+7+12+17+22$$
$$C=3+8+13+18+23$$
$$D=4+9+14+19+24$$
$$E=5+10+15+20+25$$

每一项的满分是20分，得分越高越好。比较所在团队不同项的得分，就可以粗略地了解自己团队的长短。如果让所在团队的每一个成员都做以上评定，就可以得到两种结果：一是得到团队成员对团队的总体评价化的评价；二是可以比较总体评价和每一个团队成员的评价，了解每一个人与其他人的看法的差距。这些结果都可以应用于团队建设的具体设计中。

四、团队成功度评估

采用团队成功度测量七要素（目标因素、团队绩效管理因素、团队基础因素、团队过程因素、团队精神因素、团队产出因素、团队学习因素）量表、团队行为和价值观的测量（TOBI，Team Orientation and Behavior In-ventory)方法，可以评估团队的成功程度。

（一）团队成功度测量七要素量表

运用右侧二维码中的量表对每个项目进行记分，用1～5点记分制。

每个要素得分若是4分或5分表示相当成功，3分来表示符合期望，2分或1分表示这方面需加强。总体考虑7个要素的得分情况，由此得出有关团队的综合评价。通过每个要素或其中的某些项目，你可能又学到一些有效团队的行动方式。

拓展资源

团队成功度测量七要素量表

（二）团队行为和价值观的测量

团队是组织的重要组成部分，是组织的下级组织，团队领导是联络其他组织和本团队的人。Benne和Sheats发现团队成员担任一定的社会角色，影响其他成员的行为。他们鉴别出3类主要角色：任务角色，完成任务必需的角色；关系角色，增进互相支持的气氛和团队合作的角色；个人角色，满足他们自己需要的角色。并且他们认为有效的团队要求平衡任务角色和关系角色，最小化个人角色。他们的分析为建设团队奠定了基础：团队发展就是分析团队任务角色和关系角色的相对强度，以便进一步地建立、保持、继续两者之间的充分平衡，这样就可以使团队的潜力发挥到极致。

TOBI问卷可以用于评估团队和个人是任务倾向还是关系倾向，以及这两方面的技能；评估和比较不同团队在这些方面的不同。

这个工具可以帮助团队成员了解团队以及工作群体的态度和团队成员在这个工作群体中的行为。答案没有对错之分。如果对于每个项目能尽可能地真实反应，就可以更多地了解实情。运用右侧二维码中的量表，选择相应的数字来表示你在这个项目上的符合程度，即这个项目在多大程度上和你相符。

把你的分数从答题表直接转换成计分表（见表4-3）。

表4-3 TOBI计分表

倾向	评估角度	项目	得分	倾向	评估角度	项目	得分
任务倾向	价值观	5		关系倾向	价值观	4	
		11				6	
		14				8	
		18				13	
		19	*			16	
		20				21	
		32				24	
		36				27	
		38				29	*
		41	*			31	*
		45				37	*
		47				42	
		49	*			50	
		53				51	
		总分				总分	
	技能	3			技能	1	*
		9				2	
		12				7	
		17				10	
		30				15	
		33				22	*
		34				23	

拓展资源

TOBI问卷

团队培训与评估

续表

倾向	评估角度	项目	得分	倾向	评估角度	项目	得分
任务倾向	技能	39		关系倾向	技能	25	
		40				26	
		44				28	*
		46				35	
		48				43	
		55				52	
		56				54	
		总分				总分	

带*的要反向记分，按照下面的规则转换。

1=7分，2=6分，3=5分，4=4分，5=3分，6=2分，7=1分。也就是说，选择"1"则给7分，而选择"7"则给1分。

TOBI问卷的分数可以在图4-1所示的TOBI坐标中找到相应的位置。

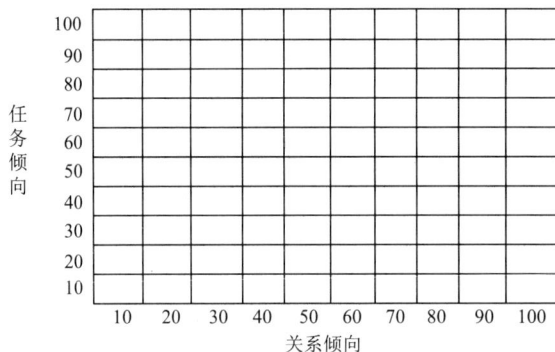

图4-1　TOBI坐标

首先，找到两个分数交叉的点。例如，关系倾向的得分是35，任务倾向的得分是40，则在横轴上找到35，在纵轴找到40，两者交叉的地方就是要找的点。采用同样的做法，找到任务倾向技能和关系倾向技能交叉的点。现在这两个点就可以直接对比了。它们很接近还是差距很大？这些分数还可以在团队成员间直接对比，通过对比可以发现哪些成员更关注任务，哪些更关注关系。

⏰ **团队故事**

海尔的管理模式

如何理解新时代中国企业家的责任与担当？如果用一个词来定义，就是"引领"。我们需要从过去学习和模仿国外先进经验、先进管理模式到现在引领世界管理舞台的中心。在互联网时代，所有的企业都需要改变管理模式。

1．海尔从"大规模制造"变成"大规模定制"

互联网时代，制造业需要从大规模制造转变成大规模定制。现在，国际上还没有关于大规模定制的标准。德国最早提出了"工业4.0"计划，后来美国提出"先进制造业领导战略"，中国发布了《中国制造2025》。海尔在前些年提出了互联工厂（COSMOPlat）模式，这是完全为用户个性化定制的模式。

2017年12月6日，国际四大标准组织之一的美国电气和电子工程师协会（IEEE）通过了由海尔主导制定大规模定制国际标准的提议。这是这个组织成立几十年以来首次以模式为技术框架制定模式，当然海尔也成为首个制定这个标准的企业。

海尔的互联工厂模式为什么能够从国际上多个模式当中脱颖而出？德国工业4.0依然是工业的4.0、智能制造技术的4.0，德国的管理模式过于线性，大规模制造就是线性管理思维，而大规模定制是非线性的管理思维。举个例子，对于大规模定制，每一个用户的个性化需求是不确定的，需要首先获取它，然后再满足它。德国工业4.0的样板就是大众辉腾汽车，但是辉腾汽车亏损20亿欧元之后现在已停产，原因就是它没有真正以用户为中心。海尔互联工厂模式是以用户为中心的大规模定制。

跟德国工业4.0相比，海尔有一个非常重要的指标，就是海尔制定的"不入库率"。与传统企业的生产模式不同，海尔生产的大部分产品在下线之后不进仓库，而是直接送到用户家里，现在海尔产品的不入库率已接近70％。产品在生产线上的时候就已经有主人了，这是大规模定制的核心。德国专家认为他们的工业4.0走了一段弯路，现在应该走到正路上，也就是智能服务世界。海尔互联工厂提供的不是工业产品，而是服务解决方案，它已经走在了德国人的前面。

2. "人单合一"，颠覆传统管理模式

海尔在互联网时代创造了一种新的管理模式——"人单合一"。"人"就是员工，"单"并不是狭义的订单，而是用户需求。"人单合一"，就是把员工和用户需求联系在一起。从2005年9月20日提出这一模式到现在，海尔探索了十几年，目前全世界主要的商学院，像哈佛商学院、斯坦福商学院、沃顿商学院以及我国的一些商学院都把它写成教学案例，这个案例成为最受哈佛商学院师生欢迎的案例之一。因为他们认为"人单合一"是互联网时代的下一个商业模式，至少是一个方向。

在海尔，"人单合一"已经体现出它的作用，在去掉了一万多名的中层管理者后，企业变成了一个创业平台。也就是说，海尔不是给员工提供一个工作岗位，而是提供一个创业机会。

3. 海尔正在做的是量子管理

国际上有一个新的管理学说，叫量子管理学。发明量子管理学的是牛津大学教授左哈尔，她认为21世纪的企业一定要用量子管理。她在欧美宣讲了很多次，但收效甚微。她到海尔去了几次，最后得出结论：海尔正在做的是量子管理。

量子管理学讲的就是系统论，而西方哲学从牛顿力学开始就是原子论。左哈尔非常熟悉中国传统文化，用老子《道德经》中的一句话就把这个问题给完全解释清楚了，叫作"大制不割"。所有体系都是一个整体，不可以把它分割开来。而量子管理学就是系统论，海尔的"人单合一"就体现了这一点——所有体系是一个整体，从整体去研究，然后找出解决问题的办法，这样就一定会走在时代的前面。

技能实训

团队规模小游戏

实训目标：明确团队规模是团队品质评估的重要方面，了解最佳团队规模的人数范围。

实训步骤：

（1）将全班学生分成两个大组。

（2）其中的一组先来完成游戏，要求这一组成员除了"领头人"外，其余所有人都要蒙上眼睛，越过障碍物，计算他们完成任务的时间。

（3）另外一组则分成4个小组，各小组依次越过障碍物，除了每个小组的组长外，其余成员都要蒙上眼睛，越过障碍物，计算他们完成任务的时间。

思考与讨论：

（1）团队规模越大，越有效率吗？

（2）团队人数越多，成员越卖力吗？

（3）什么样的团队规模才是适合的呢？

（4）小组代表发言，分享团队规模与团队绩效的心得体会。

拓展练习

楼路硕士毕业后进入一家中型企业，半年后他被公司任命为一个新项目的经理。此前，他做过客户服务部工程师，从事过公司新产品的市场调研、研发和新项目的可行性分析等工作。近来他发现了一些来自项目组内部的问题，这些问题主要表现如下。

（1）项目组中个别成员不及时向他汇报工作进度，需要他去询问。

（2）有一次项目组召开讨论会时，参会人员对一个方案发生争论，一人因意见相左而中途离开，退出讨论。

（3）一次总结会议上，一位老员工当着很多人的面指出他工作中的一些问题，让他觉得很难堪。

楼路来到该公司仅半年多，他觉得这一点是员工不愿服从他管理的原因之一，他本人深知沟通在项目管理中的重要性，也尽可能地实现项目各方之间信息的交流和共享，但初出茅庐的他面对现在的局面还是感觉有些手足无措。

思考：

楼路所在团队目前处于什么发展阶段？他应如何解决团队中存在的问题？

第五单元
团队领导与激励

5

现代管理的核心是对人的管理，尤其是对人心的管理，即依据人的本性，根据人的心理规律，提高对人的行为的预测和控制的准确性。"千军易得，一将难求。"团队的领导者需要具备各种各样的能力和品质，激励是其中一项重要的管理职能。

第一节 团队领导

学习目标

- 掌握领导的概念，了解团队领导者的角色和工作内容，熟悉构建团队领导力的基本方法，并了解基本的团队领导艺术。
- 能够根据领导者的表现来分析和评价该领导者的领导方式。
- 能够运用领导的相关理论来提高自己的领导效率。

情景导入

1987年，43岁的任正非集资2.1万元，在深圳创立了华为公司；次年，任正非出任华为公司总裁。随后28年间，任正非凭借持续创新创业的精神，引领华为不断创造商业奇迹，并走出中国，走向世界。如今，华为从一家立足于中国深圳特区的民营企业，稳健成长为年销售规模超过2880亿元的世界500强企业。华为的电信网络设备、IT设备和解决方案以及智能终端已应用于全球170多个国家和地区。

情景解析：

作为华为的创始人，任正非以自己的言行做表率，为华为的发展起着稳定人心、维护企业平稳运转的积极作用。从更大的意义上讲，任正非以一个企业家的身份，身体力行地传播着现代企业精神，为我国企业的发展树立了榜样。这让我们看到了团队领导的重要性。既然团队领导如此重要，那么我们难免有这样的疑问：领导者是与生俱来的，还是后天形成？领导者与非领导者有何不同之处？如果你希望被别人看作领导者，你应该怎样做？下面将主要回答这些问题。

知识园地

素养提升

钟南山：大医精诚

课堂互动

请向身边同学描述你对领导的认识。

一、团队领导的概念

从名词角度而言，领导即"领导者"的简称。

从动词角度而言，领导即"领导行为"的简称。

斯托格狄尔在对3 000份文献进行研究后得出领导定义：领导是群体过程的核心，是人物特征的效果，是一种统治技术，是社会影响的过程，是一种行为，是一种说服方式，是达成目标的手段，是对人相互作用的过程，是在群体中的一种地位或角色。

综上所述，我们将团队领导定义为，团队领导是领导者在一定的环境下，运用职位权力和个人影响力，制定团队的目标和任务，并对团队进行引导、指挥、协调和控制，以完成任务、实现既定目标的行为过程。

注意：领导者与管理者存在区别。管理者是任命的，他们拥有合法的权力进行奖励和处罚，其影响力来自他们所在的职位所赋予的正式权力；领导者可以是任命的，也可以是从一个群体中产生出来的，领导者可以不运用正式的权力来影响他人的活动。

二、团队领导者的角色和工作内容

（一）团队领导者的角色

社会角色是指与人们的某种地位、身份相一致的一整套权利、义务的规范与行为模式。它是人们对特定身份的人的行为期望，是构成社会群体或组织的基础。领导角色则是指符合领导者个人的社会地位及其义务要求的行为模式。领导者需要扮演领导角色。我们可以从政治学、社会学和心理学3个范畴来理解团队领导者的角色。

1. 政治学范畴

领导者是利益的分配者，按制度经济学的说法，是"分蛋糕的人"：领导者的权力从政治本质而言，即主管利益和各种资源；各层级领导者处于各个利益分配的环节，按其职权范围分配给下属利益；下属对领导者的服从实质上是对利益的追求，这种利益主要是指生活资料、发展资料及其他物质利益，也包括出于追随楷模而获得的心理满足。

2. 社会学范畴

领导者是控制者和施令者：提出对下属的各项要求和希望；不断鼓励下属朝要求前进。从社会角色理论出发，领导者是导演：按政策和实际需要从事"三定"工作，即定职能、定机构、定人员，构思组织发展脚本；物色所需演员，使其不断适合表演要求。从社会互动理论出发，领导者是信息中转站的信息员：领导者掌握更高层次的信息资源；以领导者为中心形成信息的传播网络。

3. 心理学范畴

根据斯金纳的强化理论，领导者是"双面人"：正强化时，如表扬、奖励等，能让下属感激不尽；负强化时，如批评、惩罚等，能让下属心情沮丧，甚至痛哭流涕。从罗杰斯的人文主义现象角度出发，领导者是心理医生，需要尽可能地了解下属的心理动态，根据下属的心态进行治疗和调节。

那么，我们可以将团队领导者的角色总结如下。

1. 团队的总设计师

团队领导者要设计团队这条大船的船体结构；要为团队设计航海线路和方向。

2. 团队的船长

团队领导者能一线指挥，不仅是站在团队成员的身后鼎力支撑，遇到狂风恶浪时，还要冲在前头，做好表率。

3. 团队成员的导师和教练

团队领导者既能敏锐地发现团队中的问题，并提出有见地的新观点和新思路，又能发现团队成员各自的优势，在合适的岗位安置适合的人才，并耐心细致地指导和帮助队员进步与成长。

4. 团队前行的吹鼓手

团队领导者能吹响嘹亮的号角，擂动激越而振奋人心的鼓声，激发团队成员的斗志和信心。

（二）团队领导者的工作内容

在掌握团队领导者的角色的基础上，我们还需要重点掌握团队领导者的工作内容。我们把领导者的工作细分为以下几项职能：设定目标、分派工作、主持会议、培训员工等。这些不同的角色可以分为3个主要的方面：完成任务、建设团队、发展个人，也就是图5-1中的三环。

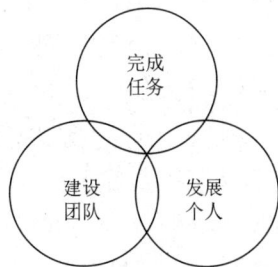

图5-1 三环领导力模型

1. 完成任务

在开始工作任务之前，领导者需要明确如何使团队目标与组织总体目标相适应，思考怎样统揽全局并使自己的团队与其他团队在完成任务的过程中相互配合而不会发生冲突。

2. 建设团队

人际交往能力在团队的建设中是非常重要的。领导者应该能够帮助团队以成熟的方式进行运作、处理纠纷以及反馈信息，这意味着领导者需要在不同的情境下运用倾听和询问的技巧。一旦团队成员之间建立起互相信任、互相尊重的氛围，交流和沟通就会变得非常有效。

但是，团队成员之间的交流不可避免地会引起各种情感的冲突。大家不得不自己想办法或与他人一起来解决这个问题。因此，控制自己的感情并理解他人的情感就成了非常关键的能力。

领导者还需要帮助团队成员培养他们的能力，例如提供想法、做决定和解决问题的能力。激励团队成员并使他们愿意为集体做贡献也是很重要的。

3. 发展个人

如果被团队成员赋予了一些工作上的权力，他们就会更有责任感。给予他们管理权是十分重要的，例如，仅仅一把钥匙或者一个小钱柜就可以让团队成员更加负责，因为这表现领导者已经给予他们看管钱柜的权力了。然而，如果钱柜里的钱丢了，领导者就必须对此进行处理，因为领导者要对团队的行为负责。

在团队成员承担新任务时，如果领导者能够给他们提供培训，那么不论对于领导者还是对于整个团队来说这都是有益的。这会大大提高任务成功完成的可能性。

有时领导者可能会发现自己正在劝导团队成员，帮助他们走出个人的困境，这意味着领导者在帮助团队成员考虑各种意见、解决问题并且让他们做出最佳决定。像建立团队所需的能力一样，这也需要诸如倾听、提问和反馈等沟通能力。

可能有人会认为，完成这些任务所需的品质和能力令人望而却步，但实际上人们已经具有许多运用它们的经验，而不是对此一无所知。人们在工作中一直都在培养沟通交流的能力，而问题在于如何改进已有的能力并学习新的能力。像发展大多数领导者的才能一样，这将是一个持续的过程。

三、团队领导力构建

领导力的内涵是什么？领导是领导者向下属施加影响的行为，领导的实质在于影响。所以说，领导力等于影响力。

什么是影响力？影响力是一个人在与他人交往中影响和改变他人心理与行为的能力。当一个人能够影响他人，他人愿意追随的时候，这个人就是领导。要影响他人，先要影响他人的思维，要影响他人的思维，首先自己要有思想，人格要有魅力。具体来说，这需要满足5个条件：第一，个人要有远见，能够看到他人看不到的未来；第二，这个未来会对他人产生影响；第三，实现了这个未来个人能够得到实惠；第四，他人跟着这个人行动，不会吃亏；第五，他人跟这个人在一起感到开心，愿意追随这个人。如果一个人具备了这些素质，他一定有众多的追随者。

领导的实质是在人际交往中影响和改变他人心理与行为，领导者之所以能够实施领导，其基础是领导权力。权力可以产生于组织，也可以来自领导者自身的人格感召力。不管是哪种类型的权力，都是领导者实现群体目标的手段。权力具体表现为以下5种。

（一）法定权力

在组织结构中，个人处于什么位置，高层、中层、还是低层，由此获得的权力就是法定权力。一旦有了正式的任命，个人就具有了法定权力。法定权力覆盖面较广，它会影响到人们对于职位权力的接收和认可，没有法定权力作为基础，奖赏权力和强制权力往往都不能够被证实。例如，没有给你任命，即使告诉你要负责这个部门，你的奖赏权力和强制权力也会大打折扣。所谓名不正、言不顺，没有正式任命，那么你就是临时的。

（二）奖赏权力

领导者可以奖赏员工，让员工来重视自己。奖赏权力是让人们愿意服从领导者的指挥，通过奖励的方式来吸引下属，这种奖赏包括金钱、晋升、学习的机会等。安排员工去做自己更感兴趣的工作，或者给员工更好的工作环境等，这些都属于奖赏权力的范围。

　　奖赏权力和强制权力是一对相对的概念。如果一个人能够剥夺和侵害他人的实际利益，那么他就具有强制权力；如果一个人能够给他人带来积极的利益和免受消极因素的影响，那么他就具有奖赏权力。和强制权力不一样，奖赏权力不一定要成为领导者才具有，有时一个普通的员工也可以表扬另外一个员工，也可以在会上强调他人所做出的贡献，这本身也是一种权力和影响力。所以权力并不一定在领导和下属之间才会出现，有时候平级之间，甚至下属对于上司都可能存在。

（三）强制权力

　　强制权力是建立在惧怕的基础之上，也就是说，下属如果不服从领导者，领导者就可以惩罚、处分、批评下属。因为你是领导者，你是长官，你有这个权力，那么这种权力就叫强制权力。在企业中领导者可以解雇一个员工时，员工会非常在乎领导者，尤其是这份工作是他所希望的工作时。所以在这个时候，领导者对于下属就有强制权力。

（四）专家权力

　　专家权力取决于个人的知识、技能和专长。今天的企业发展越来越依赖技术因素，因此，专门的知识技能也成为权力的主要来源之一。随着工作的细分，专业化越来越强，企业的目标越来越依靠不同部门和岗位的专家。

　　正如人们所知，医生在他的行业和领域中有权威性，因为他有很强的专家权力，医生所说的话不能不听。所以大多数的人愿意遵从医嘱。还有一些职业，例如计算机方面的专家、税务的会计师、培训师等，他们都是因为在某一领域中的特殊影响力而获得了专家权力。

（五）个人影响力

　　个人影响力指个人的品质、魅力、资历、背景等相关的权力。根据来源不同，个人影响力又可细分为个人魅力权、背景权和情感权。

⏰ 团队故事

格力电器董明珠

　　2023年3月21日，《财富》官方网站发布"2023年中国最具影响力的50位商界领袖"榜单，格力电器董事长兼总裁董明珠入选，位列第九。自2019年以来，董明珠已连续5年入选该榜单前十。

　　作为唯一一位入选榜单前十的女性企业家，董明珠不仅诠释出在中国商界女性企业家也能"撑起半边天"的魅力，也意味着她凭借着出色的领导能力和卓越的管理能力在中国商界获得了巨大影响力。

　　在格力电器工作的32年间，董明珠从金牌销售员到大刀阔斧改革格力营销体系的经营部长，再到带领格力成为年营收达到2 000亿元级企业的董事长。充满传奇色彩的商界打拼之路让董明珠成为中国企业家中的传奇代表。与此同时，格力也在董明珠的带领下成为中国实体制造企业中的一张名片。

　　在"好空调·格力造"的口号深入人心后，董明珠并没有"被空调绑架"，而是主动撕标签，带领格力积极谋求多元化发展，在家用消费品和工业装备两大领域持续发力。

　　在家用消费品板块，格力电器的广告语已从"好空调·格力造"转变为"好电器·格力造"。接受媒体采访时，董明珠对外表示，格力电器已经实现了从单一空调到全品类家电的转型，冰箱、洗衣机、电风扇、破壁机、空气能热水器等产品在2022年均取得了不错的销售业绩和品质口碑。

同样在2022年，格力电器的中央空调走出国门，亮相卡塔尔世界杯，为教育城体育场、974体育场、阿图玛玛体育馆、麦蒂娜娜球迷村等多个场馆提供中央空调，总数量高达4万多台（套）。

在工业装备板块，格力电器在智能装备、通信设备、模具、新能源等领域取得了显著成就。格力电器自2013年起进军智能装备领域，产品现今已覆盖至数控机床、工业机器人、智能仓储物流、智能环保设备、工业自动化五大领域。截至2022年，在新能源领域"格力钛"已为北京、成都、天津等超过220个城市提供纯电动公交产品及服务。

目前，格力电器在董明珠的带领下成为一家多元化、科技型的全球工业制造集团。格力正不断通过对核心技术的掌握以及对完美质量的追求来创造出更好的产品，满足全球消费者对美好生活的向往。

四、团队领导艺术

领导艺术是指在领导的方式方法上表现出的创造性和有效性。一方面是创造性，是真善美在领导活动中的自由创造性。"真"是把握规律，在规律中创造升华，升华到艺术境界；"善"就是要符合政治理念；"美"是指领导使人愉悦、舒畅。另一方面是有效性，领导实践活动是检验领导艺术的唯一标准。

领导艺术具有随机、非模式化的特征。领导模式就是领导方法，哪位领导者在错综复杂的矛盾中抓住了主要矛盾，他就能把领导艺术演绎得出神入化。例如，牵牛要牵牛鼻子，十指弹钢琴，统筹兼顾，全面安排，这些就是所谓的模式化。

（一）科学决策艺术

领导决策是指具有领导权力的领导者为达成特定的管理目标，在综合考虑各种需求和可能性的基础上，为处理领导权力范围内的事务而进行的一种决定政策、对策和方案的过程。领导决策是领导活动中最经常性的、最大量的工作，是各种领导工作中最重要的问题。因此，领导者要掌握科学的决策艺术。领导者要有运筹帷幄艺术，能统筹兼顾、把握关键；有决断艺术，发号指令要明确、决断要及时；要善于调动他人的积极性，激发被领导者的潜能；要会借用外脑，利用智囊团、专家组等，博采众长、集思广益。

（二）用人的艺术

用人的方法和艺术在领导工作中占有特别重要的位置。领导者用人的境界大致分为3种：第一种境界是只能用比自己本领低的人，这是用人的最低境界；第二种境界是能用和自己本领相当的人；第三种境界是能任用本领比自己高、在某些方面超过自己的人，这是用人的最高境界。

具体而言，领导者用人艺术有5点：一是善于容才，既能容人之长，又能容人之过；二是扬长避短，各取所长，善于发现他人的优点，不一味地规避缺点；三是用人不疑，疑人不用，给予被领导者充分的信任；四是大胆任用年轻人，注意发现、重用有能力、善学习、有业绩的年轻人，坚持"用养结合"；五是培养人才，用才也要育才，使人才生生不息、永不枯竭。

（三）授权艺术

授权是领导者工作的重要方法之一，是领导者提高管理绩效的一种艺术。首先，授权要围绕工作目标，确定授权的对象和授权方法；其次，有效授权要始于聆听，终于回答；再次，不得重复授权，避免出现多头领导，影响工作效率，造成资源浪费要充分信任下属，激发员工积极性；最后，要将责任和权力一起交给下属。

（四）人际关系艺术

人际关系的良性协调对团队发展至关重要。领导者在团队管理中，应在人际沟通和纠纷解决上努力提高处理人际关系的方法。在沟通上，态度和蔼、平等待人，尊重他人、注意方法，布置任务要简化语言，积极倾听员工的需求，抑制情绪，努力创造互信环境，为和睦的人际关系创造条件。在处理人际纠纷上，要严己宽人，掌握处事分寸，审时度势，讲究策略，把握主动。

团队故事

华为薪酬管理的主要理念

1. 倡导雷锋精神，决不让雷锋吃亏，奉献者定当得到合理回报。

2. 机会、职权、工资、奖金、津贴、股权、红利、退休基金、医疗保障、社会保险等多种分配与保障形式。

3. 员工与公司之间建立命运共同体。

4. 报酬认可基于贡献、责任、能力与工作态度。

5. 坚持报酬的合理性与竞争性，确保吸引优秀人才。

6. 始终关注报酬的3个公平性：①对外公平；②对内公平；③员工公平。华为员工的收入组成包括职能工资、奖金、安全退休金及股权带来的红利。采取与能力、贡献相吻合的职能工资制。华为按照责任与贡献来确定任职资格，按照任职资格确定员工的职能工资。

奖金的分配完全与部门的关键绩效目标和个人的绩效挂钩，安全退休金等福利的分配依赖工作态度的考评结果，医疗保险按级别和贡献拉开差距。这样做，"营销尖兵""研发专家"就能拿到高工资。

华为为员工制定了安全预付退休金制度，按照员工的劳动态度、敬业精神进行评定，为每个员工建立个人账户，每年向他们的个人账户发放退休金，离开公司时这笔钱可随时带走。

技能实训

教授本课程的老师采取了何种领导风格，这种领导风格是否有效？如果不够有效，你认为采取哪种领导风格更为有效？就此问题与任课老师一起讨论，并写出一份书面建议。

拓展练习

副总家里失火以后

一家公司的销售副总在外出差时，家里失火了。他接到妻子的电话后，连夜火速赶回家。第二天一早他去公司向总经理请假，说家里失火要请几天假安排一下。按理说，请假也不过分，但老总说："谁让你回来的？你马上出差，如果你下午还不走，我就免你的职。"销售副总无可奈何，只好又马上出差走了。

总经理听说销售副总已出差走了，马上把党政工团的负责人都叫了过来，要求他们分头行动，在最短的时间内，把销售副总家里的损失弥补回来，把家属安顿好。

思考：

（1）从管理风格方面分析这位总经理属于哪一种领导风格？为什么？

（2）你赞成这位总经理的做法吗？你有何建议？

第二节　团队激励

学习目标

- 理解团队激励的含义与过程，掌握团队激励的原则及方法。
- 能够根据所掌握的激励原则，合乎规范地对人的行为进行激励；能分析马斯洛的需求层次论的贡献和局限，并根据该理论的内容具体分析人们的各种需求。
- 熟悉并掌握各种激励理论的特点及适用条件，能够根据组织的实际情况采取可行的激励措施。

情景导入

有一个员工出色地完成了某项任务，他兴高采烈地对主管说："我有一个好消息，我跟了两个月的那个客户今天终于同意签约了，而且订单金额会比我们预期的多20%，这将是我们这个季度价值最大的订单。"但是主管的反应很冷淡："是吗？你今天上班怎么迟到了？"员工说："二环路上堵车了。"此时主管严厉地说："你迟到还找理由。如果都像你这样，公司的业务还怎么做？"员工垂头丧气地回答："那我今后注意。"一脸沮丧的员工有气无力地离开了主管的办公室。

情景解析：

通过上面的例子，我们可以看出，该员工寻求主管激励时，主管不仅没有给予任何表扬，还因为该员工偶尔迟到之事，就主观、武断地严加训斥。结果这名员工情绪受到了很大的挫伤，其获得肯定和认可的心理需求没有得到满足。实际上，管理人员进行激励并非难事。对员工进行话语的认可，或通过表情的传递可以满足员工被重视、被认可的需求，从而达到激励的效果。

知识园地

课堂互动

请同学们分享自己喜欢的团队激励内容。

素养提升

从红旗渠精神中
汲取奋进力量

一、团队激励概述

（一）团队激励的含义

激励是以满足个人的某些需要为条件而使其产生去做某事的意愿。通俗地讲，激励就是激发鼓励。管理中的"激励"，就是日常所说的调动人的积极性、主动性和创造性的问题。激励可以使人在某种内部或外部刺激的影响下，始终维持在兴奋状态。

美国管理学家罗宾斯提出，激励就是解决个体在实现目标过程中努力的强度、方向与持续期的过程。强度是指人们的努力程度，但高水平的努力不一定能带来高的工作绩效，除非努力指向有利于组织的方向，即努力程度只有与组织方向一致才具有实际意义，才有利于提高组织绩效，因此，方向反映了努力的质量。持续期指的是积极性能够持续多久。所以，激励水平是要不要为此目标而努力（行为方向选择）、应为此目标花费多大努力（努力的强度）以及此努力应维持多久（行为的持续期）这3项决策的函数。

（二）团队激励的作用

1. 激励有助于激发积极性

团队激励措施都是以激发员工的愿望，增强他们的工作动力为根本出发点。无论是有形还是无形的激励，都能让团队成员受到鼓舞，进而激发工作积极性。有调查研究发现，按时计酬的员工仅能发挥其能力的20% ~ 30%，而如果受到充分的激励，员工的能力可以发挥80% ~ 90%。也就是说，同样一个人在受到充分激励后所发挥作用的程度相当于受激励前的3 ~ 4倍。

2. 激励有助于提高工作绩效

企业的发展离不开员工，员工是企业的财富。在企业管理中，管理者只有充分调动员工的创造力和积极性，使员工真正融入企业，才能使员工发挥其最大的价值。一般来讲，当员工的个人目标与团队目标一致，二者统一的程度越高，员工的自觉性、主动性以及创造性就越能得到充分的发挥。员工的工作绩效取决于员工的能力和团队的激励水平。能力固然是取得绩效的基本保证，但是不管能力有多强，如果激励水平低，就难以取得好成绩。

3. 激励有助于吸引人才

良好的激励机制不仅可以刺激内部员工，保持员工的工作积极性，提高员工的工作效率，也让他们在满足各自需求的基础上，增强对集体的荣誉感与归属感，成为团队发展的持续动力保障。此外，优势明显的激励措施也可以吸引外部人才，引起他们的注意，进而使他们向团队靠拢，进入团队，为团队服务。

（三）团队激励的过程

根据人本主义的观点，人们工作的动机是满足自己的需要，因此，激励的过程也是满足需要的过程。从这个角度讲，激励就是管理者通过采取各种能满足需要的措施，激发员工的工作动机，挖掘其潜力，调动其积极性与创造性，高效地实现组织目标的过程，如图5-2所示。

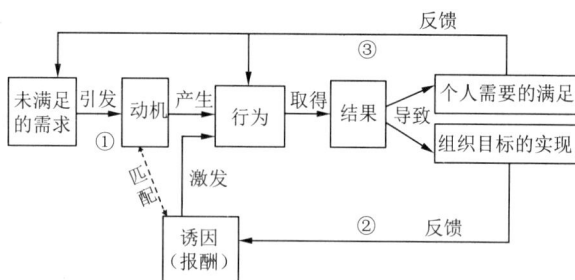

图5-2　激励的过程

1. 激励是循环过程

激励包含了了解人们未满足的需要，通过诱因引发动机，再由动机推动人的行为实现目标的全过程。实现了目标，满足了需要，人们又会产生新的需要。又开始根据需要设置诱因……这是一个循环往复、持续不断的过程。

2. 激励过程受内外多种因素的制约

激励从管理者设置满足员工需要的诱因开始，最终表现为通过员工的积极行为实现管理目标。这一过程受多种因素的影响，如员工的需要、理想、兴趣、价值观、责任感等内在心理因素，当外在诱因与这些因素吻合时，激励的外力才能与员工的内驱力整合为强大的驱动力，从而强化激励的效果。否则，不会产生激励效果。

3. 激励具有时限性

管理者采取的满足员工需要的激励手段有利于激发员工的工作动机，调动其积极性。但每一种激励手段的作用都有一个时限，如果超过时限其作用就会减弱甚至完全失败。因为随着人的需要的逐步满足，追求满足的愿望就会逐渐减弱，动机强度自然也就逐渐变弱，原来的优势动机也在逐渐弱化为辅助动机。因此，激励不能一劳永逸，应根据不同的时间、环境、人员采取不同的激励手段。

二、团队激励的原则及方法

（一）团队激励的原则

1. 物质激励与精神激励相结合原则

物质激励与精神激励作为两种不同的激励类型，各有其不同的作用，但其目的都是调动人的积极性。而它们之所以能够调动人的积极性，则是因为它们能够从不同的方面满足人的某种需要。物质激励是对人们物质需要的满足，精神激励是对人们精神需要的满足。物质需要是人赖以生存的物质基础，人们关心自己切身的物质利益，这是必然的。但人是有头脑、有思想的，不仅要有物质方面的满足，还有精神方面的追求，包括对工作的兴趣、责任感、自尊心、事业心、荣誉感、自我实现等心理方面的需要。所以，要提高人的积极性，就必须把物质激励与精神激励结合起来。

2. 正激与负激相结合原则

正激与负激相结合，需要赏与罚同时存在，工作做得好就应该给予肯定鼓励，反之则应该否定惩罚。在工作中管理者应采取"强化理论"，对业绩突出的进行表扬，对业绩差的给以惩罚，在鲜明的对比中，使员工得以激励。强化有两个方面，即正强化和负强化。正强化是对某种好的行为给予物质和精神鼓励，使该行为坚持下去。当然，正强化需要不断加强，才会起到很好的作用。负强化是对某种不好的行为给予批评和惩罚，使该行为减弱、消除。

3. 公平公正原则

在日常工作中，员工之间经常会把自己在工作中所付出的成本与自己所得到的报酬同其他员工进行比较。关注自己所得到的报酬是不是合理的，是不是平等公平的。如果感觉自己的报酬比他人低，就会在工作中产生抵触情绪，降低其工作效率。因此，企业经营者在进行激励时要努力使每个员工都得到平等、合理的报酬。只有这样才能使员工感到满足，并提高工作积极性。

4. 可持续性原则

员工能够一直保持积极性是组织坚持强大的生命力的保证，要想使员工持久地处于积极状态中，就需要遵守激励的可持续性原则。在实际的管理中，有些管理者会设立一些吸引人的目标，员工会抱有很高的期望。开始时，目标对员工有很大的激发力，但是一段时间后，管理者不去落实，员工逐渐失望进而失去可持续的积极性。如果一直这样，员工就会对管理者失去信任，积极性也很难再激起。

（二）团队激励的方法

激励是对员工需求的满足，员工的需求是多种多样的，所以激励的途径也是多种多样的。我们可以根据激励的性质不同，简单地把激励分为精神激励和物质激励两大类，具体包含目标激励、工作激励、榜样激励、荣誉激励、绩效激励、物质激励、感情激励7类。

1. 目标激励

制定建立在员工需求基础上的鼓舞人心又切实可行的奋斗目标，既表明企业的努力方向，又代表员工对未来的憧憬和追求，能得到全体员工的认同。企业共同奋斗目标的方向感、使命感和员工个人理想目标的荣誉感、追求感融为一体，能够形成激励员工奋发进取的内在动力，员工就会把企业的需求转化为个人的需求，充分发挥主人翁的自觉性、创造性，进而敬业、勤业、乐业，拼搏奋斗、无私奉献。

2. 工作激励

工作激励指的是通过分配恰当的工作，予以恰当的授权，让员工参与管理，通过丰富工作内容等方式和途径来激发员工的工作热情。在激励的过程中对员工委以恰当的工作，激发员工内在的工作热情，主要包括两方面的内容：一是工作的分配要尽量考虑员工的特长和爱好，人尽其才；二是要使工作的要求既具有挑战性，又能为员工所接受。在团队管理中，有许多不同工作的要求略高于员工本身的实际能力，使员工认为经过努力是可以达到目标的。这样不仅可以激发员工奋发向上的工作热情，还可以让员工在工作中提高能力。

3. 榜样激励

榜样激励主要有两条途径。一是树立先进的典型人物。以先进人物为榜样激励群众，应注意事迹的事实性和群众基础的广泛性。榜样的力量是无穷的，发挥榜样的激励作用能使中间带落后，推动各项工作的开展。二是管理者自己身先士卒，率先垂范。管理者以身作则，对整个企业成员影响巨大。现代企业制度下的管理者在企业中居于独特的地位，既是企业的经营者又是企业的所有者，是企业的中坚力量。他们的行为在整个企业行为中占有重要地位。

4. 荣誉激励

为工作成绩突出的员工颁发荣誉称号，代表企业对这些员工工作的认可。让员工知道自己是出类拔萃的，以便激发他们的工作热情。

5. 绩效激励

在绩效考评工作结束后，让员工知道自己绩效考评的结果，有利于员工清醒地认识自己。只有员工了解企业对他工作的评价，才会对他产生激励作用。

6. 物质激励

物质激励的内容包括工资奖金和各种公共福利。它是一种最基本的激励手段，因为获得更多的物质利益是普通员工的共同愿望，它可以满足员工的基本需求。同时，员工收入及居住条件的改善，也影响着其社会地位、社会交往，甚至学习、文化娱乐等精神需要的满足。

团队故事

海底捞的物质激励

1. 薪酬待遇

海底捞的薪资组成更多是依托于员工的职位上升路径。一般的员工可以依靠职位上升来使其薪资获得增长，即使无法上升也能够利用评级方式让薪资获得增长。

即使是不同职位员工的基础薪资有所区别，但是这部分区别可以被评级的差异所填补，因此可能发生高薪资减少、低薪资增加的情况。海底捞通过这一手段充分调动员工的工作热情。

分红与奖金不存在实质上的差异。可是就"分红"这个词自身而言，较"奖金"有着更高的魅力。多数公司仅为投资人分红，给一般员工派发奖金，但海底捞给一般员工分红，这一手段有着极高的激励作用。图5-3所示为海底捞薪酬体系设计。

	基本工资	加班工资	奖金	话费补贴	员工住宿	假期	级别工资	工龄工资	分红	荣誉奖金	员工股票	父母补贴
新员工	√	√	√	√+20		√+12天						
二级员工	√	√	√	√+50	√	√+12天	√+40	√+40				
一级员工	√	√	√	√+50	√	√+12天	√+60	√+40	√			
劳模员工	√	√	√	√+50	√	√+12天	√+60	√+40	√	√		
大堂经理	√	√	√	√+500	√	√+12天	√+60	√+40	√	√		
店经理 店长 区域经理						√					√+800 √+800	

奖金：先进员工+80；标兵员工+80；劳模员工+280；功勋员工+500
分红：一级以上员工共同分红所在分店纯利润的3.5%

图5-3 海底捞薪酬体系设计

2. 福利待遇

海底捞为员工提供了较好的住宿环境，为员工租赁的是小区房屋。房屋里有空调、热水器和简单的家具，人均住宿面积超8平方米。宿舍卫生和员工的床单被褥等都有专人负责，如此便有效地增加了员工的收益。

海底捞为员工提供的福利待遇里最实在的是员工餐，员工餐较为丰盛，三菜一汤，同时味道较优。在海底捞工作时能够吃四顿饭，在周末时能够加餐，可以让员工一天都不会饿，干活时也更有劲。

员工上班第一件事是吃饭而非签到，假如上班签到，便要维持秩序、点名，随后批评迟到的人，上班就吃饭，则不必点名，所以员工在心理上并不会抵触工作，这是由于上班便意味着可以吃饭。

海底捞这项机制十分先进，同时海底捞并没有后勤经理的岗位，全部的员工吃住是店长承担。所有的管理者都是员工的后勤经理，员工在生活上有困难，便可以和管理者沟通，随后问题将迎刃而解。

7. 感情激励

所谓感情激励，是指领导者与其下属工作人员建立起一种亲密友善的情感关系，以情感沟通和情感鼓励作为手段，调动员工的工作积极性。在进行感情激励时，管理者可以通过交谈等语言激励方式与员工沟通，了解员工的想法、状况，从而对症下药，改善关系，也可以通过非语言形式如动作、手势、姿态等激励员工。无论采取何种方式，管理者本人要具备积极的情绪，还要使自己处于一种情感移入状态，与被管理者达成情感共融。

⏰ 团队故事

小张在公司里有两个领导，分别是老李和老陈。小张对老李布置的工作总能积极应对，并按时完成，但对老陈布置的任务积极性不高。原因很简单，老李每次安排小张工作的时候都是说："这个任务还是需要你亲自出马，别人做我不放心！"而老陈的态度就截然不同了，他总是以命令的口吻要求小张："这项工作必须由你来完成。"

虽然两位领导都对小张下达了差不多的命令，但说话的语气完全不同。老李有意无意地给小张戴了顶"高帽"。作为员工的小张不仅能感受到管理者重视他，还能够体会到被团队需要的感觉，因此对待艰巨工作任务的态度也随之改变了。

三、团队激励的应用

激励理论是行为科学中用于处理需要、动机、目标和行为四者之间关系的核心理论。行为科学认为，人的动机来自需要，由需要确定人们的行为目标，激励则作用于人的内心活动，激发、驱动和强化人的行为。接下来，我们结合激励理论，逐一分析团队激励如何在现实管理过程中发挥作用。

（一）人性假设理论

1. 经济人假设

经济人假设理论又称X理论。该理论认为，人的一切行为都是为了最大限度地满足自己的利益，工作动机是为了获得经济报酬。其主要内容：大多数人是懒惰、逃避工作的，且他们的个人目标与组织目标是矛盾的，仅有金钱和地位才能鼓励他们去工作。

人群大致分为两类：大多数人符合上述假设，少数人因能克制自己，故能担负管理重任。根据经济人假设理论，管理应靠金钱和严密的监督、控制去实现组织目标。泰罗制是"经济人"观点的典型代表。

2. 社会人假设

社会人指人在进行工作时将物质利益看成次要因素，最重视的是和周围人友好相处，满足社交和尊重的需要。社会人假设理论的基本内容：交往的需要是人们行为的主要动机，工业革命所带来的专业分工和机械化的结果使劳动本身失去了许多内在含义，因此只能从工作的社会意义上去寻求安慰。员工之间的相互影响力比管理者所采取的管理措施和奖励更具影响作用。管理者应通过满足员工的社会需要，提高他们的工作效率。

3. 自我实现人假设

自我实现人假设理论又称Y理论。其主要内容：工作的体力或脑力消耗同游戏或休息一样自然，工作可能是一种满足，因而自愿去执行，也可能是一种处罚，因而想逃避，具体应视环境而定；外来的控制和处罚并非实现组织目标的唯一手段，它甚至是一种阻碍，人们愿意实行自我管理和自我控制来完成目标；一般条件下，人们乐于接受职责，谋求职责；若提供适当的环境，就能使个人目标与组织目标一致；大多数人都能充分发挥自己的能力。

4. 复杂人假设

复杂人假设又称超Y理论。前面所说的经济人、社会人、自我实现人虽都有一定的正确性，但不适用于一切人。因为人是复杂的，且同一个人随着地位、知识、生活、年龄、人际关系的变化，会出现不同的需要。

（二）需要激励理论

1. 需求层次理论

人类的需要一直是心理学家们研究的对象。马斯洛把人类行为的动力从理论和原则上进行了系统的整理，提出了需求层次理论。马斯洛的需求层次理论有两个要点。一是，人类需要分为5个递进层次：生理、安全、社交、尊重、自我实现，如图5-4所示。二是，5种需要存在个体差异性。在马斯洛看来，只有当低层次的需要得到满足后，高层次的需要才能来，但任何一种需要并不因为高层次的需要得到满足后就自行消失。有些人如果满足了高级需要，却没有满足低级需要，就可能会牺牲高级需要而去谋取低级需要。各层次的需要呈现相互依赖与重叠的关系。

图5-4　马斯洛的需要层次理论

团队故事

员工肯定计划

著名管理顾问尼尔森认为，为顺应未来趋势，企业经营者应立即根据企业自身的条件、目标与需求，设计出一套低成本的"肯定员工计划"。他的看法是，员工在完成一项杰出的工作后，最需要的往往是来自上司的感谢，而非只是调薪。以下是激励员工士气的10个法则。

向工作表现杰出的员工表示感谢，一对一地致谢或书面致谢；

花些时间倾听员工的心声；

对个人、部门及组织的杰出表现提供明确的回馈；

积极创造一个开放、信任及有趣的工作环境，鼓励新点子和积极的主动性；

让每一位员工了解企业的收支情形、企业的新产品和市场竞争策略，以及讨论每一位员工在企业所有计划中所扮演的角色；

让员工参与决策，尤其是那些对其有影响的决定；

肯定、奖励及升迁等都应以个人的工作表现及工作环境为基础；

加强员工对于工作及工作环境的归属感；

提供员工学习新知及成长的机会，告诉员工在企业的目标下，经理人如何帮助其完成个人目标，并建立与每位员工的伙伴关系；

庆祝成功——无论是企业、部门还是个人有优秀的表现，都应举办士气激励大会或相关活动。

尼尔森特别强调，赞美员工需符合"即时"的原则。经理人应能做到在每天结束前，花短短几分钟写个便条纸对表现好的员工表示称赞；透过走动式管理的方式看看员工，及时鼓励员工；抽空与员工吃个午餐、喝杯咖啡；公开表扬、私下指责等。经理人只要多花一些心力，员工就能受到莫大的鼓舞，使工作成效大幅提升。

2. 双因素理论

双因素理论也叫激励＋保健理论，是由美国心理学家弗雷德里克·赫茨伯格提出的。赫茨伯格认为，传统的满意与不满意的观点是不正确的，满意的对立面是没有满意，不满意的对立面是没有不满意。他通过调查203名工程师和会计师，了解他们想从工作中得到什么，并对结果进行归纳，发现人们对工作满意时的回答和对工作不满意时的回答大相径庭。基于此，他提出了双因素理论（见图5-5）。

激励因素是使员工感到满意的因素，唯有它们的改善才能让员工感到满意，给员工以较高的激励，调动其积极性，提高劳动生产效率。激励因素主要有工作表现机会、工作本身的乐趣、工作上的成就感、对未来发展的期望、职务上的责任等。

保健因素是造成员工不满的因素，它们的改善能够消除员工的不满，但不能使员工感到满意并激发起员工的积极性。保健因素主要有企业的政策、行政管理、工资发放、劳动保护、工作监督以及各种人事关系处理等。由于它们只带有预防性，只起维持工作现状的作用，也被称为"维持因素"。

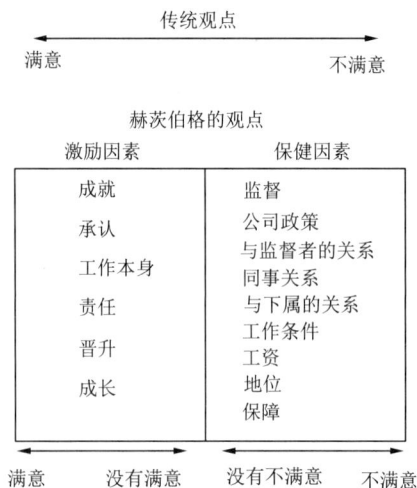

图5-5 双因素理论

工作本身是具有长久激励效应的因素。据分析，双因素理论对具有强烈成就感的人才有积极效果。

（三）过程型激励理论

1. 期望理论

1964年美国心理学家弗鲁姆提出期望理论。该理论的基础：人们之所以从事某项工作并达成组织目标，是因为这些工作和组织目标能帮他们达成自己的目标，满足自己的某些需要。

期望理论的内容：某一活动对某人的激励取决于该活动的全部结果的期望值与达到该结果的效价的乘积。

$$激励 = 期望值 \times 效价$$

2. 公平理论

公平理论由美国心理学家亚当斯于20世纪60年代提出。基本观点：一个人不仅关心所获报酬的绝对量，而且关心所获报酬的相对量，即报酬的合理性及公平性。

课堂互动

如果感到不公平，你将怎么办？

（四）行为改造型激励理论

1. 强化理论

基本内容：人的行为是其所获环境刺激的函数。如果这种刺激对他有利，则这种行为会重复出现，如果这种刺激对他不利，则这种行为会减弱，直至消失。因此，管理者可采取各种强化方式，使人们的行为符合组织的目标。按强化的性质和目的可以分为正强化和负强化。

正强化：奖励那些符合组织目标的行为，以使这些行为进一步加强（奖金，提升，表扬）。

负强化：惩罚那些不符合组织目标的行为，以使这些行为削弱甚至消失（减少报酬，降级，批评）。

2. 归因论

基本观点：人的行为成功或失败可归因于4个要素，即努力、能力、任务难度及机遇。人们把成功或失败归因于何种因素，对以后的工作态度有很大影响。

根据该理论，领导应及时了解下属的归因倾向，以便正确指导，调动下属的积极性。

虽然各种理论阐述的原理稍有不同，但是有一点是可以肯定的，就是团队领导的行为对于团队中的激励水平有很大的影响。例如，个人的处事方式通常能够建立也能破坏团队成员的自信心；团队领导者管理绩效和组织工作的方式可以满足也可以完全忽视团队成员更高级别的需求。

团队领导者需要努力确定能够对什么施加影响，不能对什么施加影响。如果事情超出了自己的控制范围，造成了不满，或者失去了激励作用，团队领导者就有必要思考能够通过什么方式加以改善。

技能实训

作为一名学生，你认为授课教师的哪些做法可以更好地激励你？反过来，学生是否也能够激励老师，如何激励？请围绕以上问题与教师交流探讨，将结论整理成具体的措施，付诸实施并评价效果。

拓展练习

王思成是北京某老牌国有企业的一位领导，如何留住员工并激发他们的工作积极性对他来说是一个越来越难的问题。原因之一就是：北京是一个开放城市，各种外企及高科技企业很多，它们能提供相对较高的待遇，对本企业员工的想法和观念影响很大。实际上，王思成所遇到的问题在我国企业中有一定的普遍性。你如何运用有关激励理论来提高这些国有企业员工的积极性呢？就此写一份书面作业。

团队领导与激励

第六单元
团队冲突与创新

"众人拾柴火焰高""众志成城，坚不可摧"，这两句俗语都揭示了团队合作的力量，强调团队内部的凝聚和团结。没有人喜欢冲突，但有人的地方就难免有冲突。正如孔子所说："君子和而不同，小人同而不和。"冲突不全是坏事，它能暴露组织中存在的问题，促进问题的公开讨论，增强企业活力，刺激良性竞争。因此，我们应正视团队冲突，消除破坏性冲突，激发建设性冲突，使冲突成为团队高效的润滑剂。

第一节 团队冲突

学习目标

- 掌握团队冲突的类型、影响、过程。
- 能正确认识团队冲突，并有效管理团队冲突。
- 学会建立信任、知己知彼、换位思考、相互尊重与欣赏等。
- 具有辩证思维，增强规则意识和集体意识，有大局观，勇于适应环境。

情景导入

亚通网络科技有限公司（以下简称亚通公司）是一家专门从事通信产品生产和计算机网络服务的中外合资企业。尽管外方管理人员带来了许多先进的管理方法，但是国外的管理模式未必完全适合中国员工。例如，在外方看来，加班加点、没有报酬是正常的管理模式。亚通公司经常让员工长时间加班，引起了大家的不满，一些优秀员工还因此离开了亚通公司。

由于亚通公司的组织结构是直线职能制，部门内部，部门之间的协调都非常困难。例如，研发部胡经理虽然技术水平首屈一指，但是心胸狭窄，总怕他人超越自己，于是他常常压制其他工程师，这使得研发部人心涣散，士气低落；销售部经常抱怨研发部开发的产品偏离顾客的需求，生产部的效率太低，使自己错过了销售时机。

情景解析：

案例中的公司与员工站在各自的利益视角，公司中不同部门又各有自己的行事风格，导致存在多种冲突形式。冲突双方的行为会导致最后的结果，这些结果可能是功能正常的，即冲突提高了团队的工作绩效；也可能是功能失调的，即冲突降低了团队的运作效率。那么，我们应该积极采取措施，来正确管理团队冲突。

知识园地

课堂互动

请你以日常学习生活中曾遇到的冲突为例，分析冲突的产生原因。

素养提升

辩证思维

团队冲突与创新

一、团队冲突概述

为了有效地完成组织目标和满足个人需要，团体必须建立群体成员和群体之间的良好和谐关系，即彼此间应互相支持，行动应协调一致。但现实情况是，个体间存在着各种差异，群体间有不同的任务和规范，对同一问题会有不同的理解和处理方式，进而产生不一致，或者是不能相容。也就是说，任何团队里都客观存在冲突。

（一）冲突的含义和来源

对于"冲突"一词，人们有着诸多不同的定义。芬克认为，冲突是"在任何一个社会环境或过程中两个以上的统一体被至少一种形式的敌对心理关系或敌对互动所连接的现象"。托马斯强调，冲突是"一方感到另一方损害了或打算损害自己利益时所开始的一个过程"。托纳认为"冲突是两方之间公开与直接的互动，冲突中每一方的行动都旨在不让对方达到目标"。上述定义的共同点是：冲突必须是双方感知到的，且双方的意见是对立的或是不统一的。

从总体上看，冲突的定义可以理解为个人或群体内部的个人与个人之间、个人与群体之间、群体与群体之间存在互不相容的目标、认识或感情，并引起对立或不一致的相互作用的各种状态。该定义强调了3个方面。

第一，冲突是普遍的现象，它可能发生于人与人之间、人与群体之间、群体与群体之间等。

第二，冲突有3种类别：目标性冲突，即冲突双方具有不同的目标导向时发生的冲突；认识性冲突，即不同群体或个人在对待某些问题上由于知识、看法、观念之间的差异而引发的冲突；感情性冲突，即人们之间存在情绪与情感上的差异所引发的冲突。

第三，冲突是双方意见的对立或不一致，它有各种各样的表现形式，如暴力、破坏、无理取闹、争吵等。

一般来说，冲突产生有以下来源。

一是沟通差异，冲突来自语意上的难懂、误解，以及沟通环境中的噪声干扰。

二是结构差异，冲突来自组织结构本身的设计不良，造成了整合的困难，最后导致冲突。

三是个人差异，冲突来自价值系统与人格特征的不同。

┤ 知识链接 ├

鲶鱼效应

挪威人爱吃沙丁鱼，尤其是活鱼。挪威人在海上捕得沙丁鱼后，如果能让它活着抵港，卖价就会比死鱼高好几倍。但是，由于沙丁鱼不爱运动，返航的路途又很长，因此捕捞到的沙丁鱼往往回到码头时就已经死了，即使有些活的，也是奄奄一息。只有一位渔民的沙丁鱼总是活的，而且很生猛，所以他赚的钱也比其他人的多。该渔民严守成功的秘密，直到他死后，人们打开他的鱼槽，才发现只不过是多了条鲶鱼。原来鲶鱼主要以鱼为食物，装入鱼槽后，由于环境陌生，就会四处游动，而沙丁鱼发现这一异己分子后，也会紧张起来，加速游动，如此一来，沙丁鱼便能活着回到港口。这就是所谓的"鲶鱼效应"。

运用这一效应，通过个体的"中途介入"，对群体起到竞争作用，它符合团队管理的运行机制。无论是传统型团队还是自我管理型团队，时间久了，其内部成员由于互相熟悉，就会缺乏活力与新鲜感，从而产生惰性。因此有必要找些外来的"鲶鱼"加入团队，制造一些紧张气氛。根据马斯洛的需求层次理论，人到了一定的境界，其努力工作就不再仅仅是为了物质，而更多的是为了尊严，为了自我实现的内心满足。所以，当把"鲶鱼"放到一个团队里时，那些老队员迫于对自己能力的证明和对尊严的追求，会努力工作，以免新来的队员在业绩上超过自己。否则，老队员的颜面就无处安放了。而对于那些在能力上刚刚能满足团队要求的队员来说，"鲶鱼"的进入将使他们面对更大的压力，稍有不慎，他们就有可能被清出团队。为了继续留在团队里面，他们也不得不比其他人更用功、更努力。可见，在适当的时候引入一条"鲶鱼"，可以在很大程度上刺激团队战斗力的重新爆发。

"鲶鱼效应"固然可以提升一个团队的战斗力，但这种引进外部力量刺激内部成员的做法也存在一定的弊端。是否要采取鲶鱼效应来刺激团队战斗力的爆发，还需要团队领导者对实际情况进行具体分析和决策。

（二）团队冲突的类型

团队冲突可以划分为个体心理冲突、人际冲突和团队与团队间冲突3种，每种冲突均有其各自独特的管理上的含义。

1. 个体心理冲突

个体心理冲突是指个体在有目的的活动中因目标的多样性而出现相互排斥的动机。团队工作中，许多事情常会使个人左右为难、举棋不定，这便是心理冲突。

2. 人际冲突

人际冲突是团队内个体与个体的冲突，人际冲突的产生经常有信息原因、认识原因、价值原因、利益原因、个性与品德原因。

3. 团队与团队间冲突

团队与团队间冲突是指在组织内，团队与团队间的认知冲突、目标冲突、行为冲突及情感冲突等。团队与团队间冲突的形成主要有组织原因、竞争原因、工作性质特点的原因和团队素质的原因。由于团队冲突涉及的人更多，冲突的情形也更为复杂。

🕐 **团队故事**

激发良性冲突

一家面临倒闭的钢铁厂，在频繁更换几任总经理，花费了巨大的财力、人力、物力后，已经黔驴技穷。钢铁厂的员工也都士气涣散，唯一能做的事情就是等着工厂宣布破产清算。

新到任的总经理似乎也拿不出什么好的办法来，但他在几次员工会议上发现了一个现象，每次公布决策制度时，大家似乎都不愿意提出反对意见，管理者说什么就是什么，会议总是死气沉沉的。因此这位总经理果断做出了一个决定，以后会议每个人都有平等发言的权利，如果发现问题，谁提出解决方案并且没有人能够驳倒他，他就是这个方案项目的负责人，公司给予相应的权限和奖励。新制度出台后，以往静悄悄的会议逐渐出现了热烈的场面，大家踊跃发言，争相对别人的提案进行反驳，有时候为某个不同意见争得面红耳赤，但在走出会议室之前，大家都会达成一个解决问题的共识，并且都会按照达成的共识去做。过了一段时间后，奇迹出现了，这家钢铁厂逐步走出困境、起死回生，甚至在几年后进入了最优秀的四大钢铁厂之列。

濒临倒闭的钢铁厂能够起死回生，源于对固有文化的突破，将死气沉沉的"一言堂"会议氛围激发为大家群策群力的脑力激荡。实际上，当团队成员针对有关当前问题引发的冲突是建设性的，甚至是必不可少的时候，冲突就具有了吸引力和创造力。

（三）团队冲突的影响

团队冲突具有双重影响，对于组织或团队具有的建设性、推动性等正面属性，是冲突的积极影响；而破坏性、阻滞性等反面属性，属于冲突的消极影响。

1. 积极影响

团队冲突的积极影响体现在以下4个方面。

一是解决冲突的过程有可能激发组织中的积极变革。人们为了消除冲突，就要寻求改变现有方式和方法的途径。不同观点的碰撞有利于引发创造性思维的产生，不仅可以促动革新，而且可能使得变革更容易为下属所接受，甚至为员工所期望。

二是在决策的过程中有意地激发冲突，可以提高决策的有效性。在群体决策过程中，由于从众压力、某权威控制局面，或者凝聚力强的群体为了取得内部一致而不愿考虑更多的备选方案，方案可能未能列举充分，从而造成决策失误。如果以提出反对意见或提出多种不同看法的方式来激发冲突，群体就可能提出更多的创意，从而提高决策的正确性和有效性。

三是冲突可能形成一种竞争气氛，促使员工振奋精神、更加努力。引起一个或多个目标发生冲突的竞争也有一定好处，如果员工觉得在工作绩效方面存在竞争气氛，就可能振奋精神，以求得在竞争中名列前茅。

四是冲突双方表明了自己的观点，促进了意见交流，增进了了解，紧张的情绪得到宣泄，使冲突者感到互相接近，有助于消除分歧，增进团结。

2. 消极影响

团队冲突的消极影响主要体现在以下3个方面。

一是冲突可能分散资源。冲突可能分散人们为实现目标而做出的努力，组织的资源不是主要用来实现既定目标，而是消耗在解决冲突上，尖锐的矛盾常常造成时间和金钱的浪费，决策错误更会造成资源的错误分配。

二是冲突有损员工的心理健康。研究表明，员工置身于对立的意见中，会产生敌意、紧张和焦虑情绪。随着时间的推移，冲突的存在可能使相互支持、相互信任的关系难以建立和维持，工作效率较低。

三是要求内部竞争而引发的冲突可能对群体效率产生不良影响。

综上可知，如果冲突旨在促进竞争、提高工作积极性、振奋创新精神，使决策更为周密，那可能是有益的；太少的冲突，可能会造成停滞不前；无法控制的破坏性冲突会对团队产生威胁。最主要的是，冲突的本身并不危险，危险的是处理不当。

拓展资源

冲突的理念发展

二、团队冲突过程

团队冲突是一个动态的过程，是从冲突的相关主体的潜在矛盾映射为彼此的冲突意识，再酝酿成彼此的冲突行为意向，然后表现出彼此显性的冲突行为，最终造成冲突的结果及影响。可见，这是一个逐步演进和变化的动态过程。美国学者庞地（Louis R. Pondy）将冲突的过程分成5个阶段：潜在对立或不一致阶段、认知和个性化阶段、行为意向阶段、冲突出现阶段、冲突结果阶段。

（一）潜在对立或不一致阶段

潜在对立或不一致是因为团队中发生交互关系和互动过程的不同主体彼此之间存在能够引发冲突的一些必要条件，这些条件虽然不一定直接导致冲突，但往往都潜伏在冲突的背后，成为冲突产生的导火索。一般情况下，导致团队冲突的潜在因素可以分为以下3类。

1. 个体间的差异因素

团队是由不同的成员组成的，这些成员在个人背景、经验、态度等方面都存在差异，这种差异容易导致考虑问题和处理问题产生分歧，分歧的长期存在必然导致团队成员之间多种冲突的产生。这些差异和分歧主要表现在以下几个方面。

（1）年龄差异

不同年龄的个体由于社会经历和社会知识的差异，出现了不同的定性反应，致使双方难以相互理解，因而酿成冲突。如有些年轻人总感到年纪大的人思想保守顽固，不接受新事物，而年纪大的人往往认为年轻人浮躁自傲。这些偏见是成员之间产生冲突的潜在因素。

（2）个性差异

人的个性中存在着潜在的某些竞争侵略意识，这是团队冲突的根源之一。人的这种潜在的竞争侵略意识，在遇到某些情境时会自发地表现出来，如团队中出现的刻薄语言、争吵、人身攻击、对抗等行为。从个性的特点来看，人们对周围世界的感受不是完全一样的。人的感觉像独特而有个性的过滤器，透过它，人们把每一件事解释为主观的现实，而这通常会导致误解、困惑及冲突。所以团队的管理者要高度重视个性差异对冲突的影响。

（3）职位差异

在一个团队中，各个不同职位的个体应当认真坚守自己的岗位，尤其是领导团队。如果本位思想严重，团体士气就会涣散，从而导致冲突。例如，在有的企业，经理自己处于组织行政指挥的"中心地位"，董事长则强调自己处于"核心地位"，他们遇事不是协同商量研究，而是互相争权拆台、争吵不休。

（4）思维差异

团队成员在知识、经验、态度、观点等方面存在差异，往往对同一事物有不同的认识，由此会产生一定的冲突。例如，团队成员在改革的节奏、用人的观念、团队目标的设想等方面，往往会存在差异，以致产生矛盾和发生冲突。

2. 团队的结构因素

（1）任务结构和责权界定模糊

任务结构和责权界定模糊也是团队冲突的根源。任务结构指的是团队工作任务的简单或复杂化的程度。如果团队任务是简单的，那么目标、解决方法和程序是比较明确的，团队成员容易选择出正确的方法；如果任务是复杂的情形，则相反，此时团队需要清晰的界定与任务相匹配的职责与权益。责权界定模糊意味着在一个团队中，每个人都不清楚自己该干什么、不该干什么、如何干，以及怎样干是对的，对自身和对别人的角色定位都很模糊。对自己有利，就争着抢着去做，争得好处，对自己不利，就推脱敷衍，保全自身利益，这样自然会导致利益分配不均，容易引起冲突。谁负责某项工作的模糊程度越高，冲突出现的可能性就越大。

（2）团队资源争夺

组织在分配资源时，总是按照各个团队的工作性质、岗位职责、在组织中的地位以及组织目标等因素分配资金、人力、设备、时间等资源，不会绝对公平。各个团队在成员数量、权力大致相同的情况下，会为了组织内有限的预算、空间、人力资源、辅助服务等资源而展开竞争，从而产生冲突。

（3）目标的分歧

每个团队都有自己的目标，而这些目标都是为了实现组织的整体目标，因此，每个团队都需要其他团队的协作。例如，市场营销部门要实现营销目标，就必须得到生产部门、财务部门、人事部门、研发部门的配合与支持。但现实情况是，各个团队的目标经常发生冲突。例如，营销部门的目标是吸引客户，培养客户忠诚度，这就要求生产部门生产出质优价廉的商品。而生产部门的目标是降低成本，减少开支，以尽可能少的资源生产尽可能多的商品，而这就不能保证商品质量。因此，营销部门与生产部门就可能发生目标冲突。

（4）地位的不公平感

组织内团队之间的地位不公平感也是产生冲突的原因。当一个团队努力提高自己在组织中的地位，而另一个团队视之为对自己地位的威胁时，冲突就会产生。权力与地位不同的团队之间也会发生冲突，例如管理层与工人会因为立场的不同而发生冲突。

（5）组织变动

团队所在的企业是团队发展的依托，也是团队建设的支撑，组织内较大的变化或变革会引起或加剧冲突。组织实施改革、重组或兼并时，必然会打破原有的利益格局，给不同的人或团队带来恐慌、焦虑和利益变化，旧的平衡被打破。新的平衡还没有建立或正在建立的这段时间，是组织冲突的高发阶段。

3. 沟通不良的因素

沟通不良是引起团队冲突的重要方面，团队成员之间彼此存在差异，如果能够顺利进行交流，相互理解，那么发生冲突的可能性就会大大减少。相反，如果沟通渠道不顺畅，沟通活动缺乏，冲突就会出现。团队沟通不良可能引起团队成员之间冲突的问题经常表现在以下几个方面：信息的差异、评价指标的差异、倾听技巧的缺乏、语言理解的困难、沟通过程中的干扰以及团队成员之间的误解等。

（二）认知和个性化阶段

冲突的认知是指当潜在的对立或不一致出现后，双方意识到冲突的出现。也就是说，在这一阶段，对于客观存在的对立或不一致，冲突的主体意识到且产生了相应的知觉，开始推测和辨别是否会有冲突，以及是什么类型的冲突。意识到冲突并不代表着冲突已经个性化，对冲突的个性化处理将决定冲突的性质，因为此时个人的情感已经介入，双方面临冲突时会有不同的心理反应，他们对于冲突性质的界定在很大程度上影响着解决的方法。例如，团队决定给某位成员加薪，一些成员可能认为与自己无关，从而淡化问题，这时冲突不会发生；而另外一些人可能认为，对他人加薪就意味着自己工资的下降，这样就会使得冲突发生甚至升级。

（三）行为意向阶段

行为意向阶段的特点体现在团队成员意识到冲突后，要根据冲突的定义和自己对冲突的认识与判别，开始酝酿和确定自己在冲突中的行为策略和各种可能的冲突处理方式。行为意向的可能性包括以下几种。

1. 竞争

竞争策略又称为强迫策略，是指牺牲一部分成员的利益，换取自己的利益或团队整体的利益，是一种对抗的、坚持的和挑衅的行为。

使用竞争策略可以压制部分团队成员可能损害整体利益的行为，快速形成决策，解决冲突，树立权威，但使用竞争策略也有着明显的缺点，即使用竞争策略并未触及冲突的根本原因，可以强迫对方服从，但不一定令对方心服。也就是说，所有事情都是强迫对方去做，不能用有效的理由来说服对方。

| 知识链接 |

采取竞争策略的情形

当遇到如下情形时，团队成员应当采取竞争策略来对待团队冲突。

当快速决策非常重要的时候，如碰到了紧急情况，必须采取某种方式。例如，工厂发生了危险化工原料泄露事件，这时可能会有几种不同的处理意见，团队领导在平衡各种方法的可行性、经济性的基础上，还必须快速反应，这时为了尽快开展行动，就有必要采取竞争的策略。

执行重要的但不受欢迎，或不为多数人理解的行动计划，如缩减预算，执行纪律，裁减人员等，虽然这些措施对企业的发展是有利的，但有部分人的利益将在此过程中受到损害，抵触和冲突不可避免，在这种情形下是难以取得全体成员的理解和认可的，因此团队成员常常也被迫采取竞争策略，我们常见到各类文件、报道中提到的"力排众议"，指的就是这种情形。

另一种采取竞争策略的原因是政治因素。公司政治是一个不可能回避的话题，在某些情形下，例如在团队建设的初期，团队领导需要树立威信，或领导履新之时，往往要借助一些事件来树立权威，或是在一些特殊阶段，需要打击竞争对手等。在这类情形下采用竞争策略，则可以建立起雷厉风行、敢做敢当的形象，当然也可能会受到刚愎自用、脱离群众这样的评价。

2. 迁就

迁就是指冲突的一方愿意把对方的利益放在自己的利益之上，做出自我牺牲，遵从他人观点，从而维持相互友好的关系。在迁就的过程中，冲突的一方常常牺牲或放弃了个人的目标或利益。当需要维护团队和谐关系，或为了团队的长远建设和发展时，团队成员应考虑采用迁就策略。采用迁就策略的人，自然会受到对方的欢迎，但有时在重要问题上迁就他人，可能会被他人视为软弱。因此虽然迁就可能会缓和冲突，维持团队的和谐气氛，但鼓励不合规的观点，在未来可能引起冲突。

3. 回避

回避是指冲突的一方意识到冲突的存在，采取既不合作也不维护自身利益，希望使冲突不了了之的办法。回避的方法对自己和对方都没有要求。在一些特定的条件下，冲突的一方不妨采取回避的策略：当对方过于冲动，或解决问题所需的条件暂不具备时；坚持解决分歧可能会破坏关系，导致问题往更严重的方向发展时。

显而易见，采取回避的方法只是使事态没有发展得更坏，仅维护了暂时的平衡与和谐，但没能最终解决问题。

4. 合作

合作指主动跟对方开诚布公地讨论问题，寻找互惠互利的解决方案，尽可能地使双方的利益都达到最大化，而不需要任何人做出让步的解决方式。合作策略认为双方的需要都是合理或重要的，哪一方放弃都不可能，也不应该，双方相互支持并高度尊重，因而得到许多人的欢迎。合作策略适宜的情形有两种：当双方的利益都很重要，而且不能够折中，需要力求一致地解决方案时；当双方之间共同利益较多以及具有理解沟通基础时。

虽然"双赢"是目前非常流行的解决冲突的方法，受到大家的普遍欢迎，但它也有不可避免的缺点：采取合作是一个漫长谈判和达成协议的过程，需要时间成本。

5. 妥协

妥协指冲突双方都愿意放弃部分观点和利益，并且共同分享冲突解决带来的收益或成果的解决方式。采用妥协方式的原因在于完美的解决方案常常不可实现，坚持己见不如退而求其次，其目的在于得到一个快速的、双方都可以接受的方案。妥协的方式没有明显的输家和赢家，旨在达到双方最基本的目标，适用于如下场合：当目标的重要性处于中等程度，或属于非原则性问题；双方势均力敌，难以对一方形成压倒性优势，或难以找到互惠互利的解决方案时；面临时间压力或问题非常棘手、复杂，没有更多的时间实施合作策略时。

妥协虽然不是最好的解决方法，但常常可以在双方利益、时间、成本、关系等各个方面取得较好的平衡，因此也是化解团队冲突的常用手法。

课堂互动

请谈谈你对"教会徒弟，饿死师傅"这句话的理解。

（四）冲突出现阶段

冲突出现阶段是冲突公开表现的阶段，也称行为阶段。进入此阶段后，不同团队冲突的主体在自己冲突行为意向的引导或影响下，正式做出一定的冲突行为来贯彻自己的意志，试图阻止或影响对方的目标实现，努力实现自己的愿望，其形式往往是一方提出要求，另一方进行争辩，是一个相互的、动态的过程。这一阶段的行为体现在冲突双方进行的说明、活动和态度，也就是一方采取行为，看另一方反应。此时，冲突的行为往往带有刺激性和对立性，而且有时外显的行为会偏离原本的意图。

（五）冲突结果阶段

冲突对团队可能造成两种截然相反的结果。

1. 积极的结果

导致积极结果的冲突是建设性冲突，这种冲突对实现团队目标是有帮助的，可以增强团队内部的凝聚力和团结性、提高决策质量、调动员工的积极性、提供问题公开解决的渠道等，尤其是激发改革与创新。

2. 消极的结果

导致消极结果的冲突是破坏性冲突，这种冲突会给团队带来一些消极的影响，如凝聚力降低、成员的努力偏离目标方向、组织资源的流向与预期相反、团队的资源被浪费等，更严重的是，如果不解决这种冲突，团队的功能将会彻底瘫痪，甚至威胁到团队的存亡。

团队故事

宿舍同学

小明和小强住在同一间宿舍，小明是一个勤奋好学的学生，性格内向，平时不善于与同学交流与沟通，他喜欢早睡早起，作息时间比较有规律。但是，小强不怎么爱读书，在校时间里以玩计算机游戏为主，而且他经常玩游戏到深夜才睡，然后第二天早上睡到很晚才起床。小强的性格也是相对比较内向，平时话不多。由于小明和小强的作息时间存在很大差异，他们心里其实都觉得对方影响自己的休息，因为这事他们一直存在着矛盾，但出于他们的性格原因，在初现矛盾时他们没有把对对方不满的地方直接告诉对方。但是，时间久了，因为这样的矛盾，他们的情绪开始变得有点暴躁，冲突爆发了，他们经常互相指责对方。最后，矛盾升级，他们发生肢体冲突，打起来了。

请你结合上述故事中的情况，分析冲突产生的原因及过程。

三、团队冲突管理

团队冲突管理是团队或个人为了使群体完成团队目标和满足个体需要，建立群体成员和群体之间的良好和谐关系而采取的所有积极的措施。

（一）团队冲突管理的原则

处理冲突，首先需要分析冲突。冲突分析得当且处理得法，才能收到预期的效果。在选择合适的方法化解团队冲突时，团队和个人需要本着以下基本原则。

1. 趋利避害

认识破坏性冲突的代价以及建设性冲突的优点，尽量保持开放及公正的心态与对方共同管理冲突，对引起冲突的各种因素、冲突过程、冲突行为加以恰当的处理和控制，努力把已经出现的冲突引向良性轨道，尽量避免或降低破坏性冲突的发生。

2. 具体情况具体分析

要针对不同类型的冲突采取不同的措施。个人与个人之间、个人与团队之间、个人与组织之间、团队与团队之间、团队与组织之间都可能产生冲突，要分别采用不同的管理对策，反对采用"一刀切"的方法。

3. 系统管理

团队冲突出现时，牵涉的人数和部门往往会关联到几个甚至多个，团队领导必须对冲突的发生、发展、变化、因素、矛盾和问题所在进行全面系统的管理，才能将原则落到实处，有效处理冲突。

4. 避免极端化

一个团队通常是在冲突的动态平衡中存在的。团队或个人处理冲突时不可极端行事，应当采取适当措施，求大同存小异，追求"共赢"，维护整体利益，注重和谐局面的保持，从而减少冲突的恶性发展风险和冲突管理的成本。

最后需要说明的是，化解团队冲突的方法有一个隐含的假设，即以实现团队目标为前提，而不以解决冲突根源为最终目的。因此，化解团队冲突的措施往往有其临时性，很多时候是"治标不治本"的行为。团队领导者在解决团队冲突之后，还应当检视冲突出现的原因背后可能揭示的企业深层次的管理问题，并采用系统的解决办法，才能清除隐患，促进企业健康发展、永续经营。

（二）破坏性团队冲突的管理

破坏性团队冲突的管理策略有以下几种。

1. 及时止损

在任何一个团队合作中，冲突与不满通常会发生。有效的团队领导者会运用他的权威和影响力及早地处理这种冲突，把团队冲突化解在萌芽状态。当人们普遍就所关心的问题做出偏激的反应时，就会形成一种从众心理，其突出的特点就是情绪色彩浓厚，相互传染快。团队领导者如果不及时加以疏导，这种对立情绪就会快速扩大并引发冲突。此时，团队领导者要采取以下措施：

一是及时沟通信息，在"矛盾气球"爆破之前先"放气"；二是当冲突发生后，迅速地控制事态，然后通过细致的了解原因适时予以解决；三是及时地阻隔信息，避免流言的影响。

2. 问题解决

问题解决需要团队冲突的双方进行会晤，直面冲突的原因和实质，通过坦诚的讨论来确定并解决冲突。在讨论过程中要注意沟通策略，以互相信任和真诚合作为基础，对事不对人。通过正式沟通，双方都能了解、体谅对方的问题。同时，交涉也是宣泄各自情感的良好渠道。具体来讲，团队领导者要将冲突双方召集到一起，让他们把分歧讲出来，辨明是非，找出分歧的原因，提出办法，最终选择一个双方都能接受的解决方案。

3. 转移目标

转移目标的做法包括两个方面：一是目标转移到外部，使双方可以寻找另一个共同的外部竞争者，或一个能将冲突双方的注意力转向外部的目标，来降低团队内部的冲突；二是目标升级，也就是通过提出能扩大双方利益的更高一级的目标，来减少双方现实利益冲突，更高一级的目标往往由上一级领导者提出。目标转移到外部和目标升级的过程可以使冲突双方暂时忽略彼此的分歧，从而使冲突逐渐化解。同时，由于目标的变化，双方合作的机会增加了，这有利于双方重新审视自己工作中的问题，从而加强成员间的共识与合作。

4. 回避

回避冲突是一种消极的解决冲突的方法，是一种试图将自己置身于冲突之外，或无视双方分歧的做法，以"难得糊涂"的心态来对待冲突。具体做法有以下几种：忽略冲突并希望冲突消失；控制言行来避免正面的冲突；以缓和的程序和节奏来抑制冲突；将问题束之高阁不予解决；以组织的规则和政策作为解决冲突的原则。

尽管回避冲突是常见的冲突处理方式，但有时候并不能有效地解决冲突，反而会造成溅溢效应。回避冲突不代表冲突不存在，只不过冲突可能会被暂时掩盖，从而导致冲突会在未来一个非常不适时的场合大大的加剧，组织需要花费大量的人力、物力来解决升级的冲突。因此，团队领导者要密切关注群体间冲突的程度和严重性，并研究这种紧张关系对组织经历的事件可能产生的影响。虽然对于某些不太严重的冲突，回避方法是合适的，但团队领导者在处理冲突时，往往还得采取较主动的态度。

⏰ 团队故事

万马齐喑

公元前1066年，周武王伐纣之前，先派探子察看殷商国情。第一次刺探的探子回来报告：坏人执政当权，昏乱极了。武王认为时机未到。第二次探子又来报告：好人全被斥逐。武王仍认为时机未到。最后一次探子报告：百姓闭口不敢说话了。武王这才判定时机已到。于是，大军出征，牧野誓师，一举灭掉了殷商。当一个组织中缺少不同意见和观点的交锋，人们以回避来处理一切可能的冲突时，这种"万马齐喑"的局面势必给组织带来不可估量的损害。

5. 缓和冲突

缓和冲突的思路是寻找共同的利益点，先解决次要的分歧点，搁置主要的分歧点，设法创造条件并拖延时间，降低冲突的重要性和尖锐性，从而使冲突变得易于解决。虽然此法只是解决部分的而非实质性的冲突，但在一定程度上缓和了冲突，并为以后处理冲突赢得了时间。需要注意的是，冲突很有可能还会反复，所以要尽快实质性地解决问题。

6. 折中

折中实质上就是妥协，团队冲突的双方进行一种"交易"，各自放弃某些东西，共同分享利益，适度地满足自己的关心点和他人的关心点，通过一系列的谈判和让步，避免陷入僵局，冲突双方没有明显的赢家和输家。这是一种经常被人们所使用的处理矛盾的方法，一般有助于改善冲突双方的关系，并使之保持和谐。运用此方法时，要注意冲突双方应当相互信任并保持灵活应变的态度，不能为了短期利益而牺牲了长远利益。

7. 强制

强制即借助或利用组织的力量、领导地位的权力，或是利用来自联合阵线的力量强制解决冲突。这种解决冲突的方法往往只需要花费很少的时间就可以解决长期积累的矛盾，但只有在紧急情况下才有其特殊的作用。不能滥用命令、随意发号施令，要注意上级裁决的公正性。

8. 改变

团队之间的冲突在很大程度上是沟通技巧的缺乏造成的。因此，提高团队成员的沟通技能有利于改变冲突双方的态度和行为。组成团队时，尽量根据成员的性格特征与能力来进行匹配，通过对冲突较多的部门之间的人员进行互换，来协调工作，缓解冲突。此外，还可以考虑团队重组，重新设计团队现有的工作岗位和责权关系，改变正式的组织结构和工作目标，完善双方相互作用的机制，这样有助于消除冲突的根源。

（三）激发建设性团队冲突

团队领导者想提高团队竞争力，必须认识到建设性冲突的积极作用。团队领导者应该使团队冲突保持在一个适当的水平，使其不至于过低，否则不能激发成员的创造能力和创新精神；也不至于太高，以避免冲突妨碍了团队目标的实现。总之，优秀的团队领导者要掌握激发建设性冲突的技巧。

1. 鼓励适度竞争

适度的竞争带来的冲突压力可以创造比、学、赶、帮、超的氛围。运用竞争激励，可以让员工感觉到差距的存在，产生落后的危机感。这样，就会削弱员工的惰性，不思进取就不存在了，他们会暗暗地努力，从而提高工作效率，在团队中形成高绩效的环境。但是，团队领导者必须注意对竞争加以严格控制，严防竞争过度和不公平竞争对团队造成伤害。

2. 建立追求卓越的团队文化

团队领导者应该鼓励团队成员以不断突破自己为荣，通过绩效考核的手段激发团队成员适应冲突、注重创新的氛围。在此过程中，团队领导者不仅要关注于员工的短期绩效水平，更要着眼于员工因为创新思维而带来的长期效益。而这种激励除了适度的物质激励以外，更多的应该体现在精神激励上，如公众场合的鼓励、活动的嘉奖等，从而形成企业内部的建设性团队冲突氛围。

3. 建设沟通渠道

良好的沟通机制是激发建设性冲突最好的技巧，团队领导者要善于利用正式沟通渠道直接引发建设性冲突。领导者要鼓励所有人公开而直接地面对冲突，为每一位员工创造自由、自信表达见解和观点的氛围，拒绝员工在私下里抱怨或是事后批评，以便减少员工在台面下解决问题，破坏了团队成员彼此之间的信任关系。当然，每个人在公开提出自己的意见或提出反对他人意见时，都会感觉不自在。这时，领导者可以起到表率作用，最先发言，提出不同的观点让大家讨论，或是主动反驳自己的意见，这样团队成员会比较愿意说出一些不同的想法。当有人提出不同的意见时，领导者可以适时地予以认同，以便增加对方的信心或是减缓对方的心理压力。领导者可以具体地说出对方的看法好在哪里，这样比只简单地说"很好"更有效。

团队领导者还要特别注意运用非正式沟通来激发建设性团队冲突。例如，企业要提拔一位新领导，可以先把这位新领导的名字通过非正式沟通渠道透露出去，如果该新领导能够经得起其他员工的挑剔考察，则任命他正式入职。

🕐 **团队故事**

非正式协调机制

公司王总对于部下的要求非常严格，有的时候严格到让下级有一点紧张。公司有一位很有威信的大姐，她非常了解王总的为人。有时候王总对某个人严格要求，这个人不能理解时，这位大姐就会说："你别看王总表面上这么厉害，其实厚道得很，他真的是为你好。"简单的一句话就产生了很好的沟通效果。但有时第三方也不一定能起到沟通作用，而是火上浇油。例如，一位部门经理批评了他的下级，下级正在思考自己怎么又挨批评了。另一个部门经理对他说："这么点事情值得发这么大的脾气批评你吗？这不是欺负人吗？"结果这个员工第二天就提出了辞职。

因此，第三方的作用在解决团队冲突时起着至关重要的作用。如果是讲明真正的出发点就会赢得对方理解，如果是"火上浇油"则加深矛盾。

---

4. 利用"鲶鱼效应"

引进新人作为激励现有成员的作用机制被人们称作"鲶鱼效应"。企业通过外部招聘或是内部调动的方式引进一些在背景、态度、价值观和管理风格上与目前团队成员不同的个体，来增加团队中不同思想之间的碰撞。如果一个团队长期听不到不同声音和反对意见，领导就有必要去挖掘和提升内部"鲶鱼型"员工，引导其直接与团队其他员工产生建设性冲突。领导在此过程中也可以"兼听则明"，从而做出正确的决策。

5. 重新构建团队

重新构建团队是指改变原有的团队关系和规章制度，变革团队和个人之间的相互依赖关系，重新组合成新的工作团队。这种做法能打破原有的平衡和利益关系格局，从而提高冲突水平。重新构建团队与前面的"改变组织结构"是相似的，不同的是，重新构建团队是主动的行为，而改变组织结构是被动的行为。

技能实训

交通堵塞

实训目标：领会团队冲突产生的来源，并处理好团队冲突。

实训工具：正方形20cm×20cm纸板若干（纸板数量＝人数＋小组数）。

实训步骤：

（1）8人一组分组（6人参与游戏，2人为观察员），共6组，三组三组地进行游戏，观察员监督对方小组对规则的遵守情况并观察其游戏过程中的具体情况。

（2）将纸板在地上呈一字型铺开，让小组内同学全部站在纸上，留中间的纸板不站人。

（3）组内同学分成两边相对而站，通过中间的空纸板进行移动，移动的方式是只能前进一格或跳一格，不能后退。

（4）完成两边人的互换，并且大家维持同一个方向。

规则：

（1）每次只能有一个人进行移动。

（2）人只能前进不能后退，不能离开纸板。

（3）只能绕过对方一个人，不能绕过两个人以上。

（4）一个纸板上只能站一个人。

思考与讨论：

（1）通过参与实训，你如何看待团队冲突？

（2）小组成员讨论其组内相互协商的方式以及处理成员矛盾的办法。

拓展练习

指导操作

目的：练习与团队成员协作完成任务，体会其中存在的压力，学会有效应对。

时间：30分钟左右。

工具：模型若干。

要求：

（1）将学员分成若干组，每组4～6人。

（2）每组讨论3分钟，将小组成员分成为指导者和操作者。

（3）请每组的"操作者"暂时先到教室外面等候。

（4）老师拿出自己准备好的模型，让每组的指导者观看（不许拆开）。

（5）15分钟后收起模型，操作者进入教室，每组的指导者将刚刚看到的模型描述给操作者，由操作者搭建出与模型一模一样的造型。

（6）老师展示标准模型，时间最少而出错率低的小组获胜。

分享：

（1）身为指导者的你，体会到了什么？

（2）身为操作者的你，体会到了什么？

（3）当操作者没有完全按照指导者的指导去做时，作为指导者的你有什么感觉？

（4）当你没能完全领会指导者的意图时，身为操作者的你有什么感觉？

（5）当竞争对手已经搭建完模型，开始欢呼雀跃时，你们有什么感受？

（6）当看到最后的作品与标准模型不一样时，你们有什么感受？

（7）是效率给予的压力大，还是安全性给予的压力大？

（8）指导者和操作者感受到的压力有什么不一样？

第二节 团队创新

学习目标

- 理解创新的过程，掌握团队创新的内容和策略。
- 能在实践中发挥自主创新能力。
- 善于钻研和探索，富有质疑精神，在实践中创新思考。
- 培养问题意识，追溯事物本质，养成理性思维，具备勤奋求知精神。

情景导入

　　袁隆平从 1960 年 7 月发现一株天然杂交水稻开始杂交水稻探索，到 2021 年 5 月逝世，从事杂交水稻研究 60 余年，他的人生历程就是一部杂交水稻发展史。

　　20 世纪 50 至 60 年代初，杂交水稻是世界难题，谁都不敢轻易触碰。袁隆平当时是湖南省安江农校一名普普通通的青年教师，他既没有名气、地位，也没有经费、设备，更没有科研团队，有的只是敢为人先、敢于"碰硬"的勇气。杂交水稻大概分为三个阶段，即"三系法""两系法"和超级杂交水稻，俗称杂交水稻的三大战略。袁隆平敢于创新，随着"三系法""两系法"研究的接连成功，他的地位更高、名气更大了。然而，他依然淡泊名利，继续专注于创新杂交水稻的事业，瞄准了世界水稻研究另一个重大难题——培育"超级杂交稻"。

　　在袁隆平院士的书房里，挂着一首他自题的小诗：山外青山楼外楼，自然探秘永无休。成功易使人陶醉，莫把百尺当尽头。这正是袁隆平创新精神的写照，这也是我国杂交水稻技术一直领先于世界的原因所在。

　　情景解析：

　　袁隆平院士在一生不断创新求索过程中所形成的高贵品质和崇高风范是宝贵的精神财富。我们要传承薪火，激励创新，切实弘扬袁隆平科技创新精神。创新永远是团队赖以生存和发展的重要条件，只有敢为人先，不断超越，才能使团队立于不败之地。

知识园地

素养提升

大国创新

课堂互动

请举例说明创新的重要性。

一、创新概述

创新是人类的希望，也是民族的希望。从钻木取火到蒸汽机的发明，从烽火台的狼烟到现代互联网技术，一部人类文明史就是一部不断超越、不断创新的历史。

近些年来，我国的各方面水平之所以能够发展得如此迅猛，是因为创新在其中扮演了极为重要的角色。团队发展也要注重打破陈旧思想、学会创新，敢于创新，在创新思维的引导下走向成功。

（一）创新的概念

创新，顾名思义，创造新的事物：《广雅》中提到，"创，始也"；新，与旧相对。创新一词出现得很早，如《魏书》中有"革弊创新"，《周书》中有"创新改旧"。和创新含义接近的词汇有维新、鼎新等，如"咸与惟新""革故鼎新""除旧布新""苟日新、日日新，又日新"等。

1912年，约瑟夫·A.熊彼得在《经济发展理论》一书中首次提出"创新理论"。创新者将资源以不同的方式进行组合，创造出新的价值。这种"新组合"往往是"不连续的"，也就是说，现行组织可能产生创新，然而，大部分创新产生在现行组织之外。因此，他提出了"创造性破坏"的概念。熊彼得界定了创新的5种形式：开发新产品；引进新技术；开辟新市场；发掘新的原材料来源；实现新的组织形式和管理模式。彼得·F.德鲁克提出，创新是组织的一项基本功能，是管理者的一项重要职责。在此之前，"管理"被人们普遍认为是将现有的业务梳理得井井有条，不断改进质量、流程、降低成本、提高效率等。然而，德鲁克将创新引入管理，明确提出创新是每一位管理者和知识工作者的日常工作和基本责任。

综上，我们理解创新是指以现有的思维模式提出有别于常规或常人思路的见解为导向，利用现有的知识和物质，在特定的环境中，本着理想化的需要或为满足社会需求而改进或创造新的事物，包括但不限于各种产品、方法、元素、路径、环境等，并能获得一定有益效果的行为。

（二）创新的特性

团队要想取得创新成功，就必须把握住创新的一些深层特性。创新的特征表现在以下6个方面。

1. 目的性

任何创新活动都有一定的目的，这个特性贯彻于创新过程的始终。

2. 首创性

首创性是指前所未有的一种首次创新，但是在创新中可以体现出不同程度的创新，如全部的创新、局部或部分的创新、重新组合或重新改进的创新。

3. 风险性

创新的风险性表现为创新所带来的效果具有建设性与破坏性。建设性是指团队创新能够提高现有能力、提升价值，从而推动企业发展。例如产品上的突破能带来企业销售额的增长、规模的扩大等。在破坏性一端创新则起着相反的作用，创新有可能耗尽企业资源，使企业面临失败的巨大风险，也可使企业放弃已有产品与市场，而新产品又得不到客户的认同。创新的破坏性还有另一层含义，即某一企业的一项创新产品对整个行业来说是一种威胁，它带来的破坏作用将使行业内其他企业的技术过时，使其产品只能低劣地满足市场的需要。

4. 不确定性

任何创新都有不确定性，创新的实现与扩散过程也就是创新的不确定性逐步消除的过程。任何人都不可能了解所有关于既定创新的全面信息，因而也无法确定创新能够带来的最终效果。

5. 压力性

创新的压力性来源于创新的风险性和不确定性。任何创新都需要勇气和决心，创新压力除了本能驱使的压力，还有情感和心理的压力。当我们在未知的新领域工作时，由于可能面临既得利益的丧失和既有工作生活惯性的改变，最原始的情感和反射开始启动，以至于产生"创新恐惧"。

6. 综合性

创新需要综合性地发挥与运用各种知识、技法和技能。另外，最后的创新成果的取得需要科技工作者、生产工作者以及管理工作者等共同协作努力，这说明，创新是一项综合性的活动。

（三）创新的过程

创新是由创新思维的过程所决定的，而结果仅是过程的成功产物，创新过程比结果更为重要。英国心理学家沃勒斯提出的创新的"四阶段理论"是一种影响最大、传播最广，而且具有较大实用性的过程理论。该过程理论认为创新的发展分4个阶段：准备期、酝酿期、明朗期和验证期。

1. 准备期

准备期是准备和提出问题阶段。一切创新是从发现问题、提出问题开始的。问题的本质是现有状况与理想状况的差距。在准备期，人们需要搜集必要的知识、资料，研究前人在此方面的经验、教训，准备和筹集从事创新所需的人力、物力条件等，了解自己提出问题的社会价值、能满足社会的何种需要及价值前景。

2. 酝酿期

酝酿期也称沉思和多方思维发散阶段。在酝酿期，人们需要对收集的资料、信息进行加工处理，探索解决问题的关键，因此常常需要耗费很长时间、花费巨大精力。这是大脑高强度活动时期。为使酝酿过程更加深刻和广泛，还应注意把思考的范围从熟悉的领域扩大到表面上看起来没有什么联系的其他领域，特别是常被自己忽视的领域。这样既有利于冲破传统思维方式和"权威"的束缚，打破成见，独辟蹊径，又有利于获得多方面的信息，利用多学科知识"交叉"优势，在一个更高的层次上把握创新活动的全局，寻找创新的突破口。有时也可把思考的问题暂时搁置一下，让习惯性思维被有意识地切断，以便产生新思维。另外，灵感思维的诱发规律告诉我们，大脑长时间兴奋后的有意松弛有利于灵感的闪现。

酝酿期的思维强度大，困难重重，人们常常百思不得其解，屡次尝试也难以成功；"山重水复疑无路"却又欲罢不能。此时良好的意志品质和进取型性格就显得格外重要，因为这是酝酿期取得进展直至突破的心理保证。

创新思维的酝酿期通常是漫长的、艰巨的，也很有可能归于失败。但唯有坚持下去、方法对头，才是充满希望的。

3. 明朗期

明朗期即顿悟或突破期，即寻找到了解决办法的阶段。明朗期很短促、很突然，呈猛烈爆发状态。久盼的创造性突破在瞬间实现，人们通常所说的"脱颖而出""豁然开朗""众里寻它千百度，蓦然回首，那人却在灯火阑珊处"等都是描述这种状态的。如果说"踏破铁鞋无觅处"描绘的是酝酿期，那么"得来全不费功夫"则是明朗期的形象刻画。在明朗期灵感思维往往起决定作用。

4. 验证期

验证期是指将明朗期获得的结果加以整理、完善和论证并进一步充实的阶段。创新思维所取得的突破初步形成，此后还需要"乘胜追击"，将创造的新成果加以展开、挖掘、加工扬弃、发展提高，进而形成完整的创造成果。验证期的心理状态较平静，但需耐心、周密、慎重，不急于求成和不急功近利非常关键。

| 知识链接 |

创造性人才

所谓创造性人才，就是具有创新精神和创新能力的人才。他们通常表现出灵活、开放、好奇的个性，具有精力充沛、坚持不懈、注意力集中、想象力丰富以及富于冒险精神等特征。

美国心理学家吉尔福特通过对创造性人才的分析，认为他们有8个方面的特点：一是有高度的自觉性和独立性，不肯与人雷同；二是有旺盛的求知欲和刻苦的钻研精神；三是有强烈的好奇心，对事物的运转原理与原因有深究的动机；四是知识面广，善于观察，有较强的记忆力，唯独对日常琐事漫不经心；五是工作中讲求条理性、准确性、严格性；六是有丰富的想象力和直觉能力，喜好抽象思维，对智力活动和游戏有广泛兴趣；七是富有幽默感，有文艺爱好；八是意志力出众，能排除外界的干扰，长时间地专注于某个感兴趣的问题。

课堂互动

你认为一个富于创新的人还应具有哪些方面的素质？

二、创新的原则

创新的原则就是开展创新活动所依据的法则和判断创新构思所凭借的标准。

1. 遵守科学原理原则

创新必须遵循科学技术原理，不得有违科学发展规律。为了使创新活动取得成功，在进行创新构思时，首先，要对创新设想进行科学原理相容性检查，如果关于某一创新问题的初步设想与人们已经发现并获实践检验证明的科学原理不相容，则不会获得最后的创新成果。其次，要对创新设想进行技术方法可行性检查，任何事物都不能离开现有的条件的制约。如果设想所需要的条件超过现有的技术方法范围，则在目前该设想还只能是一种空想。最后，要对创新设想进行功能方案合理性检查，一项设想的功能体系是否合理关系到该设想是否具有推广应用的价值。

2. 市场评价原则

创新设想要获得最后的成果，就必须经受走向市场的严峻考验。爱迪生曾说："我不打算发明任何卖不出去的东西，因为卖不出去的东西都没有达到成功的顶点。能销售出去就证明了它的实用性，而实用性就是成功。"

创新设想是否能经受市场考验，实现商品化和市场化需要按市场评价原则来分析。市场评价通常是从市场寿命观、市场定位观、市场特色观、市场容量观，市场价格观和市场风险观6个方面入手，考察创新对象的商品化和市场化的发展前景。

3. 相对较优原则

创新不可盲目追求最优、最佳、最美、最先进，创新产物也不可能十全十美。在创新过程中，利用创造原理和方法获得许多创新设想，它们各有千秋。这时，人们就需要按相对较优的原则，对设想进行判断选择，可以从创新设想或成果的技术先进性上进行各自之间的分析比较，也可以从创新的经济合理性上进行比较选择，还可以从创新的整体效果性上进行比较选择。

4. 机理简单原则

在科技竞争日趋激烈的今天，结构复杂、功能冗余、使用烦琐已成为技术不成熟的标志。因此，在创新的过程中，要始终贯彻机理简单原则。

5. 构思独特原则

《孙子兵法·势篇》中指出："凡战者，以正合，以奇胜。故善出奇者，无穷如天地，不竭如江河。"所谓"出奇"，就是"思维超常"和"构思独特"。创新贵在独特，创新也需要独特。

6. 不轻易否定、不简单比较原则

不轻易否定、不简单比较原则是指在分析评判各种创新方案时应注意避免轻易否定的倾向。不恰当的否定之所以出现，是因为人们主观武断，给某项发明规定了若干用常规思维分析证明无法达到的技术细节。

在避免轻易否定倾向的同时，还要注意不要随意在两个事物之间进行简单比较。不同的创新，包括非常相近的创新，原则上不能以简单的方式比较其优势。这样才能促动相关技术在市场上的优势互补，形成共存共荣的局面。

⏰ 团队故事

创新源于挑战自己

从某种意义上讲，突破就是一种创新。一个人要想在事业上获得较大成就，就要敢于挑战自己，这样才会实现新突破，获得新成就。

齐白石原本是一位木匠，后来靠着自学，成为画家。然而，面对已经取得的成功，他并没有满足，而是不断汲取历代名画家的长处，改变自己作品的风格。他60岁以后的画风明显不同于60岁以前的。70岁时，他的画风又变了一次。80岁时，他的画风再度变化。据说，齐白石的一生曾五易画风。我们从中可以看出，齐白石老人正因为成功后仍然不断挑战自己，

才不断有所突破。他晚年的作品比早期的作品更为成熟，形成了独特的流派与风格。

　　牛顿是世界上最伟大的科学家之一，他对科学的贡献是史无前例的。牛顿的一生有许多伟大的发现：力学三定律、万有引力、光学环、光微粒说、冷却定律以及微积分等。然而，他到了晚年却趋于保守，结果毫无所得。由此看来，即使是一个伟大的学者，一旦守旧，就不会有丝毫的成就。

　　创新能力就是创造能力。一个人只有永不满足，积极探索，在挑战中超越自己，才能获得这种能力。挑战自己就要善于总结成功经验，吸取失败教训，特别是要养成独立思考问题的习惯，多角度地思考解决问题的方法，才可能获得灵感，从根本上解决问题。只有这样做，才能不断完善提高自己，并创造新的成就。

三、团队创新的内容

从全面的角度看，团队创新包括以下内容。

（一）观念创新

　　管理观念又称为管理理念，它是团队管理者在一定的哲学思想支配下，由现实条件决定的经营管理的感性知识和理性知识构成的综合体，是团队战略目标的导向、价值原则。一定的管理观念必定受到一定社会的政治、经济、文化的影响。同时，管理的观念又必定折射在团队管理的各项活动中。20世纪80年代以来，优秀企业家们提出了许多新的管理观念，如事实管理、柔性管理、危机管理、数字化管理、知识管理、全球经济一体化管理等。因此，团队应该尽快适应现代社会的需要，结合自身条件，构建自己独特的经营管理理念。

（二）制度创新

　　制度是组织运行方式、管理规范等方面的一系列的原则规定。制度创新是从社会经济角度来分析团队中各成员间的正式关系的调整和变革。企业只有具有完善的制度创新机制，才能保证技术创新和管理创新的有效进行。如果旧的、落后的企业制度不进行创新，就会成为严重制约企业创新和发展的桎梏。只有不断调整团队的组织结构和修正、完善各项规章制度，才能使团队内部各种要素合理配置并发挥最大程度的效能。

（三）文化创新

　　文化创新是指考察能与企业战略的调整、组织结构的变化等相互匹配的团队价值观、员工行为表现以及制度规范等，从而探究团队文化的自我更新及其实现过程。文化创新常常需要经历多年的时间，而不是在短期内完成对它的变革。

（四）组织创新

　　组织创新是微观结构的体制性创新。有了组织创新，才有各种组织在竞争中可持续发展的自身目标。组织创新实际上也是管理创新的一个方面，从世界的角度看，当今各类组织呈现出扁平化、小型化、弹性化、柔性化、网络化、倒金字塔化等格局，出现了可塑性组织、变色龙组织、虚拟组织、学习型组织以及无边界组织等形式。

（五）技术创新

　　技术创新是指一种新的生产方式的引入。所谓新的生产方式，也就是企业从投入品到产出品的整个物质生产过程中所发生的"突变"，它既包括原材料、能源、设备、产品等硬件创新，又

团队冲突与创新

包括工艺程序设计、操作方法改进等软件创新。如今，技术创新如机器人、数字化、智能化、虚拟技术等，对经济发展起到了日益广泛和深刻的推动作用，也给团队的运营管理领域带来了巨大的变化。

（六）产品创新

产品是企业向外界最重要的输出，也是组织对社会做出的贡献。产品创新是直观的结果性创新，有了产品创新，才有丰富多彩的物质世界。产品创新包括产品的品种和结构的创新。品种创新要求企业根据市场需求的变化，根据消费者偏好的转移，及时调整企业的生产方向和生产结构，不断开发出消费者喜欢的产品。结构创新在于不改变原有品种的基本性能，对现有产品结构进行改进，使其生产成本更低，性能更完善，使用更安全，更具市场竞争力。

（七）市场创新

市场创新是指企业通过引入并实现各种新的市场要素的商品化与市场化，团队通过市场实践（学习），获取市场知识，以提高市场反应能力，为开辟新的市场而进行的市场研究、开发，组织管理的活动，使原有产品和服务通过改进或直接进入一个新市场，从而扩大目标市场的范围。市场创新不同于产品创新，它并不改变产品的性能或质量，而是开发潜在的市场需求，使产品的价值得以实现。

知识链接

旅游业创新产品，数字化让美景"活"起来

文化和旅游部发布的《"十四五"文化和旅游发展规划》提出，基于5G、超高清、增强现实、虚拟现实、人工智能等技术，发展新一代沉浸式体验型文化和旅游消费内容。

虚拟现实技术让游客"触摸"到山西平遥古城历史，高科技光影技术让千年名楼黄鹤楼"活"起来，"数字技术+灯彩艺术"让上海豫园灯会成为充满奇花异草的美学奇境……数字技术在旅游业中不断应用，新颖的数字旅游体验项目接连出现，文化和自然遗产以更加多元、立体、鲜活的形式呈现在游客面前。

数字技术也为文物保护和文化遗产传承提供了新动力。在故宫博物院的"'纹'以载道——故宫腾讯沉浸式数字体验展"上，观众可在一个14米高的椭圆形空间中观赏高达5.3米的裸眼3D"数字文物"。该体验展运用三维可视化、人工智能、体感识别、虚拟现实等数字技术，最终呈现出"以假乱真"的效果。网友只需轻点鼠标或者划拨手机屏幕，即能一览敦煌莫高窟文化遗存的魅力。正在进行的"数字敦煌"项目，通过计算机技术和图像数字技术，形成了数字化摄影采集、洞窟三维重建、洞窟全景漫游等海量数字化资源。

四、团队创新的策略

（一）建立鼓励创新的机制

只有创建一个具有创新智慧、创新意识和创新信心的创新机制，才能提高团队的创新成功率。团队要引导成员转变观念，树立创新意识，开展创新活动，使成员能以饱满的热情投身到团队创新中。同时，要完善团队创新的激励机制，让成员在创新中看到好处、尝到甜头。广泛宣传

在创新活动中涌现出来的先进典型和优秀创新成果，给予精神激励和物质激励，使团队成员自主创新、自觉创新，把小发明、小建议、小设计、小制作、小创意、小点子、小创新、小革新等作为自己的创新内容，勇挑大梁，实现个人成长与团队发展的共赢。

（二）运用团队创新方法

适当运用团队创新方法，建立一个开放的环境，可以帮助团队有效地实现创新。

一是头脑风暴法，这是一种创造性会议，也是当今最负盛名、最实用的一种集体式创造性解决问题的方法。在会上，会有一连串想法产生出来，每当一个人抛出一个新的想法时，这个人所激发的不光是他的想象力，与会者的想象力也将受到启发。头脑风暴法会在每个人的大脑中产生振动，它会激起一系列联想性反应，从而催生许多新的想法。

二是集体研究制。小组成员以一种特别的方式来分析和解决问题，这种方法重在突出思想中的非理性成分，通过发挥非理性的作用，以期获得对问题的独创性的和刺激性的看法。集体研究制既会使用类比的手段，又会使用暗喻的方法，并以此来分析问题，寻求问题可能的解决思路。

三是辐射法。以"核心思想"开头，由此扩展开去，获得一系列环绕其周转的辐射状尖端。在中央，核心思想被8根辐射条包围起来，而每根辐射条又是其他一组8根辐射条的核心，每一种核心思想都起着观念激发器的作用，由它来激发次级的8种核心思想。

（三）营造团队创新氛围

要营造团队的创新氛围，团队需要做到以下几个方面。

第一，整个团队要有清晰的认同的目标或愿景。有了清晰的目标或愿景，能够包容不同的意见和观点，就不会轻易对新事物进行打击，团队成员也就更容易达成共识。

第二，要给予团队成员一定程度的自治，对员工充分授权。在团队协作中，时常有这样一个现象，很多领导者在看到员工的工作时总是不满意，忍不住要加以指点。殊不知，这种指点在团队成员看来已经成了一种干涉。员工有可能变得消极怠惰、唯命是从，失去主观能动性，团队更不会有战斗力可言。因此，领导者不妨暂时把自己比员工多出的那些能力束之高阁，把更多的精力用于拓展员工的发挥空间，激发他们的创造性；赋予下属充分的职权，同时创造出每个人都能恪尽职守的环境。

第三，愿意承担风险。创新的过程一定会有失败，创新团队内部需要培养一种容忍错误的文化，让员工拥有心理安全感，敢于提出异想天开的想法、敢于挑战现有的做事方式，不会因为一次的失误而被团队耻笑或者影响晋升和薪酬。

第四，团队沟通和协助灵活。要建立渠道，帮助成员进行跨团队、跨部门的协商合作。不同业务单元的智慧、资源、能力的组合可以产生新的创意。

（四）打造创新型人才供应链

在团队内部建立有效的学习机制，如常态化的分享会、沙龙等，鼓励新思维、新理念的大胆表达和实践。同时，通过岗位技能练兵、拜师学艺、专项培训、读书自学、推广先进操作方法等多种形式，增强员工的创造意识、创新能力。还可以充分发挥劳模、技术尖子、能工巧匠在团队创新过程中解决团队难题的作用，多组织团队成员进行互相交流，鼓励和支持团队成员通过自学成为一专多能的复合型人才。

| 知识链接 |

激发团队创造性思维的领导方式

1. 明确创新目标

创造力要求清晰，需引导团队成员的思考指向正确的方向，如被要求写一个有创意的故事与被要求写一个关于一只害羞的兔子想要与栅栏另一侧的土拨鼠相遇的故事之间的区别。即使你认为自己没有创造力，也可以编写有关那只兔子的故事。当你要求团队提供创意时，同样的事情也适用。与其说"我们需要每个人的创造力和想法来帮助我们生存"，不如说："我们目前的首要目标是使自己与竞争对手区分开来，并为我们的客户展示价值。我们如何才能增加竞争对手无法或不会的独特价值？"

2. 欣赏新想法

当有人提出一个尚未准备好的新主意时，请感谢他们，添加信息并邀请他们继续思考。例如，你可以尝试说："非常感谢你思考我们可以尝试的新方法。"你也可以说："感谢你对此的思考。以下是一些其他信息，这些信息使你的建议具有挑战性。我很想听听你对我们如何克服或应对挑战的想法。"

3. 肯定努力的过程

创造力需要冒险，所以不要将鼓励和奖励限制在可行的想法上。有些想法行不通，但需要先有所想法才能找到可行的想法。例如，每年可颁发一次"不可行的最佳创意"奖项来奖励努力创新的人。

4. 鼓励互相启发

不要集思广益，而是尝试用其他替代方法，例如让每个人在记录卡上写下3种解决方案。然后打乱记录卡并重新分发，让每个人根据自己在卡片上看到的想法写两个想法，然后重复这个过程。然后随机播放，让所有人在卡片上分享想法。根据想法可能达到先前定义的成功成果的程度来评估想法。

5. 创造空间

很多人都有同感："当场或当下，我很难发挥创造力。如果你能给我提出问题或想法，让我考虑一下，我会做得更好。"创造性地解决问题需要时间去思考。所以，领导者应为团队成员保障创造空间和时间来促使创造力最大化。

技能实训

美丽景观游戏

实训目标：提高团队创新能力。

实训工具：A4纸50张，胶带5卷，剪刀5个，彩笔5盒。

实训步骤：

（1）将成员分成10人一组，然后发给每组一套材料，要求他们在30分钟内建造出一处优雅美丽的景观，要求景色美观、创意第一。

（2）要求每组选出一人来解释所在组的景观建造过程，如创意、实施方法等。

（3）由大家选出最有创意、最具有美学价值、最简单实用的景观，胜出组将获得一份小纪念品。

思考与讨论：

（1）你们组的创意源自哪里？

（2）在建造景观的过程中，大家怎样合作的？对于新思想的包容性怎样？

拓展练习

玩圆球

目的：用突破性思维去解决团队协作问题，鼓励创新精神。

工具：圆球。

要求：

（1）所有的人分成3组，每个小组约10～20人，每个小组配1、2、3号球。

（2）游戏要求将球按1、2、3号的顺序从发起者手里发出，最后按此顺序回到发起者手里。在传递过程中，每个人都必须触及球，所需时间最少的获胜。

（3）若球掉在地上，则从第一个人开始重新传球。

（4）第一轮游戏结束后，老师将各组成绩记录下来，然后给每个小组5分钟时间，思考哪些方式可以加快传球的速度。

（5）第二轮游戏结束后，老师将各组成绩记录下来，并告知各小组最终结果。

思考：

（1）如何启发小组成员找到新的传球方式呢？

（2）最快的传球方式是什么？

第七单元
特色团队建设

工作团队是集合起来一组个体，并形成一个社会实体嵌入在一个更大的社会体系中。团队的工作模式很大程度上决定了组织的效率和效果。在过去的20多年中，企业所采用的团队类型在不断地发生着变化。

第一节 自我管理团队

学习目标

- 掌握自我管理团队的特征、建设步骤及发展阶段。
- 能实现有效地自我管理以及组织建设自我管理团队。
- 养成实践创新的观念，提高集体协作的能力。
- 拥有自信自强的精神，理解整体与部分的联系，培养创造性与风险承担意识。

情景导入

有这么一家公司，它做到了取消管理层级，所有员工位于同一个层面，高度分权而又步调精确一致，这个企业叫晨星公司，是世界上最大的番茄加工商。20多年来，这家公司就一直在没有管理人员的情况下成功运转。在这里，员工相互协商职责范围，谁都可以使用公司的资金，每个人自己负责获取工作所用的工具。晨星公司的愿景是创建这样一家公司："所有成员都是自我管理的专业人士，他们主动与同事、客户、供应商和业内同行进行沟通并协调彼此的活动，无须听从他人的指令。"晨星公司的每个员工都要制定自己的个人使命宣言，阐明自己将如何致力于实现公司的目标，即"生产的番茄产品和提供的服务始终符合客户的质量和服务期望"。每一年，员工都会与工作关系最为密切的同事商定一份谅解协议，这份协议实际上就是员工完成个人使命的执行计划。这些谅解协议厘清了晨星公司全职员工之间大约3000种正式的工作关系。在晨星公司，员工完全自我管理，自己负责完成工作，获取工作所需的工具和设备，以及招聘人员。晨星公司没有集中界定职责岗位，员工在提高技能和获得更多经验后，就有机会承担更大的职责。同时，每个员工都有权提出任何领域的改进建议，并有责任领导变革。晨星公司没有层级结构和职衔，也就没有晋升阶梯，因此，晨星公司鼓励员工极具影响力，而不是谋求晋升。

情景解析：

自我管理团队作为一种有效的团队组织形式，有利于培养团队成员的积极性与主动性，培养他们的主人翁意识，同时让他们对团队中其他成员的工作进行监督和指导，有利于培养他们的团队精神与团队协作意识，提高他们进行决策的能力，从而提高创新中的工作效率。

知识园地

课堂互动

请结合自身情况，谈一谈自我管理的核心能力有哪些？

素养提升

自我管理
提升品格

一、什么是自我管理团队

（一）自我管理团队的含义

自我管理团队一般由5～15名员工组成，这些员工拥有不同的技能，轮换工作，生产整个产品或提供整个服务，接管管理的任务，例如工作和假期安排、订购原材料、雇佣新成员等。

自我管理团队是新型横向型组织的基本单位，是早期团队方式的发展产物。例如，许多公司使用跨职能团队以获得跨部门的协作，用任务组来完成临时项目；还有的公司使用"解决问题团队"，这种团队由自愿临时参加的员工组成，他们开会探讨一些有关改善质量、效率和工作环境的方式。

自我管理团队的核心思想在于授权过程，即员工在一系列关键过程中的学习和自我管理的过程。自我管理团队保留了工作团队的基本性质，但运行模式方面增加了自我管理、自我负责、自我领导的特征。

知识链接

自我管理型员工

自我管理是一种高层次的参与式管理，员工可以对自己的工作有更多的控制权，同时也就承担了更多的责任。对于有能力进行自我管理的员工来说，这种挑战可以提高他们的工作满意度；而对于管理者来说，自我管理可以降低组织内部的管理成本，提高企业运作的效率。自我管理型员工一般具备以下特征。

第一，良好的职业道德。员工自我管理在一定程度上意味着员工本人对自己所从事工作的具体过程具有较大的自主权，这就需要员工具有良好的职业道德，能本着对企业负责的态度，确保不会因为外部监督的减少而降低对工作的要求或出现低效率的情形，避免出现为了短期利益而损害企业长远健康发展的情况。

第二，较强的专业技能。自我管理允许员工对既定的工作目标采取不同的实现方式，员工必须具备某一方面的专业知识或技能，以便对可供选择的目标实现途径进行分析、判断，并选择最优的方式来实现。如果专业知识或技能有所欠缺，在面对临时出现的问题时就可能无法做出正确的判断，从而影响工作目标的达成。

第三，较强的自我调适能力。工作节奏的把握、时间的安排、自我激励、个人状态的调整都是员工自我管理中必然要解决的重要问题，这些问题的解决与否同员工本人是否具有较强的自我调适能力有很大关系。首先，保持正确的心态。企业允许部分员工进行自我管理是为了满足这部分员工自主的需要而不是对他们的放任，所以，员工应当以积极的心态面对自我管理，对工作热忱。而且，在工作中进行自我管理对员工个人能力的提高也有很大裨益，因此，员工要珍惜自我管理的机会。其次，主动地规划工作。自我管理意味着员工可以在一定程度上自主设定具体的工作步骤、目标达成的方式及途径，为了能够按时、保质地完成工作任务，积极地对工作进行规划显得非常必要，这中间包括时间的安排、节奏的控制、次序的调整等。再次，坚持持续地学习。员工在工作中进行自我管理，就有权对具体工作流程、解决问题的具体方法进行一定的尝试，这就需要他们具有良好的分析判断问题的能力，通过持续地学习提高专业技能，在自我管理的过程中更加游刃有余。

第四，平衡个人的工作与生活。能够进行自我管理的员工往往具有比较好的自我激励能力，对工作具有强大的内驱力，从另一个角度来说，也会因此经常处于比较紧张的工作状态。但"张弛有度"的节奏才是有持续竞争力的，因此，成功的自我管理者需要注意平衡自己的工作和生活，简言之，就是要身心愉快地完成工作。

（二）自我管理团队的特征

1. 目标性

自我管理团队的每个成员共同负责一个团队目标，并且坚信这一目标包含着重大的意义和价值。这个目标把团队成员紧紧地凝聚在一起，个人的目标被融入团队的目标之中。在这种团队中，大家愿意为团队目标的实现全力以赴。共同的目标是保证团队工作有效性的一个基本条件，是设定个人目标的前提，也是对团队工作进行考核的依据。

2. 技能性

自我管理团队在形成和融合的过程中会形成一组有较好能力的群体，他们不仅有全面的专业技能，而且具有良好的人际交往能力，保证了沟通顺畅，更重要的是具有了发现和解决问题的能力，并有了决策的能力，这就更好地发挥了成员的自觉性和责任感。并且，团队成员还通过不断学习和培训，提高团队完成目标的能力。

3. 依赖性

团队通常把整体目标分解成个人的目标，个人目标的实现往往要依靠其他团队成员目标的实现，这样就使得团队成员产生强大的依赖感，促进了团队的协作，增强了凝聚力。

4. 自我管理性

自我管理团队承担了很多以前由主管承担的工作，通常会对整个流程或者产品负责，包括完成目标的计划、组织、领导、控制等各个环节，完全由自己管理并承担责任。通常他们的责任范围包括计划和安排工作日程，给各成员分配工作任务，总体把握工作步调，做出操作层面的决策，对出现的问题自行采取措施，直接与顾客沟通等。甚至，完全的自我管理团队可以自己挑选成员，并进行绩效评估。

5. 自我学习性

团队不断发展的过程就是不断学习的过程，团队成员通过不断学习和培训，弥补成员之间的技能差异，并不断提高，以使每个成员都达到自我管理的能力，整体提高团队的能力。

6. 自我领导性

对于自我管理团队来说，团队已经模糊了领导者的概念，没有明确的领导者，每个成员都是领导者，有更多的自治和决策的权利，但在实际中，这一角色常常在团队融合的过程中已经确定。

7. 自我负责性

由于组织对自我管理团队的干预比较少，给予了其足够大的决策权和管理权，就要求团队对任务或目标的完成担负责任，并分解到每个成员身上。

8. 良好的沟通性

由于自我管理团队没有上下级别，所有成员都在一个平等、开放的平台上沟通信息，通过沟通消除矛盾、冲突，使团队成员达成一致。特别是在解决问题和方法创新方面，自我管理型团队更具优势。

二、自我管理团队建设的必备条件

很多企业之所以放弃"自我管理团队"的模式，主要是因为在实施建设前不具备某些前提条件。建设自我管理团队，需要衡量以下必备条件。

（一）统一思想

通过讨论，自上而下统一思想，是企业具备实施自我管理团队的关键因素。在讨论的过程中，还要确定影响团队成功的关键因素。首先，从顾客的角度来看，这种团队管理模式是否真的对企业是必要的，是否可以更好地满足顾客的要求；从财务资源上看，企业能否提供这种新的文化变革的成本。其次，内部员工的观点是否已经比较统一，它也是自我管理型团队成功与否的关键要素；再次，是否已经有了明确的实施策略来提高团队工作的效率，对于将要发生组织模式的转变，企业是否有足够多的对策。此时企业可以聘请顾问帮助企业确定这些问题。

（二）共同愿景

共同愿景是指大家共同分享、共同拥有的愿望景象。美好的愿景永远是对员工最好的激励。愿景越清晰、越吸引人，就越有激励作用，越能唤起团队的积极性。清晰且明确的愿景可以产生强大的驱动力，驱动员工产生追求愿景、实现愿景的勇气和信心。所以，团队应围绕愿景，确立明确的团队目标，并使之与组织目标保持一致。

（三）全面支持

管理层的全面支持是自我管理团队工作所必需的。管理层应该为团队提供指导（而不是指挥），提供团队工作所需要的各种条件，允许团队提出一些与现有做法不一样的创新性的解决方案。同时，管理层要承认自我管理团队的工作成果，提高自我管理团队在组织中的地位。

（四）胜任能力

自我管理团队一般组织规模比较小，团队中成员必须具备履行工作职责的胜任能力，并且善于与其他成员合作。只有这样，每一位成员才会清楚自己的角色，这个角色也才能将成员的天赋发挥到极致。

（五）不同背景

团队成员应有不同的背景。这样有利于激发良性冲突，增强团队的创造性和决策的有效性。

（六）团队任务

自我管理团队要求任务是由整个团队来设计、完成。也就是说，这种工作的基本性质是要求成员们一起工作来完成主要的任务。在一个成员们有着团队工作经验的组织中，整个团队协同工作是特别重要的。

团队故事

共同的任务

在埃克森美孚石油公司的客户服务团队中，基本的工作包括分析所有顾客、管理费用、设计基本的工作准则和解决问题。有着真正团队工作的公司是一起进行这些事务的。也就是说，他们没有个人的领域，成员们回应任何团队顾客的电话。他们集体设计工作准则，而且互相监督；他们每周或者每两周碰面；他们都进行了交叉的培训，所以能够在任何的时间互相帮助对方；他们有着一个组织的预算，包括组织层面的花费信息，作为一个组织来共同管理这部分预算。

（七）资源充足

高效团队所需要的物质资源有工具、适合的会议空间、必需的计算机服务以及使团队能守时、有效地工作的其他资源。拥有这些资源的自我管理团队所产生的绩效远远超过没有这些资源的团队。有调查显示，领导者有时不愿意为团队提供资源，原因是"团队成员还不能学着管理自己"。然而，这些资源的缺乏使得团队意志消沉，反过来也致使团队无法进行自我管理。

三、自我管理团队建设的步骤

（一）设立执行指导委员会

建设自我管理团队需要上级管理层最充分的支持，通过设立执行指导委员会，邀请上级管理层，可以是团队的首席主管，也可以是首席主管的上司，以及其他一些会对团队建设带来帮助的领导们加入。身在这个机构，可以使上级管理层对"自我管理团队"思想的各个概念更加熟悉，定期获得团队中执行"自我管理团队"思想的进展情况和其他相关信息，以及建立并深化对"自我管理团队思想"的信心。

（二）组成决策委员会

有了执行指导委员会后，接下来就需要组建一个具体的决策委员会，其中的成员应是在引进"自我管理团队"思想的过程中直接的指导者和规划者。他们必须对这一思想有深刻的理解，并精通其中的运作策略。决策委员会可以由两人或者多人组成，其中可以包括首席执行官、人力资源部门主管以及生产部门主管等。决策委员会的责任在于使自我管理团队的思想计划适合组织以及组织文化的现状，任务在于做出具体的改革方案和计划，同时也确立团队的人选。

（三）确定试点范围

试点范围的恰当与否与整个"自我管理团队"思想将来的成败有着直接的关系。企业往往选择新手作为试点的人选，因为他们在很大程度上没有受到传统企业观念的影响，不会因循守旧，这样成功的可能性就会变大，成功的时间也会缩短。另外，决策委员会还需要考虑其他一些细节问题。例如，"为什么我们要在这个部门进行自我管理的试点工作？""我们期望达到的目标是什么？""我们是否已经评估了团队成员现有的技能和水平状况？是否适合向'自我管理团队'思想进行转变？""我们对团队的现状了解吗？"

（四）开始运作项目

一旦决定引进"自我管理团队"思想，那么接下来重要的事宜就是倡导和鼓励大家去了解、熟悉、接受这一思想，这样做能够避免他人的疑虑以及可能出现的谣言。相关的员工、客户、供应商和其他可能受到"自我管理团队"思想影响的所有人员都应该得到这方面相应的培训。决策委员会可以以简洁、清楚的方式，通过宣传画、录像、标语和生动的图画来进行说明。

（五）人员分工

1．上级管理者

在自我管理团队中，上级管理者的角色演变成了项目的批准人、教练以及对于"自我管理团队"思想的策划工作的责任承担人，他们不在团队中承担具体的指导工作。

2．顾问

顾问对团队的实施过程提供咨询。顾问要在改善策略或是其他质量管理策略方面具有丰富的经验，能够开展集体研讨，带领团队工作，并能将讨论的意见进行平衡和筛选。当团队的领导与成员之间发生矛盾和争吵时，顾问要能够充当仲裁员，以解决矛盾、加强沟通。

3．团队领导者

团队领导者应该和上级管理者、团队顾问们一同组织和规划团队。团队领导者必须是"自我管理团队"思想100%的支持者，并愿意放权，愿意让团队成员去进行自我管理，从而在真正意义上实现这种新的管理方式。

4．团队成员

团队成员应该拥有共同的目标，是"自我管理团队"思想具体的实施者，同时他们也需要得到进一步的培训和发展机会，从而在真正意义上具有进行自我管理的能力和责任感。

5．其他支持"自我管理团队"思想的团队及人员

在组织中还有很多其他人与"自我管理团队"思想相关。一般来说，在企业的管理部门和财务部门工作的人员更容易对此产生兴趣，有时候，他们自身就是在进行自我管理，当然情况也不全是这样。这些人员将会对自我管理团队的建设和运行给予支持和必要的协调帮助。

课堂互动

如果对员工进行自我管理能力方面的培训，你认为可以从哪些方面来展开？

四、自我管理团队的发展阶段

在"自我管理团队"思想的建立和发展过程中，在其走向成熟前的每一个阶段都有着清晰的特点，这些阶段的总结如下。

（一）形成阶段

形成阶段包含了执行指导委员会需要完成的一系列准备工作，这些准备工作应该包括建立相关的理念，使之推动"自我管理团队"思想的发展。与此同时，相应的任务说明书和计划表也应该出台。本阶段还应该确定团队的工作范围，以及在团队内部进行最初的大致分工。

（二）混乱与分歧阶段

团队在改革时一定程度上的混乱状态是完全可以预见到的，这也是引进"自我管理团队"思想的一个必经阶段。由于该阶段可以预见，因此预先告知团队成员对其加以重视非常必要。这种混乱是对团队的一种考验，团队领导者的威信可能会丧失，这就需要发挥出团队的力量来进行决策。

（三）信任并支持领导者阶段

在这个阶段，团队成员确立了统一的奋斗目标，信心倍增，个人技能得到了提高，大家获得了明显的成就感，彼此之间的对立思想也在慢慢淡化，大家变得更加团结，对未来更加充满信心，他们希望有人来成为团队的领导者，代表他们的意志和其他组织进行沟通和协调，这就意味着团队里的一个成员必须站出来，成为团队的主心骨，成为信息的收集和发散中心，他就成了团队的临时领导者，并进行任务的分配。这位临时领导者不一定有从事管理工作的经验，这样有利于团队创新思维的发展。在这个阶段的后期，团队领导者开始真正地关注团队实际的运行过程，而团队本身也开始建立起与客户、其他管理者以及团队支持者们的交流方式和模式，团队成员与领导者之间有了更高的信任度，生产率和工作效率在很大程度上得到了提高，这时临时领导者的责任就完成了。

（四）消除等级差别阶段

到了这个阶段，自我管理团队的企业文化已经开始站稳脚跟。在这个时期，团队成员学会了如何识别、管理自己的工作，并不断地实现一些具有挑战性的目标，都经历了一段能力迅速提高的欣喜过程。在这个阶段，还需要选派团队内部的成员建立一个委员会，来监督和评估团队的工作和合作状况，以不断提醒成员之间进行合作和交流。

（五）最终实现"自我管理"阶段

当团队运行一段时间后，一个共同的奋斗目标成功建立，团队成员理解彼此的工作模式和工作方式，并下意识地努力将每件事做到最好时，团队的自我管理状态就达到了。同时，团队内部也产生了相应的领导机制，每个人都感到自己是团队的主人，并明确组织的目标，感到对公司经营状况全权负有责任，并对于成功有着强烈的渴望。团队的自我管理阶段是需要不断进行维护的，可以通过改善策略以及组织注重发展理念的培训来实现，还应该和客户以及团队成员们开展面对面的交流活动，及时发现问题，走出误区。此外，建立自己企业特有的"自我管理团队"思想奖励机制，也是必要的维护措施。

（六）变革阶段

团队外在环境的变化会对自我管理团队的运行带来挑战，甚至会打断整个团队自我管理的进程。因此，自我管理团队应培养和鼓励具备创新因子的成员在动荡混沌中灵活应变，把握先机，成为变革中的成功者。

技能实训

活动策划

实训目标：提高自主发展、自主规划的能力。

实训工具：A4纸若干张、彩笔若干支。

实训步骤：

（1）学生5人一组，每组分发A4纸和彩笔。

（2）各组分别策划校园文化活动，主题自拟。

（3）策划方案中包含组织、场地布置、宣传、总结报道、网络发布等流程。

（4）明确小组成员在策划任务中的分工及彼此间的协作。

（5）策划任务完成后，由小组代表进行汇报。

（6）共同点评，策划案可行性高的小组为优胜小组。

思考与讨论：

（1）结合自我管理团队的建设步骤，对完成任务的过程进行分析。

（2）个人在实训过程中获得哪些启发？

拓展练习

案例分析

斯太利农产品公司的一家分厂曾试验自我管理，具体做法是根据生产、维修、质量管理等不同业务的要求和轮换班次的需要，把全厂职工以15人一组分成16个小组，每组选出两名组长，一位组长专抓生产线上的问题，另一位组长负责培训、召集讨论会和做生产记录，厂方只制定总生产进度和要求，小组自行安排组内人员的工作。小组还有权决定组内招聘和对组员的奖惩。该厂实行"自我管理"后，生产率激增，成本低于其他工厂，旷工、辞职和停工率都明显下降，而生产设备的利用率则达到了设计标准的115%。

思考：

你认为案例中这家公司实行"自我管理"取得成功的因素有哪些？

特色团队建设

第二节 虚拟团队

学习目标

- 掌握虚拟团队的特征、类型及管理工作内容。
- 能说出虚拟团队的要素，并有效管理虚拟团队。
- 学习前沿技术和理论，培养思维的包容性。
- 养成探索精神，培养学生践行吃苦耐劳和敬业的工作态度。

情景导入

　　山东××蛋白公司（以下简称山东公司）是目前国内大豆蛋白的主要生产厂家之一，主要生产浓缩蛋白系列产品，由于自身开发力量有限，几年来一直没有增加新的蛋白品种，产品结构和市场结构始终难以改善。尤其是近两年杜邦等跨国巨头重组进入我国市场，市场竞争愈加激烈。山东公司审时度势，积极联合北京××食品研究所与美国××蛋白科研机构，三方共同磋商，建立动态联盟，共同组成虚拟团队，希望通过虚拟团队的运作开发出新型针剂蛋白系列产品。虚拟团队最后由7名科研人员组成，山东公司派出2名人员，在项目开发期间长驻北京，与北京的食品研究所2名科研人员共同工作。其中一名人员负责整个项目的协调沟通。团队综合利用信息技术手段建立了自己的沟通平台，在整个产品开发周期内，美国机构的3名科研人员与我国4名科研人员共有4次面对面的沟通，其他时间均通过团队建立的沟通平台进行信息传递与分享、沟通与决策。整个项目为期192天，开发出5种新型针剂蛋白产品，各项指标均达到世界先进水平，开发费用比预期的节约12%。

　　山东公司总经理总结了合作成功的3条经验：一是虚拟合作实施之前，一定要共同磋商，设定严密的跨组织合作协议；二是灵活运用信息技术，适时沟通，建立快捷有效的知识传递系统；三是不断地动态调整工作方式，虚拟团队工作的流程、架构随着时间不断调整，以符合产品开发的需求，包括团队成员建立共识、经常性互动和快速分享信息。

情景解析：

　　当今时代，新兴技术发展快速，随即对企业提出了革新变化的要求。应对这种快速变化的方法就是创造一种适应性强，没有时间、空间边界的虚拟团队，跨越组织间的流程，通过动态联盟，打造企业创新优势。

知识园地

课堂互动

　　请列举一个你最熟悉的虚拟团队的例子，并分析它的便利性。

素养提升

网络文明

在我们的工作环境中，活跃着无数的虚拟团队。它们可以是咨询顾问，可以是企业营销活动的策划者，也可以是网页制作者。他们并非你每天都能见面、坐在同一个办公室里并肩作战的同事，他们通过互联网、电话、传真或网络视频等形式与你进行交流。

一、如何理解虚拟团队

（一）虚拟团队的定义

有关虚拟团队的定义，各个研究人员提出了不同的看法，如有人认为虚拟团队是一个人员群体，虽然他们分散于不同的时间、空间和组织边界，但他们一起完成工作任务。虚拟团队由一些跨地区、跨组织的、通过通信和信息技术联结、试图完成组织共同任务的成员组成。虚拟团队可视为以下几个方面的结合体：①现代通信技术；②有效的信任和协同教育；③雇佣最合适的人选进行合作，而人员是最为重要的因素。也有人提出：超越15米之外进行运作、通过电子沟通进行协作达到他们共同目标的团队，都可称为虚拟团队。

从狭义上说，虚拟团队仅仅存在于虚拟的网络世界中；从广义上说，虚拟团队早已应用在真实的团队建设环境里。虚拟团队只要通过电话、网络、传真或可视图文来沟通、协调，甚至共同讨论、交换文档，便可以分工完成一份事先拟定好的工作。换句话说，虚拟团队就是在虚拟的工作环境下，由进行实际工作的真实的团队人员组成，并在虚拟企业的各成员相互协作下提供更好的产品和服务。随着全球化的趋势和信息技术的进步，越来越多的公司以虚拟工作团队的形式完成工作。

（二）虚拟团队的要素及特征

虚拟团队的要素包括以下3个。

1. 人员

人员是组织的核心要素，虚拟团队成员的背景非常广泛，且他们之间的协作不受地域和时间的限制。由于分散分布，虚拟团队的成员应具有很强的独立工作能力和合作能力，每个人都是自我管理的独立工作者。

2. 共同目标

共同目标对于虚拟组织具有特别重要的意义。在传统组织里，权力系统、规章制度发挥着规范成员行为的作用，而在虚拟团队里，人们主要依靠共同目标相互连接起来，没有共同的目标，这些分散在不同地区、不同组织的人就没有联合的理由。

3. 远距离互动

虚拟团队虽然也利用传统的面对面沟通方式，但更经常的还是依靠信息技术进行远距离沟通。多媒体通信技术为其提供了虚拟的面对面沟通情境。虚拟团队人员通过远距离沟通互动而相互连接，进而相互信任，成为一个整体，这样虚拟团队就能发展和持续下去。

通过了解虚拟团队的含义及要素，可以发现虚拟团队存在以下4个方面的特征。

（1）团队成员具有共同的目标。

（2）团队成员的地理位置具有离散性。

（3）团队团员采用电子沟通方式。

（4）组织边界宽泛。

（三）虚拟团队的类型

虚拟团队可分为以下7种类型。

（1）网络式虚拟团队：团队和组织边界模糊，团队成员具有较高的流动性。

（2）并行式虚拟团队：团队成员构成明确，团队和组织边界明确，团队是在短期内构建的为改善某一过程或系统而设计方案的临时性组织，任务完成时自动解散。

（3）项目产品开发团队：团队界限明确，团队成员具有一定的流动性，团队任务具有长期性、非常规性，团队具有决策权。

（4）工作团队：团队界限明确，成员确定，完成常规的、单一功能的任务，通过内联网进行沟通、共享信息。

（5）服务团队：由提供网络维护、技术支持的跨地域的技术专家组成，根据不同地区的时差轮流工作。

（6）管理团队：由跨国公司的高层管理人员组成，利用网络信息技术协同工作以指导公司目标的实现。

（7）行动团队：对紧急情况及突发事件提供快速反应。

二、虚拟团队的构建

（一）确立团队运作协议

团队运作协议可以避免团体陷入困境，因为它清晰地描述了组织预期团队成员与他们自己工作的关系以及他们对团队的责任，这种稳定前进的共识消除了歧义和事后猜忌，让团队能够更有效率地工作。团队运作协议主要包括会议协议、交流约定、制定决策等。

（二）建立虚拟团队程序委员会

这个机构又被称为执行委员会、理事会或协调组，它在虚拟团队的建设和维持、发展中扮演多重角色。在组建虚拟团队之前，要建立程序委员会，以估量虚拟团队的可行性。如果可行，程序委员会的任务便转变为建设团队设计组，为如何建立虚拟团队设计方案，这是程序委员会最关键、最重要的任务。团队组建成功后，程序委员会的任务是维持团队目前的结构，并且作为团队资源的提供者，驱动团队有效运转。因此，程序委员会是否有效，对于团队绩效起着至关重要的作用。

建立高效的虚拟团队程序委员会需要慎重选择成员。首先，程序委员会不仅要包括高层管理者，还要包括人力资源部门以及一些未来的团队成员，这样可以促使各种水平的员工的参与，提高沟通水平，更有效地进行决策制定；其次，程序委员会的成员应该选择具有创造性思维的员工，他们能够提出有价值的意见和想法，还能够与组织中所有层次的员工进行沟通。

（三）选配高素质成员

虚拟团队必须由一群高技能、高素质的成员组成，他们具备实现理想目标所必需的技术和能力，而且具有能够进行良好合作的个性品质，从而有助于完成任务。团队成员必须对团队表现出高度的忠诚和承诺，且对所在群体具有认同感，把自己属于群体的身份看作是自我价值实现的一个重要方面，对团队的目标有很强的奉献精神，愿意为实现这个目标而调动和发挥自己的潜能。

（四）设置有效的团队目标

目标在任何组织中都很重要。团队目标是依靠全体员工的努力来完成的，因此，团队目标要得到全体团队成员的认同，最好由全体团队成员自觉地参与目标设置的过程，不应由管理者强加在他们身上。当然，设立目标时一定要充分考虑团队的能力，目标不能过于理想化，要根据实际情况而定。另外，团队成员个体设立的目标要与团队的整体目标相关联，因为目标的关联性可以激发团队成员完成目标的动机。

（五）建立高效的团队信息结构

现如今，信息技术发展迅猛，一个高效的团队信息结构有助于及时获得、处理与传递团队在整个运作过程中的各种信息。高效的团队信息结构能使团队中的信息有效集中、有序管理，高效优质地满足团队对各种信息的需求。

（六）形成良好的信任氛围

成员间相互信任是虚拟团队的显著特征，也就是说，每个成员对其他人的行为和能力都深信不疑。信任需要花大量的时间培养，但又很容易被破坏。而远距离沟通的过程中，信任又格外重要。事实上，组织文化和管理层的行为对形成相互信任的团队氛围有很大的影响，如果组织崇尚开放、诚实、协作的办事原则，同时鼓励员工的参与性和自主性，就比较容易形成信任的环境。

（七）对团队成员正确定位

团队领导要将团队成员看成是伙伴而非下属。伙伴关系是一种平等关系，也是一种双方能够共谋福利的关系。这种关系必然是建立在虚拟团队的管理者对团队成员价值的认可基础之上的。虚拟是无形的，而管理是实实在在的。最理想的方法是改变员工的角色定位，即把他们从雇用者这种角色转换为"会员"角色，他们要签订"会员"协议，享有相应的权利和责任，最重要的是参与公司团队的管理。

团队故事

江苏移动公司的虚拟团队

江苏移动公司为了解决层级结构的组织形式对用户反应比较慢的问题，创建了决策、传达、执行三层扁平化管理组织机构，形成最短的指挥链。为了适应市场需求和变化，该公司建设了虚拟团队系统。为了更好地服务于集团客户，江苏移动公司成立了集团客户服务支撑小组，这是一个动态虚拟团队，组员来自公司各部门。这个小组专门从事专题业务项目研究和提供跨区域服务支持。为了加强品牌整合营销，该公司成立了"品牌整合虚拟团队"，采取兼职担任"全球通经理"，"动感地带经理"等虚拟职位的方式，将品牌建设、维护的管理任务分解到人。在江苏移动公司内部，有很多诸如此类的虚拟团队，每个团队里所有的成员都参与公司的战略发展过程，虚拟团队架构简化了企业内部的复杂流程，提高了经营效能。

三、虚拟团队的管理

（一）革新管理思想

虽然虚拟团队仍然是一个完整的团队，但与传统的实体团队又存在着明显的区别，它具有自己的特征和运行机制。面对这种无形的团队，传统的命令和控制方式已不再有力。要真正管理好虚拟团队，就必须调整团队成员的定位，并在团队中树立起良好的信任氛围。

（二）建立达成共识的团队准则

虚拟团队无法如面对面沟通那样获得足够多的信息和及时的反馈。因此，在团队建立之初就需要与所有成员一起讨论并制定团队的准则，这套准则包括了团队的工作目标、职责与分工、沟通机制、沟通渠道、信息共享机制和反馈机制等。总之，虚拟团队需要这样一套行为规范来指导所有成员的日常行动，否则这样的团队特质会极大地增加管理难度，造成"各自为政"的局面。

（三）建立信息共享机制

信息通畅是虚拟团队正常运转的根本保障，因此，技术手段的可靠性是团队应该关心的首要问题。团队要选择适合的、可靠性强、效率高的通信方式作为团队的主要沟通渠道，同时要交叉运用多种沟通方式，以防止某种技术手段突发故障而影响整个团队的进程。在此基础上建立信息共享机制，消除虚拟团队的地域阻隔，实现更及时的沟通。信息共享能够提高整个虚拟团队的工作效率，全员能够通过对工作整体的方向以及实时动向的把握来了解工作的进度，并且知道自己应该做些什么。信息共享并不是将邮件抄送给其他人就行了，还需要确保其他人收到了邮件并且理解了你所要传达的信息，否则就不是信息共享。

（四）打造工作的追踪机制

为了规避下属将自己的责任"丢"给管理者这样的管理风险，虚拟团队需要建立相关机制来把控各成员的工作进展与质量，比较普遍采用的方法是定期举行会议，让所有成员汇报并交流工作的进展以及遇到的问题等。更好的方法则是利用可视化的表格或工具来展现大家的工作进程并将其分享给所有的团队成员。不过需要提醒的是，此举并不是让管理者时刻监督自己的团队成员，而是让团队成员能担负起自身的责任。

（五）协调跨文化的问题

跨文化的问题是虚拟团队管理中需要认真对待的问题。为此，首先可以通过文化敏感性培训让成员了解文化差异的状况，以及可能带来的相应问题，使成员接受和认可他人的文化背景，尊重他人的语言风格以及行为习惯、宗教信仰等，以减少文化差异带来的冲突。其次，在尊重成员个体文化背景的基础上，加强团队文化建设，形成与整体目标一致的团队文化。在团队运作过程中要充分沟通信息，加强协调，促进团队文化的形成。此外，促进工作、信息标准化，获得一定范围内的统一性，这样有利于沟通。例如，规定成员每天至少接收两次电子邮件，以解决作息时间不同导致的信息反馈延迟；再如，在与工作有关的信件中尽量使用标准格式，从而避免文化差异造成的误解问题。

（六）建立有效的激励和约束机制

仅仅依靠信任关系来维持团队运作是不够的，必须建立有效的激励和约束机制，以调动成员的积极性，规避成员的道德风险。首先，信任和约定。在给予充分信任的同时，必须保证个人目标与整个团队目标的一致性，这就需要将信任与合同联系起来，以合同的形式明确成员的权利、义务和违约责任。其次，在掌握虚拟团队成员组成特征的基础上，深入研究每个虚拟成员的需求，建立有效的激励机制，如建立良好的团队环境，提供具有挑战性的工作，给予丰厚的回报，组织跨地区的学习和交流。众所周知，建立团队激励机制的最大困难在于很难衡量个人业绩，这也意味着在虚拟团队的管理中，往往需要在团队产出的基础上建立激励机制，这就需要在团队内部协调的基础上，促进成员更加努力。

| 知识链接 |

小标志，大凝聚

　　为了加强虚拟团队成员的归属感，可以设计团队的标志，以象征团队的个性和精神。标志可以是艺术文字、特定图形和颜色结合而成的图案。然后将标志发布于团队的网站或网页上。这种统一的标志会增强成员对团队的认同感。但是，在一个组织内部存在多团队的情况下，每个团队使用各自的标志固然能增强小团队的凝聚力，但也可能助长小团体主义的倾向。因此，在一个比较大的组织内部，在倡导小团队凝聚力的同时，也要注意树立整个组织系统的大团队的荣誉感和归属感。

特色团队建设

技能实训

拓展资源

虚拟团队的优势及挑战

构建虚拟团队

　　实训目标：学会构建虚拟团队。

　　实训工具：移动智能设备。

　　实训步骤：

　　（1）全班学生每5人一组，要求分散就座。

　　（2）设定各小组要完成的团队任务，如"校园学生学习成就感调查""××证书备考小组"等。

　　（3）小组代表现场抽签，确定本小组的共同任务。

　　（4）依照虚拟团队构建流程，依托移动智能设备沟通，协作形成本小组完成任务的计划书。

　　（5）小组代表现场汇报。

　　思考与讨论：

　　（1）小组成员在虚拟团队中各自的分工是什么？分工是否合理？

　　（2）虚拟团队怎样进行有效沟通？

拓展练习

调查分析

　　班级同学分成若干小组，调查分析虚拟团队在身边环境中的存在状态，可以走出学校，搜集企业相关信息，通过讨论、研究探索在研究对象发展的过程中，企业虚拟团队的运行情况。

　　要求：

　　（1）通过访问、访谈企业的组织结构信息，对企业进行阶段性分析，了解该企业过去和当前的组织结构中所存在的虚拟团队的形式，将其列出并进行分析。

　　（2）通过信息搜集和访谈，了解企业应用虚拟团队的过程中所遇到的问题。

　　（3）对以上信息进行归纳总结，围绕企业的虚拟团队运行情况，形成你的结论和建议，并形成一份调查报告。

特色团队建设

第八单元
认识团队沟通

8

沟通是团队运作流畅的关键因素，在团队效能中发挥着重要作用。团队通过有效沟通协调处理内部各种事务，激发调动团队成员的积极性，以达到实现团队的共同目标和团队和谐发展的目的。

第一节 团队沟通概述

学习目标

- 掌握团队沟通的概念、作用及过程。
- 能准确、恰当地利用沟通过程传递信息、交流思想、表达感情。
- 养成良好的沟通习惯，能主动参与团队沟通。
- 具有团队精神和全局意识，培养主动探究的学习能力，培育大方得体、换位思考的职业品质。

情景导入

《吕氏春秋》中记载了这样一个故事。孔子及其弟子周游列国，因兵荒马乱，大家已经很久没有吃米饭了。一天，颜回好不容易要来一些大米，便将它们煮了。米饭快煮熟时，孔子刚好路过，看到颜回掀起锅盖抓了些米饭吃，他装作没看见。饭煮好后，颜回请孔子进食。孔子假装若有所思地说："我刚才梦到祖先来找我，我想把干净的还没人吃过的米饭先拿来祭祖先。"颜回说："不行。我在煮饭时有灰落在米饭上了，沾灰的米饭丢了太可惜，所以我抓起来吃掉了。"孔子听后，才知道自己误解了原本最信任的颜回。

情景解析：

团队相处的过程中，如果没有及时沟通，就容易按照自己的想法去揣测他人。出现误解时不去沟通，把事放在心里，只会把对对方的怨念堆积起来。而及时的沟通能够解除自己心中的疑惑，减少彼此间的误解。

知识园地

课堂互动

请向身边同学描述你对沟通的理解。

一、什么是团队沟通

（一）团队沟通的含义

"沟通"，从汉语字源分析来看，原意指开沟以使两水相通，一般用于比喻两种思想的交流与分享，现在的词义已扩大到人们之间的彼此相通，如沟通中西方文化。从英文字源分析来看，沟通原译自拉丁语的communi，英文为communication，包含了"建立共同看法"的意思，是传播学的核心概念。

沟通作为学科名词，其含义众说纷纭，《大不列颠百科全书》认为：沟通是用任何方法彼此交换信息，即指一个人与另一个人之间以视觉、符号、电话、电报、收音机、电视或其他工具为媒介，所从事的交换信息的方法。《韦氏大辞典》认为：沟通是文字、文具或消息之交流，思想或意见之交换。哈罗德·拉斯韦尔认为：沟通是什么人说什么，由什么路线传至什么人，达到什么结果。赫伯特·西蒙认为：沟通可视为任何一种程序，借此程序，组织中的一员将其所决定的意见或前提传递给其他有关成员。据统计，沟通的定义已达150种左右，"共享说"强调沟通是传者与受者对信息的分享，"交流说"强调沟通是有来有往的双向活动，"影响说"强调沟通是传者对受者施加影响的行为，"符号说"强调沟通是符号或信息的流动。

基于各种沟通的定义及其阐释，我们可以这样理解：沟通是通过语言或其他符号，将一方的信息、意见、态度、知识、观念乃至情感，传达给另一方，对方接受并有所反馈的过程。因此，我们将团队沟通定义为"团队为了设定的目标，借助一定的手段，把信息、思想和情感在两个或两个以上成员间传递，并达成共同协议的过程"。

（二）团队沟通的内涵解析

很多人缺乏对团队沟通内涵的完整认识，存在如下一些常见的误解。

观点1：团队沟通很容易，每天都在沟通。

观点2：我告诉他了，所以我已经和他沟通了。

观点3：只有当我想沟通时，才会有沟通。

观点1解析：沟通具有复杂性

持观点1的人误以为沟通是家常便饭，忽视了沟通的复杂性和难度。有效沟通取决于多种因素的良性协调，在团队沟通中，如果不做充分的准备，沟通无效将在所难免。

观点2解析：沟通是双向的

持观点2的人误以为沟通是"我说给你听"，"一厢情愿"地认为我是说话者，你是听话者，我发出信息，传递给你，你就会采取令我满意的行动，实际上，我说给你听，你未必都愿意听；就算听了，也并不见得真正听懂了我的意思；即便听懂了我的意思，也不一定会按照我的意图去采取行动。所以，团队沟通并非个人的单向输出，而是成员间的双向互动。

观点3解析：不说话不等于没沟通

持观点3的人误以为只要在团队中默不作声，就不存在沟通。事实上，沟通不只表现在语言方面，还有非语言、环境语言等不容忽视的方面。当团队开会需要新人发言时，他并不想传递"我感到紧张"这一信息，但大家能从他的神态举止中清晰地获得这一信息，进而给予他眼神鼓励。

> **⏰ 沟通故事**
>
> ### 多言有益乎？
>
> 墨子是墨家学说的创立者，提出了"兼爱""非攻""尚贤""尚同"等观点。墨子有个学生叫子禽，一次他问墨子："老师，您觉得多说话是一件好事吗？"
>
> 墨子听了，答道："你看那癞蛤蟆和青蛙，从早到晚不停地叫，口干舌燥，有谁注意它们在叫些什么？还有那些臭水坑边上的苍蝇，每天无所事事，就知道'嗡嗡嗡'叫个不停，又有谁会留心它们呢？"子禽点点头，若有所悟。
>
> 第二天，天还未亮，墨子叫醒还在睡梦中的子禽，带他来到鸡窝前。等到天蒙蒙亮的时候，公鸡打鸣了。听到公鸡的叫声，人们赶紧穿上衣服，带着农具去田里劳作了。这时墨子才说话："报晓的雄鸡，只在黎明时刻叫，却能把睡梦中的人叫醒。多言未必有益。话多还是话少不是重点，关键是说话的时机。说的时机好，说到点子上，才能达到你想要的效果。"

二、沟通的要素

团队沟通的含义中有3个方面的重要内容，即沟通的三大要素。

1. 一个明确的目标

沟通的主要目的是听取他人的想法，表达自己的观点，求同存异，达成共识或取得一致行动，因此，有效沟通的基础应该是双赢思维，尊重差异，换位思考。这些都需要我们采取主动的态度，拥有宽广的心胸，在平等对话的基础上找到明确的目标，明白自己为什么而沟通及自己要达成什么目标，此外还要明确对方的需求，以及怎样才能让自己的目标满足对方的需求。沟通其实是一场你说服我、我说服你的过程，它需要两个人共同发力去寻求更好的解决方案。

2. 达成共同的协议

团队沟通结束后一定要形成一个双方或者多方都共同承认的协议，只有形成了这个协议才算完成了一次沟通。在实际的团队工作过程中，我们常见到这样的情形：大家一起沟通了，但是没有形成一个明确的协议，然后大家就各自去工作了。对沟通的内容理解不同，且没有达成协议，最终造成团队工作效率低下，内部又增添了很多矛盾。因此，在团队沟通结束时，要用这样的话来总结："非常感谢你，通过刚才的交流，我们现在达成了协议，你看是这样的一个协议吗？"这是一个良好的沟通行为。

3. 沟通信息、思想和情感

沟通的内容不仅仅是信息，还包括更加重要的思想和情感。思想和情感相较于信息，往往是不太容易沟通的。在我们工作的过程中，很多障碍使思想和情感无法得到一个很好的沟通，而我们在沟通过程中，传递更多的是彼此之间的思想和情感，信息并不是主要的内容。

课堂互动

请思考并回答下列问题。

1. 在日常沟通中，你是如何确定沟通目标的？

2. 在沟通过程中，你认为信息、思想和情感哪个更容易沟通呢？

三、团队沟通的作用

1. 增进团队成员的相互了解

团队沟通可以促使信息下情上达、上情下达，从而减少管理者与普通员工之间的隔阂，让团队内部的人员互相增进了解。同时，沟通还是人们的一种心理需求，团队内部经常保持沟通，可以调节员工的情绪状态，否则员工容易产生压抑、郁闷的情绪，不利于团队友好氛围的形成。

2. 增强团队的凝聚力

团队内部经常保持沟通，就会使成员之间彼此比较熟悉，也能够很好地贯彻企业愿景、团队文化，从而增强员工对企业的认同感，增强员工对企业的向心力，增强团队的凝聚力。一个团队之所以伟大，就在于它富有凝聚力，没有凝聚力的团队，离解散也就不远了。

3. 保障团队目标实现

团队目标需要整个团队去实现，仅靠一人之力几乎无法实现，这就需要团队内部积极沟通，让每个成员明确自己的职责，使团队成为一个有机整体，在工作中，大家可以紧密地配合，从而为团队目标的实现提供可靠的保障。

4. 提高决策水平

团队领导在做决策时，一定要尽可能多地"借人智慧"，充分征求团队成员的意见，依靠集体智慧，吸取一切有利的建议，做出最理智的决策。

5. 快速解决问题

通过团队内部充分的沟通，每位成员都可以知道他人的职责，也能够明白自己的工作要求，这样在开展一个项目时，每个人都可以自觉地把工作做好，同时认真地与他人配合，推动项目的顺利进行，从而快速解决问题。

知识链接

沟通的主要功能

联合国教科文组织综合了各国学者的意见，指出沟通在任何社会制度中都具备的主要功能包括以下5个方面。一是获得信息。收集、储存和整理必要的新闻、数据、图片、事实、意见、评论，以便了解周围环境的情况并做决定。二是社会化。提供信息使人们能在社会中从事活动，并增强社会联系和社会意识，积极参与公共生活。三是激发动力。促进实现当前目标和最终目标，激励人的意愿和理想，鼓励为实现共同商定的目标而进行个别活动和社会活动。四是辩论和讨论。为便于达成一致意见或澄清不同观点而提供必要的事实，促进人们关心本国和国际问题并普遍参与。五是教育成长。交流知识以便促进智力的发展、培养人的品格，促使人们在各个人生阶段获得各种技能和能力。

四、团队沟通的过程

课堂互动

在日常生活中，你常用哪些方式传递信息？发送信息时需要注意哪些方面？

沟通是如何进行的？信息如何发送和接收？沟通不畅的原因是什么？沟通过程的模型（见图8-1）解释了信息从发送者到接收者的整个过程。

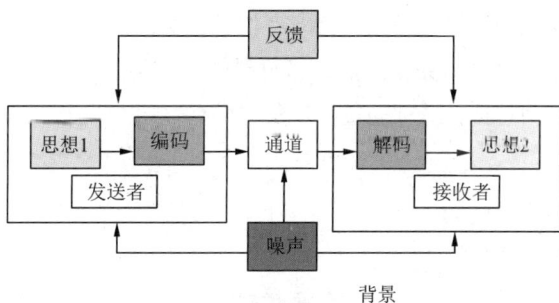

图8-1 沟通过程的模型

由沟通过程的模型可知，所有团队的沟通过程都包含5种行为和7个要素。

（一）5种行为

1. 信息编码

发送者将需要发送的信息以口头语言、书面语言、身体语言等形式进行编码。经过编码后的信息更容易被接收者理解。

2. 信息发送

信息发送往往以多种媒介形式进行传递，在传递过程中经常会受到噪声干扰，从而影响信息接收的完整性和准确性。有时噪声干扰过大，可能使信息传递中断、失真或无法传送至接收者，使沟通无法实现。

3. 信息接收

信息的接收包括接收、解码和理解3个环节。在接收环节，接收者要尽可能确保信息被完整、准确接收，避免信息遗失造成信息解码与理解的不完整，影响信息的正确解释。

4. 解码

解码是指信息接收者接到传递而来的信息信号或信息载体，以相应的办法还原为自己可以理解的语言，以及信息接收者对接收到的信息做出的解释。

5. 反馈

为了核实、检查沟通是否达到预期的效果，信息沟通过程还需要有反馈的环节。只有通过反馈，信息发送者才能最终了解和判断信息传递是否有效。

（二）7个要素

1. 沟通主体和沟通客体

沟通主体是指有目的地对沟通客体施加影响的个人和团体，是沟通的启动者。沟通主体可以选择和决定沟通客体、沟通介体、沟通环境和沟通渠道，在沟通过程中处于主导地位。沟通客体即沟通对象，通过接收沟通主体发送的信息、思想和情感，并及时把自己的信息、思想和情感反馈给对方，当反馈到沟通主体那里时，二者的位置互换，所以沟通中主体和客体的划分是相对的，在大多数情况下，两者在同一时间段既发送又接收信息。

2. 信息

信息主要指需要发送的信息内容，包括政策、制度、情报、消息、观点、思想和情感等。信息是沟通活动得以进行的最基本的要素，是沟通的灵魂。

3. 编码与解码

编码是发送者将欲发送的信息符号化，将内容和思想以语言、文字或其他符号进行传递和接收。解码则与之相反，接收者在接收信息后，将符号转化成信息，还原为思想，并理解其意义。完美的沟通是编码与解码的对称，对称的条件是双方拥有共同的背景、经验等，或双方编码、解码的代码系统一致。

⏰ **沟通故事**

秀才买柴

有一个秀才去集市上买柴，见到一个卖柴的樵夫站在街边，身边放了一担柴。于是他远远地对樵夫招了一下手，说："荷薪者过来！"卖材的人不懂"荷薪者"（担柴的人）是什么意思，只听懂了"过来"两个字，于是把柴挑到秀才前面。秀才装模作样地看了看柴，问樵夫："其价如何？"卖柴的人只听懂了"价"字，就马上说出了价钱。秀才想把价钱往下压一点，于是说："外实而内虚，烟多而焰少，请损之。"（你的木柴外表是干的，里头却是湿的，燃烧起来，会浓烟多而火焰小，请减些价钱吧。）卖柴的人根本听不懂秀才的话，于是挑起担子就走了。

这个故事告诉我们，沟通一定要讲究场合和对象。

---

4. 信道

信道即信息传递渠道，是沟通主体用以影响、作用于沟通客体的中介，包括沟通内容和沟通方法。沟通渠道不仅能使正确的思想观念尽可能全、准、快地传达给沟通客体，而且还能广泛、及时、准确地收集沟通客体的思想动态和反馈的信息，因而沟通渠道是实施沟通过程、提高沟通功效的重要一环。

5. 反馈

反馈是沟通主体和沟通客体之间相互的反应。反馈应主动，不能在被问到时才说；反馈应具体准确，把握要害；为使反馈最有效率，应优先选用口头反馈；为使反馈更为准确，如有可能，应尽量用书面反馈；反馈还要注意时机。

6. 噪声

噪声是阻止理解和准确解释信息的障碍，是干扰沟通正常进行的任何因素，它存在于沟通过程的任何环节，并有可能造成信息遗漏或失真。噪声包括外部噪声和内部噪声。外部噪声主要是指在沟通过程中，影响沟通效果的一切客观的外在环境干扰因素，如车水马龙、人声嘈杂等；内部噪声是指基于选择性知觉、注意力程度、个人偏见、认知水平等原因而产生的误解或偏差。

⏰ 沟通故事

语义噪声

老婆："你买基金（鸡精）吗？"

丈夫："鸡精？咱家里不是还有鸡精吗？"

老婆：（没有回答，接着自顾自地说）"我打算买 5 000 元的基金（鸡精）"

丈夫：（吃惊地问）"老婆，你买 5 000 元的鸡精做什么啊？咱家里不是还有鸡精吗？再说也不用买 5 000 元啊。"

老婆：（强调）"我说的是买基金（鸡精）！"

丈夫：（无奈）哎。

---

7. 环境

沟通环境既包括与个体间接联系的社会整体环境（如政治制度、经济制度、政治观点、道德风尚、群体结构等），又包括与个体直接联系的区域环境（如学习、工作、单位或家庭等）。不同的沟通需要不同的环境。例如，正式的演讲应安排在正式的场合，而人际沟通人们更青睐于在宽松、非正式的环境中进行。相应的，沟通环境不同，人们进行沟通的心态和方式也有很大的差异。当一个教室被布置成联欢会的场所时，学生就会一改往日上课时的严肃，轻松地说唱笑闹。

技能实训

折纸

实训目标：在完成团队任务的过程中领会及时沟通的重要性。

实训工具：A4纸若干张。

实训步骤：

（1）全体学生闭上眼睛，听指令。

（2）首先，把纸对折。

（3）把纸第二次对折。

（4）把纸第三次对折。

（5）然后把纸的右上角撕下来。

（6）把纸旋转180°，再把纸的左上角也撕下来。

（7）请大家睁开眼睛，展开手中的纸。

思考与讨论：

（1）为什么大家听着同样的指令，折出的纸形状有差异呢？

（2）个人在实训过程中，获得哪些启发？

拓展练习

认识团队沟通

驿站传书

目的：练习"编码—传递—解码"的沟通过程，促进思考，积累经验。

工具：3张含文字信息的纸条。

要求：

（1）练习者分成若干组，每组10人，排成一行，间隔0.5米。

（2）指导者把纸条信息展示给第一个组员，然后由第一个组员将信息口头传递给第二个组员，第二个组员传递给第三个组员，依次进行，直至传递给最后一个组员。

（3）要求传递过程中只有正在传递状态中的俩人可以贴耳沟通，并确保其他组员不会听到，所有组员不允许发手机短信。

（4）传递结束以后，请最后一个组员将获得的传递信息写在指定位置。

（5）在规定时间内信息传递最为准确的小组胜出。

思考：

（1）回顾练习过程，分析沟通过程中包含的要素。

（2）在环境条件受到限制时，如何提升沟通效果？

第二节　团队沟通类型

学习目标

- 掌握不同的团队沟通类型。

- 能根据团队沟通类型的优缺点，选择恰当的沟通方式。

- 树立正确的沟通意识，培养尊重、理解、诚信、友善的沟通态度。

- 具有辩证思维，形成公正、民主的处事风格；有集体主义观念，善于从大局出发，服从团队利益。

> **情景导入**
>
> 有个医学院的主任，带着学生到附属医院上临床实习课。一群穿着白大褂的实习学生来到一间病房前。主任说："大家进去后，看一看这个患者的症状，仔细想想他患了什么病。知道的就点头，不知道的就摇头。大家不要多说话，免得吓着病人，明白了吗？"众实习学生连忙点头，生怕给主任留下不良印象而影响成绩。病房中的病人本来只是轻微的肺积水，躺在床上，看到一大群穿着白大褂的"医生"走了进来，心中不免有几分紧张。实习医生甲进病房后，看了病人一会儿，咬着笔杆想了想，无奈地摇了摇头。换实习医生乙进病房，把病人看来看去，判断不出该病人是何症状，想到自己可能要面临重修学业，眼角含着泪水摇了摇头。接下来，轮到实习医生丙，他看了看病人，只是叹了一口气，一副垂头丧气的样子，摇摇头就走了出去。当实习医生丁开始看病人时，病人冲下床来，满脸泪水地跪着磕头说："医生啊，请你救救我吧，我还不想死呀！"
>
> **情景解析：**
>
> 病人面前千万别乱摇头！身体语言也是沟通的一种类型，并且有时候会带来很大的威力。面对不同的场合、时间和对象，沟通者应选择不同的沟通方式。如果随意运用不恰当的沟通方式，那么沟通效果可能会大打折扣。

知识园地

课堂互动

当不能用动作或表情辅助谈话时，你有什么样的感觉？

> 素养提升
>
> 沟通从心开始

沟通类型的选择对于沟通效果起着十分重要的作用。由于沟通具有互动性和社会性，因此我们可以按照不同的划分标准对团队沟通进行分类。

一、语言沟通和非语言沟通

按照信息载体划分，团队沟通可以分为语言沟通和非语言沟通，最有效的团队沟通通常是两者的结合。

（一）语言沟通

语言沟通是指以词语符号实现的沟通，具体又可分为口头沟通、书面沟通和网络沟通。

口头沟通是指人们借助口头语言来传递不同的信息、思想和情感，是团队沟通中最常用的一种形式，如会谈、讨论、征求意见、报告、讲座、询问、对话等。口头沟通的优点是信息的发送和反馈快捷、及时，互动性和灵活性强；缺点是信息不宜保留和储存，且信息传递经过的中间环节越多，信息被曲解的可能性就越大。

书面沟通是以书面文字作为媒介的沟通，如通知、文件、书面总结、备忘录、海报、宣传手册等。书面沟通的内容具体化、直观化、可以修正，也能够被永远保存，便于查询，相对更加规范、正式和完整，因此在团队正式的、比较规范的沟通中常采用书面沟通的形式。但书面沟通耗费时间比较长，信息反馈速度较慢，无法运用情景和非语言要素，不能保证接收者完全正确地理解信息。

网络沟通是以计算机技术与电子通信技术组合而产生的以信息交流技术为基础的沟通，综合运用微信、QQ、微博、博客、BBS、电子邮件、各种App等网络交流载体，达到沟通交流的目的。网络沟通不受时间和地域限制，信息含量大，存储空间大，并可以通过文字、图片、语音、视频等形式保证交流的及时快捷，强烈的交互性也是网络沟通的最大优势，因此，网络沟通已成为团队沟通的常态，也是团队工作的主要实现方式和手段。但网络是把双刃剑，信息获取不平衡、信息侵权、信息泄露、信息量压力等情况也给团队沟通带来了困扰。

课堂互动

请用两分钟的时间，在纸上写出你最突出的优点和最明显的缺点，然后在各自的学习小组内传看，最后派一名小组代表来说说谁的描述给他留下的印象最深。

| 知识链接 |

团队网络沟通的注意事项

（1）网上网下行为一致。网络会让我们在计算机或手机终端忘了我们是在跟一个个活生生的人打交道，容易肆意地无礼。而网上的道德和法律与现实生活是相同的，所以，一定要记得当着面不会说的话在网上也不要说。

（2）避免在团队工作群私聊。QQ、微信工作群的本质是公共交流场所，如果在工作群私聊，会给群里其他人增加信息负担，并有可能导致其他人错过群里的重要信息。

（3）尊重他人隐私。不要随意转载、公开私人聊天记录、视频、私人邮件等内容。不要随意修改和张贴他人的劳动成果，除非符合他人的主观意愿。

（4）及时消除"沟通黑洞"。无论是私聊还是在工作群，收到上级或同事发送的信息通知，一定要给对方反馈，如回复"收到"，这是职场礼貌。

（5）平时多积累沟通措辞。在较为重要的沟通中一定要注意自己的提问方式，避免发"在吗""方便吗"等消息。可以开门见山地说出自己的意图，避免增加双方的沟通成本，给他人带来困扰。

（6）减少发语音信息的次数，一是语音信息不便于回头查阅，二是接收者不一定随时随地都能收听语音信息。最好用文字沟通，且文字简明扼要，直达主题，重要的事情用一段话完整陈述。

（7）发送文件后需要确认对方是否收到。重要的事情或者文档一定要跟对方电话确认。如果是紧急事件，用QQ、微信难以达到深度交流的效果，最好用电话进行交流。

（二）非语言沟通

非语言沟通主要是指语言之外的信息传递，包括身体语言、副语言、空间语言、时间语言以及环境语言等类型（见表8-1）。有关研究表明，有65%的"含义"是通过非语言方式传递的。良好的沟通不仅可以使人们听到绘声绘色的讲述，还可以通过丰富多彩的表情、姿态、动作等使人们获得形象的感受。非语言行为在很多场合能够起到强化语言信息的作用，如在表达"我们一定要实现团队目标"时，有力地握紧拳头，可以强调这件事情的重要性和紧迫性。许多用有声语言不能传递的信息，非语言行为却可以有效地传递，如在他人演讲的过程中，主持人将手指放在嘴上，示意喧哗人员保持安静。在多数情况下，非语言沟通与语言沟通二者并用，互为补充，如人们相谈甚欢时，在一方站起身来说"我得走了"的时候，对方也会起身相送，双方告别时还会增加目光的接触，表示"我们的谈话很投机，有机会再聊"。非语言信息往往是人们在无意识中自然流露出来的。及时捕捉理解非语言信息对于判断对方的潜在态度有着十分重要的作用。

表8-1　非语言沟通的基本类型

基本类型	主要内容
身体语言	面部表情、眼神、姿态动作、身体接触、仪容仪表等
副语言	音质、音量、语速、语调、重音、停顿、笑声、叹息、沉默、打哈欠等
空间语言	人们利用和理解空间的方式，包括座位的布置、谈话的距离等
时间语言	迟到或早到、让他人等候等
环境语言	大楼及房间的构造、家具和其他摆设、内部装潢、整洁度、光线及噪声等

沟通故事

空城计

　　《三国演义》中有一个脍炙人口的故事——空城计。在蜀汉建兴六年，诸葛亮错用马谡，造成战略要地街亭失守，魏将司马懿带领着15万人的大军乘势而来。此时诸葛亮身边没有大将，只有一班文官，所带领的5 000人的军队有一半也去运粮草去了，城里只剩2 500名士兵。诸葛亮传令，把所有的旌旗都藏起来，士兵原地不动，有私自外出以及大声喧哗的，立斩。又让士兵把4个城门打开，每个城门之上派20名士兵扮成百姓模样，洒水扫街。而诸葛亮本人披上鹤氅，戴上纶巾，领着两个小书童，带上一把琴，到城上望敌楼前凭栏坐下，燃起香，然后慢慢弹起琴来。司马懿到达城下后，看着这样的一幕，疑惑不已，对身边将领说道："诸葛亮一生谨慎，不曾冒险。现在城门大开，里面必有埋伏，我军如果进去，正好中了他们的计谋。汝辈岂知？宜速退。"于是各路兵马都退了回去。诸葛亮巧用非语言沟通的技巧吓退了司马懿的大军，转危为安。

二、正式沟通和非正式沟通

从团队沟通的渠道特征与结构关系的角度来看，团队沟通可分为正式沟通和非正式沟通。

（一）正式沟通

正式沟通是指在团队系统内按照层次，通过团队正式渠道进行信息的传递和交流，例如组织内部的文件传达，上下级之间例行的汇报、总结，工作任务分配以及组织之间的信函往来等。正式沟通比较严肃、约束力强、易于保密，可以使信息沟通保持权威性。其缺点在于依靠团队系统层层传递，比较刻板，沟通速度慢，存在信息失真或扭曲的可能。

（二）非正式沟通

非正式沟通是指正式渠道沟通以外自由进行的信息传递和交流，它是正式沟通的补充，例如员工之间私下交换看法、交流思想感情或传播小道消息等。非正式沟通往往没有规则可循，自发传播速度快，内容途径多样。它在一定程度上弥补了正式沟通渠道的不足，减轻了正式沟通的负荷量。合理引导非正式沟通能够发挥其积极作用，可以更准确地了解组织成员的心理、态度，为组织决策提供有益的参考。但是非正式沟通中信息的真实性不确定，所以需要团队管理者有效地选择判断，去伪存真，提高团队的向心力。

课堂互动

在班级日常事务中，你常用什么样的方式和老师、同学进行沟通？请对你的沟通方式进行评价。

三、纵向沟通和横向沟通

按照信息传递的方向来分类，团队沟通可以分为纵向沟通和横向沟通。纵向沟通是指上下级之间的沟通，分为上行沟通和下行沟通；横向沟通又称为平行沟通。

（一）上行沟通

上行沟通是指团队中下级人员按照隶属关系向上级人员表达其意见与态度的沟通，具有民主性和主动性的特点，例如汇报工作、请示问题、反映情况、提出建议等。上行沟通依赖于良好的组织文化和便利的沟通渠道而建立，是团队管理者了解和掌握团队的全面情况，以分析问题，做出正确决策的重要环节。上行沟通渠道畅通可以提高团队信息反馈系统的决策质量。常见问题在于下级人员基于自身的利益关系，容易发生沟通信息与事实不符或失真的情形。

（二）下行沟通

下行沟通是指团队中按照隶属关系从较高层次向较低层次传递信息的过程，通常以命令、正式文书方式传达上级的决策、政策、计划、规定、通知等信息，具有权威性和指令性。下行沟通使下级人员明确隶属关系、工作目标、职责任务，能够协调不同管理层次的管理活动，加强各层次之间的有效协作。常见问题在于如果团队层级较多，那么传递过程较为迟缓，信息内容容易歪曲、遗失。

（三）横向沟通

横向沟通是团队中同层级部门、员工之间在工作中的信息传递和交流。横向沟通有助于协调人际关系，加强团队的协调与合作、联络感情、增进理解，平衡各种关系，提高工作效率，增强团队的凝聚力，稳定团队的发展。

沟通故事

聪明的宰相

从前有位宰相，知道广东发生了大水灾，请求皇帝给予广东当年免缴粮食的恩惠。可是皇帝不置可否，只说"让我想想"，就把事情搁下了。这个宰相每天都要陪皇帝下棋，他每下一步关键的棋，都先用棋子轻轻敲着棋盘，唱着"锵、锵、锵，广东免解粮。"连续几天这样唱着，有一天皇帝也跟着唱起来："锵、锵、锵，广东免解粮。"因为君无戏言，所以那一年广东真的不用上缴粮食了。

四、单向沟通和双向沟通

根据沟通信息反馈与否，团队沟通可以分为单向沟通和双向沟通。

（一）单向沟通

单向沟通是指信息从发送者到接收者单向传递，是一种没有进行反馈的信息传递方式，如演讲、信息播报、报告等。单向沟通的优点是信息发送者不会受到信息接收者的询问，能保护发送者的尊严，信息沟通通常比较有秩序，速度快。缺点是信息接收者不能进行信息反馈，即使没有理解的信息也只能强制性接收，可能会降低沟通效果。单向沟通的适用范围：问题简单，但时间紧；下属易于接受解决问题的方案；下属之前没有获得关于问题的足够信息，在这种情况下反馈，不仅无助于澄清事实，反而容易混淆视听；上级缺乏处理负反馈的能力。

（二）双向沟通

双向沟通即沟通过程中信息的发送者和接收者经常进行换位沟通，例如团队间的协商、讨论或两个人之间的谈话。双向沟通的优点是存在信息反馈，发送者可以及时了解接收者对所传递信息的态度、理解程度，有助于加强协商和讨论，增强对信息的了解和对发送者的理解。缺点是费时，速度慢，容易受到干扰，在一定条件下信息发送者的心理压力可能较大。双向沟通的适用范围：时间比较充裕，但问题比较棘手；下属对解决方案的接受程度至关重要；下属能对解决问题提供有价值的信息和建议；上级习惯于双向沟通。

课堂互动

请面向自己身边的同学，分别模拟单向沟通和双向沟通的情境。

五、直接沟通和间接沟通

按照信息沟通的过程是否需要第三方加入来分类，团队沟通可以分为直接沟通和间接沟通。

（一）直接沟通

直接沟通是指沟通双方直接进行信息交流，不需要中间环节的传递，例如下级对上级的工作汇报、电话交谈等。直接沟通的优点是沟通迅速，双方可以充分交换意见、交流信息，取得相互了解。缺点是信息的有效传递需要双方在时间、空间上保持一致，有时直接沟通存在一定的困难。

（二）间接沟通

间接沟通是指信息发送者必须经过第三方的中转才能把信息传递给接收者。间接沟通突破了时间和空间的限制，但是需经过中间环节，容易导致信息失真。

知识链接

时代变了、方式变了，人对沟通的渴望却没有变

时代迅速发展，人们的沟通方式也由过去"尺素重重封锦字"的漫长等待到如今的"天涯若比邻"的方便快捷，沟通方式翻天覆地的转变也映照了当今社会的高速发展。

书信是过去最常用的联系方式，"鸿雁传书"是古代文学作品中"书信时代"的文雅称呼。远在千里的人们靠写信来传递嘱托、思念和亲情。通常信发出后便是遥遥无期的等待和

接到回信后欢呼雀跃的欣喜交替上演。除了书信，20世纪50年代至70年代，电报也是一种重要的通信工具。"××收电报"是收发室大爷们常喊的话，被喊者常是怀着极度紧张甚至是害怕的心情跑来收电报。电报费用很贵，按字数收费。遇上万不得已和紧急情况时人们才会选择发电报这种比较快的通信方式。

20世纪80年代，手摇电话机、老式轮盘拨号电话机问世，拨几个数字，就能听见对方的声音，这让人感到方便、新鲜。20世纪80年代末，开始出现寻呼机（也称BP机）。20世纪90年代初，时髦青年的一个必备行头是BP机。只要BP机"滴滴"一响，便要就近找公用电话打过去。1992年开始，被称为黑砖头的"大哥大"登场，冲击了寻呼机业务，到2005年寻呼机彻底退出历史舞台。拿着"大哥大"打电话，看着风光，但那可是个体力活儿，因为加上电池比较重。

20世纪90年代末，手机进入普通百姓的生活。手机也从身份的象征变成了人们随身携带的必需品。2005年，小灵通闪亮登场，之后又快速离场。当前，智能手机不仅仅是沟通交流的工具，还是消费、理财、娱乐的全能终端。拥有一部手机，等于把世界装进了口袋。手机一下子变成人们不可或缺的"伴侣"。随着信息技术的不断发展，以及人们感知习惯的适应和改变，在沟通工具上我们可能的选择越来越多，网络交流已经成为日常工作、生活中不可或缺的一部分。沟通方式的变迁代表着时代的进步，也使我们的生活更美好、更幸福。

技能实训

灵活运用沟通方式

实训目标：当环境及条件给定时，学生学会适应和调整，综合运用不同的沟通方式来营造良好的团队氛围。

实训工具：笔、纸。

实训步骤：

（1）给每位同学发记录用的笔和纸。

（2）每位同学自由找其他同学交谈，了解他（她）的基本信息，包括个人兴趣爱好、喜欢的名言、对本门课程的学习期望等，交流的同学越多越好，交流时将了解到的信息记录在纸上。

（3）交流结束，老师从同学中选出一位，请这位同学向大家介绍自己刚才交流过的，且没有被他人介绍过的同学的情况，并从这些同学中选出一位继续向大家介绍其他人。

（4）每位同学认真聆听，了解到更多同学的情况。

（5）如果在整个介绍过程中没有被其他人介绍过，则自己站起来介绍个人的情况。

思考与讨论：

（1）在交谈和介绍的过程中，你用到了哪些沟通方式？

（2）沟通过程中你遇到了什么问题？你是怎样解决的？现在你觉得还有什么更好的沟通方式可以用来解决问题？

拓展练习

案例分析

小王是新上任的经理助理，平时工作积极主动且效率高，很受上司器重。那天早上，小王刚上班，电话铃就响了，为了抓紧时间，她边接听电话边整理有关文件。这时，小李来找小王，他看见小王正忙着，就站在桌前等着，只见小王一个电话接着一个电话。最后，小李终于可以和小王说话了。小王头也不抬地问他有什么事，并且一脸严肃。当他正要回答时，小王又想起其他事，与同室的小张交代了几句，这时小李已经忍无可忍，发怒道："难道你就是这么当领导的吗？"说完，他愤然离去。

思考：

（1）这个案例中，主要问题出在谁身上？为什么？

（2）如何改进其非语言沟通的技巧？

（3）假如你是小王，你怎么做？

第三节 团队沟通的障碍

学习目标

- 了解沟通障碍产生的原因，掌握消除沟通障碍的方法。
- 能分析沟通障碍产生的原因，自如地消除沟通障碍。
- 能自我审视，善于学习，提高沟通能力。
- 拥有同理心，养成客观公正的处事风格，持有平等、尊重的处世态度。

情景导入

这是一则上司与下属的对话。

下属：你今天有没有时间？

上司：今天什么时候？

下属：随便。

上司：什么事？

下属：你没有时间就算了。

上司：告诉我，什么事？

下属：讨论一个客户的事，问你去不去？

上司：你需要我去吗？

下属：我也不知道。

上司：你解决的方案是什么？

下属：我要和你讨论才知道。

上司：讨论什么？

下属：是这样的……

上司：要我去的目的是什么？

下属：你去好一点。

上司：你把要我去的目的想清楚，再决定。

下属：好的。

情景解析：

对话中，下属对自己要沟通的目的不明确，"以其昏昏，使人昭昭"是不可能的，自然不能与上司达成理想的沟通效果。在日常工作和生活中，沟通障碍是普遍存在的，它困扰着人们的正常交际，使人工作效率下降，严重的甚至会影响个人职业生涯的发展。在团队沟通中，人们必须了解沟通障碍产生的原因，并掌握消除沟通障碍的策略与技巧。

知识园地

课堂互动

在工作和生活中，为什么会有那么多的不满、埋怨和误会？为什么"理解万岁"会让那么多的人产生共鸣？

素养提升

倾听的魅力

一、什么是沟通障碍

沟通包含诸多的要素和步骤。在每一个要素和每一个步骤中都可能存在着各种障碍，它们直接影响沟通效能的发挥。

沟通障碍是指信息在传递和交换过程中，由于信息意图受到干扰、阻断或误解，沟通出现失真的现象。人们在沟通信息的过程中，常常会受到各种因素的影响和干扰，使沟通受到阻碍。这些因素中有发送者与接收者的问题，也有编码与解码的问题，还有信道、噪声及反馈的问题等。

⏰ **沟通故事**

不迟到

李：小王，我想和你讨论你的上班时间问题。你知道，这个问题我们已经议过两次了，但是我不能忍受你今天早上又迟到了。

小王：对于今天早上的事，我很抱歉，我坐的车在路上出了点麻烦，最近我……

李：这我理解，但是我希望你能按时上班。

小王：好的，我利用中午的时间把耽误的工作做完。

李：好，我同意你这样做，但还是要求你不迟到。

> 小王：昨天小赵迟到了，你却没有说她。
>
> 李：小赵事先和我打过招呼。小王，你还是想想怎样才能在早上按时到公司上班吧。

二、沟通障碍产生的原因

（一）信息发送者的障碍

信息发送者在传递信息之前首先要对信息进行整理，将之变成双方都能理解的信号。在沟通过程中，发送者的表达能力、沟通状态、心态、情绪等都会影响信息的完整传递，具体容易出现的障碍如下。

1. 目的不明

若信息发送者对自己将要传递的信息内容、交流的目的缺乏真正的理解，不清楚自己到底要向对方说些什么、怎么去说，也不知道接收者想了解什么，这便使得信息沟通遇到无法逾越的障碍。因此，信息发送者在进行信息交流之前要有一个明确的目的和清楚的概念，即"我要通过什么通道、向谁传递什么信息、达到什么目的"。

2. 表达不清

发送者如果口齿不清、语无伦次、模棱两可，或词不达意、文理不通、字迹模糊，就难以把信息完整、准确地表达出来。如果使用方言，也可能会使接收者无法理解。有时发送者人为地缩简信息，会使信息表达模糊不全，带来理解偏差。当发送者心态不佳，处于情绪低迷的状态时，所表达出来的信息，其准确性和科学性也会受到影响。

3. 选择失误

信息发送者对传递信息的动机把握不准，缺乏审时度势的能力，会大大降低信息沟通的价值；时间上的耽搁与延误甚至会使信息过时而无用；信息通道选择失误，则会使信息传递受阻，延误时机；沟通对象选择失误，无疑会造成"对牛弹琴"或自讨没趣，做了无用功。

4. 编码误差

信息发送者在进行信息编码时应该充分考虑接收者的经验背景，因为经验背景的不同会使解码还原时出现困难或错误。若信息发送者不了解接收者所在国家或地区的风俗文化差异，很容易引起误解或产生隔阂。例如，在非语言沟通中，竖起大拇指在中国表示友好、夸赞，而在意大利表示数字"1"，在希腊则表示"够了"。若发送者与接收者专业领域差异非常大，发送者使用专业词汇，如医学术语、法律术语等，很有可能会造成沟通障碍。

5. 形式不当

当人们使用语言或非语言方式表达同样的信息时，一定要相互协调，否则会使人"丈二和尚摸不着头脑"。例如，当我们传递一些十分紧急的信息时，如果不采用电话、网络等现代化的快速通道，而是通过寄送信件的方式，那么接收者收到的信息往往会因为失去时效性而毫无价值。

（二）信息接收者的障碍

在沟通过程中，接收者收到信息后要进行解码，从而理解信息。在这一过程中，经常出现的障碍主要有以下内容。

1. 过度加工

信息接收者在信息交流的过程中，有时会按照自己的主观意愿对信息进行"过滤"和"添加"。这些有意识或无意识的加工可能会导致沟通失败。例如，在上行沟通中，某些部下对上级"投其所好"，报喜不报忧，所传递的信息经过层层"过滤"后可能变得支离破碎，或变得完美无缺，使上级难以了解实际情况；而在由决策层、管理层和执行层所进行的下行沟通中，相关人员对传递的信息经过逐级领会，或添枝加叶，或选择性接收，或断章取义，或面目全非，导致所传递的信息模糊或失真。

2. 知觉偏差

由于人们在个性特点、认知水平、价值标准、权力地位、社会阶层、文化修养、智商情商等方面存在不同，在信息交流过程中习惯于以自己的准则来选择接收哪些信息。一般来说，信息接收者往往习惯于接收自己感兴趣的、与自己利益紧密相连的内容，对不利于自己的信息，要么视而不见，要么熟视无睹，甚至颠倒黑白，以达到防御的目的。

3. 心理定式

接收者若在人际沟通中受到过伤害，有过不良的情感体验，形成"一朝被蛇咬，十年怕井绳"的思维惯性和心理定式，或是对信息发送者持有偏见或看法，就会对发送者心存疑虑、怀有敌意，或内心恐惧、忐忑不安，从而拒绝接收对方所传递的信息，甚至抵制参与信息交流。

⏰ **沟通故事**

疑邻偷斧

从前有一个人遗失了一把斧头，他怀疑被隔壁的小孩偷走了。于是，他暗中观察小孩的行动，不论是言语与动作，还是神态与举止，他怎么看，都觉得小孩像是偷斧头的人。由于没有证据，他也就没有办法揭发。隔了几天，他在后山找到了遗失的斧头，原来是自己弄丢了。从此之后，他再去观察隔壁的小孩，再怎么看，小孩也不像是会偷斧头的人。这个故事告诉我们，切忌以自己的主观想法作为衡量他人的标准，否则会造成人际沟通的错误与偏差。

───┤ **知识链接** ├───

心理定式

心理定式是人的认知和思维的惯性、倾向性，即按照一种固定了的倾向去认识事物、判断事物、思考问题。它一般由早先的经验造成，这些早先的经验决定着我们怎样知觉外部世界。也就是说，人们对当前事物的感知总是要受到过去经验的影响。所以，经验有时候反而成了人类的限制，即"你所知道的，将会影响你所看到的。"例如"偏见"，这是一种最具有破坏性的社会态度。歧视是偏见的极致表现，无论合乎事实与否，个人偏好支持自己的成见、猜想的倾向。由此，人们在脑中选择性地回忆、搜集有利细节，忽略矛盾的信息，并加以片面的诠释。

我们的意识其实是感官刺激和自我解释的结合体。当然，知觉者的动机、情绪和价值判断等也会产生心理定式作用。例如，人在心情好的时候，对周围事物可以产生美好知觉的倾向，而心情不好的时候看什么都觉得不顺眼。因此，当需要评价一个人的好坏时，你自己当时的心情好坏就会对评价结果产生很大影响。

可以说，知觉定式是直觉、想象、固有认知等人类意识的综合体现，它既有积极的作用，又有消极的作用。知道了知觉定式对我们的影响，就能够帮助我们区分现实生活中，哪些是我们情绪影响下的判断，哪些是"先入之见"的主观意识，哪些是我们固有认知下的偏见……而最重要的是，可以帮助我们学会分辨，哪些是客观下的"事实"。

4. 忽视反馈

反馈的实质是接收者给发送者一个信息，告知自己收到发送者的信息，以及理解信息的程度。在沟通过程中，如果接收者不能及时地反馈信息，可能产生以下问题：一是导致发送者再次发出信息，因为发送者没有收到反馈信息，他不知道接收者是否接收或理解了信息，于是重复发送信息；二是导致接收者可能按不确定的信息行动，一旦接收者对信息的理解错误，后果不堪设想。

（三）信息传递过程中的障碍

1. 时空障碍

沟通双方距离太远，接触机会少，或者只能借助于通信设施或网络媒介来传递信息，则会造成沟通障碍。沟通的时间选择也很重要，选择有利的时机，可以使信息的通达度、理解度和时效性达到最佳；若时机不成熟，仓促行事，则可能会使信息失去价值。

2. 信息超载

现代社会是信息丰富的社会，大量的信息涌向接收者，当超过个人的信息处理能力时，就会使接收者处理信息的能力由于长时间持续在处理状态而逐渐下降。

3. 环境干扰

稳定有序的环境有利于信息传递的速度与效率，嘈杂无序的环境往往会使信息传递受阻。例如，交谈时所处的场合、彼此之间的距离、电话等传送媒介的质量、各种物理噪声都会对信息传递带来影响，造成信息遗漏，甚至歪曲。

4. 组织障碍

庞大的团队组织机构中，管理层级越多，信息传递经过的环节就越多，那么在传递给下一个个体或群体时也更容易产生错误，信息疏漏和过滤的现象就会越严重，使得接收者所接收到的信息已经大打折扣或被篡改失真。

除此之外，团队中的等级观念、小集体利益、沟通成本等都会对团队沟通产生影响，若处理不当就会导致沟通障碍。

课堂互动

说一说你在生活中遇到的沟通障碍带来的不便，或沟通障碍给自己人际关系带来的困扰。

认识团队沟通

三、消除沟通障碍的策略

尽管存在上述的沟通障碍，但是沟通现状可以通过以下策略与技巧来进行改进。

（一）明确沟通目的，做好充分准备

沟通双方在沟通之前必须清楚沟通的真正目的是什么，动机是什么，需要对方理解什么。确定沟通目标，规划沟通内容，这样双方才能达成目标、价值、态度和兴趣的共识。沟通前，发送者要对沟通的信息做系统、详尽的准备。沟通的内容要完整、准确，言之有物，语义明白确切，避免含糊的语言，不要讲空话、套话和废话。同时，要学会"换位思考"，根据具体的情景选择合适的沟通渠道、最佳的时机、适当的沟通技巧，主动搭建沟通条件，激发信息接收者的兴趣，便于有效达到沟通目的。

（二）改善沟通态度，尊重他人观点

沟通不仅仅是信息符号的传递，还包含着思想和情感。所以，双方在沟通过程中所采取的态度对于沟通效果有很大的影响。只有双方坦诚相待，以积极、开放、自信、平等的心态对待沟通，才可以使沟通平稳进行。在沟通的过程中，沟通者要试着去适应他人的思维框架，并体会他人的看法，无论是否同意对方的意见和观点，都要学会尊重对方，并给对方说出意见的权利，同时将自己的观点更有效地与对方进行交换。有效的沟通不是斗智斗勇，更不是辩论比赛。当信息发送者发觉接收者心不在焉或不以为然时，就必须改变自己的沟通方式，要尽可能地避免使用太强烈的词汇，不能把自己的观点强加到对方身上，更不能因不同意对方的观点而横加指责，否则会弄巧成拙。

（三）提高表达能力，缩短心理距离

语言是信息的载体，是提高沟通效率首先要解决的问题。要掌握语言表达艺术，强化相关知识的学习和训练，既要选择正确的词汇、语调、标点符号，还要注意逻辑性和条理性，对重要的地方加上强调性说明。同时，借助非语言信息来表达完整的思想和情感，要密切注意对方的非语言信息提示，从而全面地理解对方的意思，使自己在语言运用方面达到熟练自如、得心应手的水平。信息发送者还必须充分考虑接收者的心理特征、知识背景、社会阅历等状况，依此调整自己的沟通方式、措辞或是服饰、仪态。例如，上级在车间与一线工人沟通，如果穿得西装革履，说话又咬文嚼字，势必会给工人造成一道心理上的鸿沟，不利于充分沟通。

（四）学会积极倾听，及时予以反馈

真正的沟通高手首先是一个善于倾听的人。积极倾听是一种有意识、有情感地接收语言或非语言信息，确定其含义并且对此做出反应的过程，能够使人不需要出声就达到沟通的目的。在面对面沟通中，双方要做到"耳到""眼到""心到""脑到"。所谓"耳到"，就是要集中注意力把说话者所说的每句话都听清楚；"眼到"，就是要用眼睛去观察对方的表情、眼神、手势、体态与穿着等，以判断其口头语言的真正含义；"心到"，就是要以换位思考的态度站在对方的立场与角度，去体会其处境与感受；"脑到"，就是要运用大脑去分析对方的动机，以便了解其口头语言是否话中有话，是否有弦外之音。

积极的倾听取决于及时反馈，反馈能帮助对方了解其所说的话的效果和影响，如用点头、恰当的面部表情与积极的目光接触，向说话者表明你在认真倾听；用皱眉、疑惑不解等表情，给说

话者提供准确的反馈信息，以利于其及时调整。倾听者还要学会复述，即用自己的语言复述说话者所说的内容，如"你的……""就像您刚才所说……""您有……这样的感受，我非常理解"，一方面可以检验自己理解的正确性，另一方面可以表达对说话者的尊重，从而拉近彼此之间的距离。倾听者还要能够适时适度地提问，这既是对说话者的一种鼓励，表明你在认真倾听，又是控制和引导谈论话题的重要途径，从而使沟通更加深入。

课堂互动

在平时的生活中，什么时候容易出现听而不闻？如何应对听而不闻？

知识链接

沟通中倾听的5个层次

　　第一层次，心不在焉地听。这个层次的倾听者主要具有如下特征：心不在焉，几乎不注意说话者所说的话，心里盘算或考虑着其他毫无关联或关联不大的事情，或心里只是想着如何辩驳对方。这种倾听者真正感兴趣的不是听，而是说，他们虽然表面上在听，心里却迫不及待地想要说话。这种层次上的倾听往往会导致人际关系的破裂，是一种非常危险的倾听方式。

　　第二层次，被动消极地听。这个层次的倾听者只是被动消极地听说话者所说的内容，常常忽视或错过说话者通过表情、眼神等肢体语言所表达的意思。这种层次上的倾听常常导致倾听者出现误解或错误的反馈，从而失去进一步交流的机会。另外，这个层次的倾听者经常通过点头示意来表示自己正在倾听，这往往会导致说话者误以为自己所说的话完全被听懂了。

　　第三层次，有选择性地听。这个层次的倾听者确实在倾听对方说话，也能够了解对方，但他们往往过分沉迷于自己喜欢的话题，只留心倾听自己感兴趣的部分，不合自己口味或与自己意思相左的内容一概过滤掉。

　　第四层次，主动积极地听。这个层次的倾听者主要具有如下特征：主动积极地倾听对方所说的每一句话，很专心地注意对方的一举一动。这种层次上的倾听虽然能激发对方的注意，但是很难引起对方的心理共鸣。

　　第五层次，运用同理心听。这个层次的倾听不是一般的倾听，而是用心去倾听。这个层次的倾听者主要具有如下特征：善于在说话者的信息中寻找自己感兴趣的部分，因为他们认为这是获取有用信息的契机；在倾听过程中不急于做出判断，而是对对方的情感感同身受，并且能够设身处地地看待事物；善于分析和总结已经传递出的信息，质疑或者权衡听到的话；能够有意识地注意到很多非语言线索；善于向讲话者发出询问和反馈，而不是质疑讲话者。这个层次的倾听者是带着理解和尊重，积极主动地倾听，这种有感情注入的倾听方式有利于引起说话者的心理共鸣，在形成良好的人际关系方面起着极其重要的作用。

认识团队沟通

技能实训

谁先逃离

实训目标：锻炼积极倾听及有效复述的能力。

实训步骤：

（1）选出5位同学参加这次实训，其他学生当评委。

（2）介绍故事背景：一场风暴把5个人困在了孤岛上，分别是孕妇、科学家、小孩、市长、企业家。现在只有一艘小船，小船只能坐一个人，在下次风暴到来之前，小船有机会逃出去。逃出去的有生还的机会，留下的可能丧生。

（3）5位同学分别饰演以上人员，明确各自的角色。

（4）5位同学先后陈述自己坐船出去的理由。后面的人要先复述前一个人的理由，再陈述自己的理由。最先陈述的人复述最后一人的理由。

（5）其他学生评价，评选出最能完整复述他人理由的人及最充分陈述自身理由的人。

思考与讨论：

（1）这次实训给你的启示是什么？

（2）你在陈述自己的理由前做了哪些方面的准备？

（3）如果他人无法跟你达成一致观点，你的感觉如何？原因是什么？

拓展练习

倾听能力测试

请回答以下15个题目：对每个问题回答是或否，请根据你在最近时间段内的沟通中的表现真实填写。

（1）我常常试图同时听几个人的交谈。

（2）我喜欢别人只给我提供事实，我自己进行解释。

（3）我有时假装自己在认真听别人说话。

（4）我认为自己是非语言沟通方面的高手。

（5）我常常在别人说话之前就知道他要说什么。

（6）如果我不感兴趣和某人交谈，我常常通过注意力不集中的方式结束谈话。

（7）我常常用点头、皱眉等方式让说话人了解我对他说话内容的感觉。

（8）常常别人刚说完，我就紧接着谈自己的看法。

（9）别人说话的同时，我也在评价他的内容。

（10）别人说话时，我常常在思考接下来我要说的内容。

（11）说话人的谈话风格常常会影响我对内容的倾听。

（12）为了弄清对方所说的内容，我常常采取提问的方法，而不是进行猜测。

（13）为了理解对方的观点，我总会下功夫。

（14）我常常听到自己希望听到的内容，而不是别人表达的内容。

（15）当我和别人意见不一致时，大多数人认为我理解了他们的观点和想法。

以下所示15个问题的正确答案，是根据倾听理论得来的。

（1）否（2）否（3）否（4）是（5）否（6）否（7）否（8）否（9）否（10）否（11）否（12）是（13）是（14）否（15）是

请把错误答案的个数加起来，乘以7，再用105减去它，就是你的最后得分。如果得分在91 ~ 105，那么恭喜你，你有良好的倾听习惯；得分在77 ~ 90，表明你还有很大的提高空间；如果得分在0 ~ 76，那么你需要在倾听技巧方面多下功夫。

认识团队沟通

第九单元
团队有效沟通

高效率的团队依靠有效的沟通。成功的团队领导者把沟通作为一种管理的手段，通过有效的沟通来实现对团队成员的控制和激励，为团队的发展创造良好的心理环境，提高团队的凝聚力与效率。有效沟通离不开一定的策略，面对团队中不同的沟通情境，团队成员需要运用相应的技巧，助力团队合作，实现更好的团队沟通效果。

第一节 有效沟通概述

学习目标

- 掌握有效沟通的基本步骤及策略。
- 能对照有效沟通的步骤进行完整的沟通。
- 要有集体主义精神，培养团队协作能力。
- 培养精益求精、不断进取的意识，具有爱岗敬业的职业品格。

情景导入

汉莎航测集团上海英塔信息技术有限公司组建于1996年，其主要业务是地理信息系统技术应用开发。公司高级管理层只有5人，这是核心团队，而作为核心团队里的核心人物——总经理程东对团队之间的沟通如是说："有效的管理团队是建立在真正、有效的沟通基础上的。核心团队是团队的第一层次，与他们的沟通我每天都会进行，充分地了解他们的想法、需求与动态，有什么问题大家打开天窗说亮话；部门经理属于团队的第二层次，一般来说，与他们的沟通，我会选择在合适的时间一起吃顿饭，进行一次非正式的交流；其余的一般员工是团队的第三层次，我们偶尔会个别联络，或是在企业的活动上进行沟通。但不管是怎样的沟通，我都会尽量使沟通在一个真正有效、透明的平台上进行。我认为，只有真正坦诚的沟通才是有效的沟通，这也是维系团队、建设团队乃至团队文化的关键，没有沟通也就没有真正的团队。"

情景解析：

有效沟通要求团队成员必须交换和适应相互的思维模式，直到每个人都能对所讨论的意见有一个共同的认识，只有达成了共识才可以认为是有效沟通。团队中的成员越多样化，就越会有差异，也就越需要成员进行有效的沟通。

知识园地

课堂互动

请你离开自己的座位，在教室里与尽可能多的同学握手，握手时请面带微笑，注视对方，真诚地与对方寒暄，微笑握手。老师喊"停"时，请你与正在握手的同学走到一边，进行两分钟的交流。

素养提升

集体主义精神

一个凝聚力强、效率高的团队必须建立在有效的沟通基础之上。有效沟通是团队成员以及团队的管理者都要面临的问题，也是他们必须学习、掌握并能够熟练运用的技能。

一、有效沟通的含义

有效沟通就是在恰当的时机和适宜的场合，用得当的方式传递信息、表达思想和感情，并能被他人正确地理解、执行且形成成果的过程。它是通过听、说、读、写等载体，以演讲、会见、对话、讨论、信件等方式将思维准确、恰当地表达出来，从而促使对方更好地接受。

有效沟通须具备 3 个必要条件：一是信息发送者清晰地表达信息的内涵，以便信息接收者能准确理解；二是信息发送者重视信息接收者的反应，并根据其反应及时修正信息的传递；三是信息发送者和接收者对信息的交流有始有终，并确定对所传递的信息、思想和感情充分理解和接受，形成双方共同认可的、可执行的结果。

知识链接

有效沟通的"7C"原则

《有效的公共关系》一书中提出了有效沟通的"7C 原则"，基本涵盖了沟通的主要环节。

1. Credibility：可信赖性，即建立对传播者的信赖。

2. Context：一致性（又译为情境架构），指传播必须与环境（物质的、社会的、心理的、时间的环境等）协调。

3. Content：内容的可接受性，指传播内容必须与受众有关，必须能引起他们的兴趣，满足他们的需要。

4. Clarity：表达的明确性，指信息的组织形式应该简洁明了，易于公众接受。

5. Channels：渠道的多样性，指有针对性地运用传播媒介，以达到向目标公众传播信息的作用。

6. Continuity and consistency：持续性与连贯性，即沟通是一个没有终点的过程，要达到渗透的目的，就必须对信息进行重复，但又必须在重复中不断补充新的内容，这一过程应该持续地坚持下去。

7. Capability of audience：受众能力的差异性，指沟通必须考虑沟通对象的能力差异（包括注意能力、理解能力、接受能力和行为能力等），采取不同方法实施传播，这样才能使传播易为受众理解和接受。

二、有效沟通的基本步骤

（一）事前准备

"机会都是留给有准备的人"。提前做足功课可以提高沟通的效率。事前准备包括以下内容。首先，设定沟通的目标，即希望达成一个什么样的效果。其次，制订沟通的计划，如时间、场合、沟通方式等。再次，预测沟通时可能遇到的异议和争执，事先周密地做好各种应对的准备。

（二）确认需求

沟通过程中主要就是挖掘对方的需求，如果不明白这一点，就无法最终达成协议。挖掘需求必须通过沟通来实现。沟通中有三种行为：说、听、问。首先，正确的提问方式可以帮助我们了解更多准确的信息，还能够帮助我们控制沟通的方向。其次，要积极聆听，要设身处地听，以理解对方的意思，如用"好""我也这样认为""点头微笑"来回应。最后，要及时确认，确认完全理解对方所要表达的意思。

（三）阐述观点

阐述观点即发送和表达个人的信息。在阐述观点时，可以用FAB法则，即属性（Feature）、作用（Advantage）、利益（Benefit）。例如，利用FAB法则的描述"我这幅画是王羲之的真迹，非常值钱"，未用FAB法则的描述"我这幅画是真迹，非常值钱，王羲之画的"。相对而言，按照FAB法则来描述能让对方的印象更加深刻，也更便于理解。

（四）处理异议

沟通过程中总会有些异议，可能是你遇到对方的异议，或是对方不同意你的观点。这时可以采用"柔道法"来借力打力，不要试图强行说服对方，而要用对方的观点来说服对方。首先了解对方的观点，当对方说了一个对你有利的观点时再用这个说服他。处理异议时要表现出同理心，解决人际关系最重要的三个字是"我理解"，沟通过程中塑造一个让对方可以畅所欲言表达意见的环境，尊重对方情绪及意见，展现理解的态度，让对方觉得和你交谈是愉快、轻松且获益的。

（五）达成协议

是否完成了沟通取决于最后是否达成了协议，当协议达成时要做到以下几点：一是善于发现别人的支持，并表示感谢；二是对他人的敬业精神、认真的态度、务实的作风等给予赞美；三是及时庆祝，鼓舞人心，增强团队成员的成就感。

（六）共同实施

在达成协议之后，要共同实施。达成协议是沟通的一个结果，但在工作中，任何沟通的结果都意味着一项新工作的开始。如果没有按照协议共同实施，就是不守信用。信任是沟通的基础，失信于人，也将失去下次沟通的机会。

课堂互动

请列出你所在学习小组本周的学习目标，并与其他小组成员有效沟通，并达成一致意见。

沟通故事

青年求教

有个青年想向一位老中医求教针灸技巧，为了博得老中医的欢心，他在登门求教之前做了认真细致的调查，他了解到老中医平时爱好书法，遂浏览了一些书法方面的书籍。起初，老中医对他态度冷淡。青年发现老中医案几上放着书写好的字幅，便拿起字幅边欣赏边说："老先生这副墨宝写得雄劲挺拔，真是好书法啊！"青年对老中医的书法的赞赏，促使老中医升腾起愉悦感和自豪感。接着，青年又说："老先生，您这写的是唐代颜真卿所创的颜体吧？"这进一步激发了老中医的谈话兴趣。果然，老中医的态度转化了，话也多了起来。随着青年对所谈话题着意挖掘，老中医精神大振，谈锋甚健。终于，老中医欣然收下了这个"懂书法"的弟子。

三、团队有效沟通的策略

（一）建立通畅的团队沟通管理制度

建立沟通管理制度是让团队从制度层面上规定团队成员与成员、成员与管理者进行的必需以及必要的沟通，这样有利于在出现团队问题时能够有沟通的机制，这也是团队管理的重要保障因素。只有建立这样的沟通管理机制，团队领导者才能够了解目前的问题并及时做出必要的调整和安排。

（二）强化团队沟通的意识

团队沟通取决于成员日常情感上的沟通，起到了交流感情、增强凝聚力的作用。由于成员的特点与能力的差异，团队工作的开展需要不断沟通，以此来保障完成工作任务。成员之间如果沟通不畅，就会产生误会，形成内耗，影响团队的正常运转。因此，领导者应该在团队管理中强化团队成员沟通的意识，并基于团队的规模、任务、人员、结构等进行分析，找到团队沟通中的不足之处，予以弥补。

（三）营造团结信任的团队工作氛围

一个团队的卓越发展离不开团队的精诚团结，人与人之间的信任是以诚心诚意和做事效果争取来的。在团队管理过程中，领导者首先要营造公平、公正、自由的团队氛围，尤其是领导者与员工之间；其次，要保证团队成员之间真诚、信任，只有这样才能保证信息的准确性；最后，要体现"以人为本"的思想，领导者只有尊重员工，以良好的状态倾听下属的声音，员工才会乐于沟通。

（四）优化信息传递渠道

团队组织结构复杂时，信息从董事会开始，经过总经理、副总经理、部门经理后传达到基层员工。由于信息传递链过长，信息传递者在组织中的地位、表达能力以及信息接收者的理解能力都可能导致信息出现偏差，使得员工在执行时与信息发布者的初衷不符。所以要想实现团队信息有效传递，就要重视传递信息的正确性。同时，团队要扩展沟通渠道，使管理者与员工都能主动地与对方进行沟通，保障信息及时得到反馈。

⏰ 沟通故事

子产不毁乡校

春秋时期，郑国人喜欢聚集在乡校休闲聚会，议论执政者施政措施的好坏。郑国大夫然明对子产说："把乡校毁了，怎么样？"子产说："为什么毁掉？人们早晚干完活儿，回来到这里聚一下，议论一下我们治理国家的好坏。他们肯定的，我们就推行；他们讨厌的，我们就改正。这是我们的老师。为什么要毁掉它呢？我听说靠为人忠善来减少怨恨，没听说过靠摆威风来防止怨恨。如果用摆威风来防止怨恨，就会像堵住河水一样危险。河水大决口造成损害，伤害的人必然很多，我是挽救不了的。不如开个小口导流，我们听取这些议论后把它当作治病的良药。"然明说："我从现在起才知道您确实可以成大事。小人确实没有才能。如果这样做，恐怕郑国真的就有了依靠，岂止是有利于我们这些臣子！"弱小的郑国也在子产的开明治理下，出现了政通景明的气象。

团队有效沟通

技能实训

说、听、看

实训目标：提高倾听、反馈、总结、鼓励的技能。

实训步骤：

（1）每5人一组进行随机分组。

（2）组内谈论自己的就业求职打算，并说明理由，观察他人的反应。

（3）听者回应，两分钟后轮换角色。

（4）组内相互评价，选出本组最佳沟通者。

（5）推选小组代表来总结小组成员的发言。

思考与讨论：

（1）在他人介绍就业求职打算时，你如何保持积极倾听？

（2）对照有效沟通的步骤，说说你缺少了哪些步骤。

拓展练习

案例分析

刘启明刚刚从名校管理学硕士毕业，出任某大型企业的制造部门经理。刘启明一上任，就对制造部门进行改造。他发现生产现场的数据很难及时反馈上来，于是决定从生产报表上开始改造。借鉴行业巨头公司的生产报表，刘启明设计了一份非常完美的生产报表模板，从报表中可以看出生产中的任何一处细节。每天早上，所有的生产数据都会及时地放在刘启明的桌子上，他很高兴，认为拿到了生产的第一手数据。没过几天，出现了一次大的品质事故，但报表上根本没有反映出来，刘启明这才知道，报表上的数据都是随意填写的。为了这件事，刘启明多次开会强调认真填写报表的重要性，但每次只是开完会开始的几天可以起到一定的效果，过不了几天又变回原来的状态。刘启明怎么也想不通。

思考：

（1）你认为案例中出现的问题原因是什么？

（2）请你结合本节所学知识，提出应对办法。

第二节 有效沟通技能

学习目标

- 掌握口语表达及书面沟通等有效沟通技能。
- 能自然地运用问答、演讲、幽默、赞美等沟通技巧，以及熟练地写作应用文。
- 培养良好的心理素质和态度，提高观察应变能力和自我调节能力。
- 增强辩证思维能力，强化问题意识，提高理论联系实际的能力。

情景导入

1945年，好友宴请张大千和梅兰芳。宴会开始前，有人请张大千坐首座，也有人请梅兰芳首座，这使得场面有些尴尬。张大千说："梅先生是君子，我是小人，我怎么能坐首座呢？"梅兰芳和众人都不解其意。张大千解释说："不是有句话说'君子动口，小人动手'吗？梅先生唱戏是动口，我作画是动手，所以理所当然该请梅君坐首座。"满堂来宾为之大笑，并请他俩并排坐首座。

情景解析：

张大千诙谐幽默，醉翁之意不在酒，既表现了他的豁达胸怀，又制造了宽松和谐的氛围。在沟通中，人们可以灵活地运用问答、幽默等沟通技巧来恰当地表达自己的观点。

知识园地

课堂互动

假期结束了，你回到学校，分别向宿舍的好友、班级的同学和自己的班主任分享假期的经历。在面向这3种沟通对象时，你会对他们怎么说？

素养提升

"乘风破浪"的外交部发言人

有些人在团队沟通中总能如鱼得水，让人如沐春风，轻而易举地获得自己想要的结果；但也有些人总是沟通受阻，焦虑苦闷，在团队关系方面产生很大的挫败感。存在这种差别的原因在于后者缺乏有效沟通技能。有效沟通技能就是有效地组织信息进行传递，使接收者理解并接受，双方都能感受到需求得到较好满足、目的有效达成的能力，包括口语表达能力（包括同时表达的非语言方式）和书面沟通能力。人们只有具备有效沟通技能，才能取得良好的沟通效果，达到沟通目的。

一、口语表达

口语表达所涉及的对象非常广泛，沟通方式也灵活多样。"良言一句三冬暖，恶语伤人六月寒"，通常情况下，口语表达能力是一个人内在素质的外在表现，是由多种能力构成的综合能力，是与知识储备、观察能力、应变能力和调适能力密切相关的。

（一）口语表达的基本要求

1. 加强知识储备

由于大脑信息储备和处理能力不同，每个人大脑塑造的结果存在巨大差异。不同的专业背景、不同的职位、不同的成长环境，使得每个人在知识储备、理解力、思考模式上迥异。知识储备的差异及由此形成的思维模式差异容易造成极大的沟通成本。所以，我们要储备知识，提前做功课，开拓自己的知识面。这样才能够和各种人都有话可说，才能够说出对方愿意听的话。

2. 看准沟通对象和场合

要真正做到有效沟通，必须先明确要与谁沟通、在哪里沟通、怎么进行沟通、沟通什么内容、怎样进行沟通，再学会运用沟通技巧。

（1）看沟通对象的个人特征

俗话说，"人上一百，形形色色"。人各有其情，各有其性，所以言辞表达的内容和方式要因人而异，符合接受对象的脾气性格，这样才有可能产生"同声相应，同气相求"的团队沟通效果。

首先，要看对方的性格和性别特征。其次，在与人沟通时，我们要学会对人的性格进行具体分析，根据对方的性格特征调整自己的说话方式。同性格外向的人谈话，我们可以侃侃而谈；同性格内向的人谈话，则应循循善诱。对彬彬有礼的人，我们说话时应该做到文雅、有礼、谦逊；对性格草率、粗心大意的人，我们说话时要把话分成几部分来讲。同样的话对男人和女人的作用是不一样的，我们也要注意这种差异，对不同性别的人说不同的话。

> ⏰ **沟通故事**
>
> ## 孔子因材施教
>
> 　　两千多年前，孔子就注意针对学生的不同性格来回答他的问题。有一次，孔子的学生仲由问："听到了，就可以去干吗？"孔子回答："不能。"另一个学生冉求也问同样的问题："听到了，就可以去干吗？"孔子的回答："那当然，去干吧！"公西华听了，对于孔子的回答感到有些疑惑，就问孔子："这两个人问题相同，而你的回答却相反。我有点儿糊涂，想来请教。"孔子答："求也退，故进之；由也兼人，故退之。"孔子的意思是，冉求平时做事好退缩，所以就给他壮胆；仲由好胜，胆大勇为，所以要劝阻他。可见，孔子诲人不是千篇一律，而是因人而异，因材施教，特别注意学生的性格特征，因此能够使学生听进自己的话。

　　（2）看沟通对象的文化水平

　　当与文化水平相对较低的人说话时，我们应该尽量使用浅显易懂的语言，这样对方才能听明白、听清楚；而与文化水平相对较高的人谈话时，则需要注意语言的润色和修饰，可适当使用较为正式的谈话方式，这样才能让对方觉得谈话符合自己的身份和水平。

　　（3）看沟通对象的心理需求

　　由于不同的人心理需求不同，我们要能根据交际对象的兴趣爱好、心理特点和情感需求来选择沟通方式和内容，把话说到人的心窝里。如对小孩可以直接问："今年多大了？"而对老年人则要问："您今年高寿？"年轻人喜欢别人说他有闯劲、有活力，中年人喜欢别人说他事业有成、家庭美满。

> ⏰ **沟通故事**
>
> ## 请女士脱帽
>
> 　　19世纪，在欧洲上层社会的妇女中，流行戴一种宽檐的高帽子。这些女士们进入剧场看戏剧时也喜欢戴着帽子，但后面的观众，因为女士们高高的帽子挡住了视线而看不到舞台。剧场经理提示入场的女士脱帽，但谁也不予理睬。后来，剧场经理灵机一动，说："本剧场照顾年老的女士，只有她们可以不必脱帽。"此言一出，剧场的女士们纷纷摘下了帽子。由于剧场经理抓住了女士们的爱美与自尊心理，事情就这样迎刃而解了。

　　（4）分清沟通场合

　　在不同的场合，面对不同的人，需要把握好口语表达的分寸。如你跟某同事关系比较好，私下里可以称兄道弟，但在开会时，面对着领导者和其他同事，你就不能再一口一句兄弟了，必须规规矩矩地称呼其名。在不同的场合，因为氛围不同，我们在开口表达时，也要做到少说话并适当地保持缄默。开口表达时注意所说的内容、意义、措辞、声音和姿势。无论是探讨业务、接洽生意，还是交际应酬、娱乐消遣等，我们都要尽量使自己说出来的话重点突出、具体而生动、与所处场合相符。

团队有效沟通

| 知识链接 |

场合

作为团队一员，我们会在工作和生活中出席不同的社交活动，根据具体的场合具体分析，学会随机应变，在不同场合应对自如，不失风度。

1. 正式场合与非正式场合

在正式的场合，一般涉及的话题也是庄重、严肃的，因此，你不可以随便说话或开玩笑等。相反，如果在非正式场合下，便可随便一些。例如，几个熟识的朋友一起聚会，如果过于拘谨，就没有意思了。

2. 自己人场合和外人场合

自己人和外人，是相对于交际中的"自我"而言的。与那些我们认为关系亲密的人，完全可以"关起门来谈话"，甚至可以无话不谈。而对外边的人，"逢人只说三分话，未可全抛一片心"。因此，遵循内外有别的界限谈话，普遍被认为是得体的。如果逾越这一界限，就会被认为是说话冒失。

3. 庄重场合与随便场合

这要视交际方的身份、交际目的等各个要素而定。例如，如果你想求人办事，而对方是个随和的人，你就可以说"我顺便来看你"，以减轻对方的负担。而"我特地来看你"，显得很庄重，会让对方在心理上有压抑感。但如果对方很注重礼节，且具有一定的社会地位，你就不能这么说，"我顺便来看你"就显得不够认真、严肃，会让对方觉得不被重视和尊重。

4. 喜庆场合与悲痛场合

一般来说，说话应与场合中的气氛协调。不合时宜地说话会让人生厌。在他人办喜事时，千万不要说悲伤的话；在他人悲痛时，不要说逗乐的话，否则就要被认为不懂事了。

---

3. 选择共同话题

所谓"酒逢知己千杯少"，两个意气相投的人在一起总觉得有说不完的话。因此，我们在沟通时，要寻求彼此在兴趣、性格、阅历等方面的共同之处，使双方在越谈越投机的过程中获得更多关于对方的信息，迅速拉近距离，增进感情。

善于提出话题是使沟通顺利进行并取得良好效果的保证。话题的提出要根据动机、对象、内容、环境的不同灵活掌握。一是聊对方的兴趣爱好，如"最近在听哪首歌？""这位歌手是你的偶像吗？""这位偶像还有哪些好听的歌？"。二是聊最近的热点话题，如与年轻人沟通，就可以找热点新闻，以及热门的网络用语、电影、娱乐八卦等。三是聊彼此学习经历方面的话题，每个人都经历过学生时代，有太多值得回忆的话题，难忘的人和事是勾起思绪的催化剂。四是聊彼此工作事业方面的话题，如工作性质、未来发展以及找工作的心路历程等都可以成为共同话题的敲门砖。五是聊一些令对方引以为傲的话题，如针对对方的某一项特长、奖项、行业以及成就等进行话题拓展。六是从美食、旅游、音乐、运动、家乡等话题切入，双方总会基于一个甚至多个爱好而产生交集。

选择话题时要注意如下事项：对于你不知道的事，不要冒充内行；不要向陌生人夸耀你的成绩；不要在公共场合谈论朋友的失败、缺陷和隐私；不要谈容易引起争执的话题；不要到处诉苦和发牢骚。

4. 结合非语言沟通技巧

良好的口语表达能力还表现为能够结合使用手势、姿态、表情等体态语，抑扬顿挫、高低快慢的不同语调，以及喜怒哀乐等不同语气以加强语言表达效果。每个人的声音都拥有与生俱来的特色，要能加强训练，形成自己独具"魅力"的声音。口语表达时做到口齿清晰、音色优美、语速适中、适当停顿、重音强调。"眼睛是心灵的窗户"，在口语表达中，还要注意目光的运用，目光要和沟通对象接触，以吸引注意。同时，目光传递要与脸部的表情以及有声语言密切配合，表达一致，不同的目光传递着不同的信息，交流着不同的情感，目光流露要自然，正常沟通要能给听众亲切感。口语表达时，恰如其分地运用微笑，也可以传递情感、沟通心灵。微笑要发自内心、温和友善、真诚自然。得体的身体语言能展示最佳的礼仪形象，如倾听时身体前倾、感谢时稍作鞠躬、肯定时点头微笑、欢迎时有力的握手等，都可以强化语言的影响力和情感色彩，也是口语表达时要重视的。

🕐 **沟通故事**

曾国藩的识人之道

曾国藩眼光独到，是位识才高手。

有一天，三位新上任的弟子去拜访曾国藩。经过一番交谈后，曾国藩即对他们下了一番结论：第一位，总是眼睛低垂，态度温顺，说话谨慎，是一个很细心的人，比较适合做文书工作；第二位，善于言辞，但是目光不定，虽有才气，但是偏于狡诈，不可重用；第三位，说话铿锵有力，目光坚定，既有才气，又有风度，可以托付重任。这第三位，就是后来战绩辉煌的大将罗泽南。

5. 掌握好口语表达的分寸

所谓分寸，就是说话或做事应掌握的尺度、界限。为了和谐的团队关系，我们在口语表达时必须懂得适可而止。《管子》里有句话说："言不周密，反伤其身。"意思是说出来的言语不够周密，反而会伤害到自己。所以，说话时，要把握好尺度。一是话不要说过头，在开口前停顿揣摩下，要说的话是否合情合理，对对方有无不适。毕竟，说者无意，听者有心。一个毫无城府、喋喋不休的人会显得浅薄俗气、缺乏涵养，所以要见好就收。二是话不要说得过于绝对，即使是很有把握的事，也要把话说得委婉一点，做到不偏不倚。三是不说破，这是一种智慧。与人交往中，说话留余地，看破不说破，这并非圆滑世故，而是尊重他人，顾及他人感受，让彼此都舒服的处世智慧。四是得理饶人，不咄咄逼人。很多善于辩论的人容易目中无人，争强好胜，非要让别人同意他的观点不可，甚至不惜辩论一番以决出胜负。殊不知，这样的人可能赢了辩论，却输了人缘，甚至激化矛盾，给双方的关系画上终止符。"得饶人处且饶人"，给别人一个台阶，也是给自己留一条退路。

（二）有效问答

1. 提问

提问是开启信息宝库的钥匙，也是对他人感兴趣的一种表现。高明的提问方式让对方乐意打开话匣子，顺畅地聊下去；而不恰当的提问会引起对方的反感，让话题难以为继。巧妙的提问可以在人与人之间架起沟通的桥梁，让他人感受到自己被尊重，沟通的目的就更加容易达成了。有效提问的技巧有以下几种。

一是做好提问前的准备。明确想得到的信息，有针对性地提问，提的问题要少而精、简明扼要、一针见血，明确地指出关键所在，提问的方式要根据沟通的内容以及进展情况来灵活掌握。

二是把握好提问时机。当对方很忙或正着急处理事情时，不宜提与事情无关的问题，当对方遇到困难或麻烦，需要单独冷静思考时，则最好不要提任何问题。一般应在对方将某个观点阐述完毕后应及时提问，过早会打断对方，显得不礼貌；过晚会被认为精力不集中或未能理解，容易产生误解。

三是提问应委婉、礼貌、尊重。避免使用盘问式、审问式、命令式等不友好、不礼貌的问话方式和语态语气，要尊重对方，考虑怎样提出问题才便于对方愉快地回答，营造"问者谦谦，言者谆谆"的气氛。

四是有效运用提问的最佳语言模式，即陈述句加疑问语缀。例如，比较一下这两种提问："你能在今天上午做出一个切实可行的方案吗？""我相信你能在今天上午做出一个切实可行的方案，你能先说说想法吗？"显然，第二种提问方式更能激发对方回答的积极性。

课堂互动

假设有一次采访优秀毕业生的机会，请你列出提问的提纲，尽可能多地获得关于个人发展方面的建议。

---

2. 应答

沟通是一种互动，有来必有往。应答既能表达对对方尊重，又能巧借对方的问题表达自己的想法或建议，达到互通信息、加深情感、解决问题的目的。具体来说，应答时需要把握好以下方法和技巧：

一是留下充分的时间进行思考，做出最合适的回答。在沟通中若遇到提问者连续追问，应答者也需要冷静，必要时可以直接告诉对方自己需要一些时间进行认真思考。

二是对问题进行分类。分清对方的问题是友善的、不好回答的还是带有敌意的。针对不同类型的问题采用不同的应答技巧。第一类问题，例如问个人基本信息，由于对方没有敌意，而且说出来对你也并没有什么影响，如果你还闪烁其词，就显得不够真诚了（甚至有可能是对方拿已经掌握的信息对你进行的试探）。第二类问题虽然没有敌意，但却是你不想回答、不便回答的问题，对方可能是无意中问的，也可能是故意问的。总之，回答这类问题应该视情况而定，对于应该让对方了解或者需要表明自己态度的问题要认真回答。第三类问题是双方发生很严重的矛盾时，对方可能因为对你的行为有所不满，对你有敌意，所以问这样的问题。回答这种问题时应该礼貌，不应该采取针锋相对的态度，然后把握好回答的分寸。如果涉及泄密或有违道德的情况，可以用"无可奉告"一词来拒绝回答。

三是模糊回答。对那些不得不回答，但是难以立即回答的问题，你可以使用模糊语言，即给对方不确定的答案的语言，为自己留足够的余地。例如，对方问你价钱最低多少时，你可以说："不会高于你能承受的价格。"这种模糊语言显得十分巧妙，既回答了问题，又没有使你陷入被动。

四是延迟回答时间。当对方要求你立即回答某个你不想回答的问题时，你可以拖延回答的时间。例如，你可以说："我想，现在还不是谈论这个问题的时候。"或者"我现在没有第一手的资料，我想等我查阅完第一手资料时再给你一个详尽而准确的答复，这样可能会更好些。"这些理由都具有不可辩驳的说服力，因此你将不会再遇到同样的问题。不过，延迟回答时间只能是暂时的。如果你这一次拖延了回答对方问题的时间，那么下一次你就不能再借故拖延了。

🕰 沟通故事

巧妙应答

晏子出使楚国时，楚王向晏子提出了一个侮辱性的问题："齐国为什么派你这么一个矮小无德的人做使臣呢？"晏子说："齐国派使臣有一个规定，不同的人朝见不同的国王：贤德的人朝见贤德的国王，不贤德的人朝见不贤德的国王。我最不贤德，就派来朝见您。"楚王本想侮辱晏子，没想到反而受到了晏子的侮辱。晏子的回答把自己的荣辱与楚王连在一起，使得楚王无法反驳，自找没趣。

（三）生动演讲

演讲是一个人在公共场合，针对公众关注的某个具体问题，以口头语言为主要手段，以非语言为辅助手段，鲜明、完整地发表见解，阐明主张，抒发情感，进行传播鼓动的一种语言交际活动。演讲是口语表达的高级形式。

演讲能最大程度地发挥语言在传播知识、职场交际、探讨学问、宣传成果、交流经验等方面的作用。经验丰富的演讲者能够充分调动人们的思维活动，使听众在情绪、情感、意志等方面同时受到影响，并能够根据听众的眼神、身体姿态等反馈信号来判断演讲的效果，若发现听众反应不够强烈，那么，演讲者将会设法改换演讲方式，以期获得理想的效果。这就要求演讲者掌握并运用各种不同的演讲方法、知识和技巧。

1. 高质量的演讲稿

一次精彩而成功的演讲需要一份高质量的演讲稿。演讲稿的首要构成要素是题目，它与演讲的内容、风格、语调有直接关系。题目要有概括性，能把演讲的主题、内容、目的全面地反映出来。同时，题目要有指向性，听众听后就可以知道演讲的内容、范围及涉及的具体问题。另外，题目还应新颖、生动、恰当而富有吸引力。演讲稿结构设计包括开场、正文和结尾3个部分。

开场要抓住听众，引人入胜。好的开头可以建立演讲者与听众的同感，同时打开场面，引入正题。开头可以是有意思的动作、幽默的自嘲、引人入胜的故事、有趣的问题、设计好的悬念或是引经据典，关键是激发听众的兴趣，调动注意力。

正文内容要紧扣主题，环环相扣，层层深入，有感染力。显示演讲稿层次的基本方法是在演讲中树立明显的有声语言标志，如"首先""其次""再次"等词语来区别层次，演讲者只有做好周密的计划才可以有条不紊、胸有成竹。与此同时，还要注重层次间的自然衔接，使演讲具有整体感。"文喜看山不喜平"，演讲内容应张弛起伏，富于变化，如适当地插入幽默、诗文等内容，以艺术性的结构吸引、打动并说服听众。演讲语言要富有文采，恰当地使用修辞手法，可使演讲语言具备音韵美。例如，使用对仗可以增加演讲的节奏感，使用排比可以体现演讲的气势，巧妙设问可以打破平静的气氛，引用名言可以增加演讲的可信程度。需要指出的是，演讲稿音韵美的实现始终要为演讲目的服务。因此，上述技巧要巧妙运用，用不上也不可生搬硬套，以免弄巧成拙。

结尾要简洁精彩，给听众留下难以忘怀的印象。演讲的结尾没有固定的格式，或简明扼要地做一个高度概括性的总结，或提出任务、表达希望、发出号召，或向听众提出问题，让听众回味思考，或以诗文名言、幽默俏皮的话结尾，但一般原则是要给听众留下深刻的印象。

2. 克服紧张情绪

这是有效演讲的第一步。紧张是一种常见的心理状态，演讲者要对自己的演讲主旨和内容非常熟悉，预先排练，及时解决紧张的根源问题。最好提前到达场地，在听众进入会场时向他们致意。做些准备活动放松紧张的神经，一旦走上讲台，就要相信自己会做到最好。

3. 有效控制声音

有声语言是连接演讲者和听众的桥梁，语言用词要准确、语句要精炼、语言要生动。此外，演讲者还必须掌握控制声音的技巧。一是音量要适中。演讲者要根据演讲场地的音响效果、听众的规模、噪声的大小以及演讲内容的特色来决定音量大小。二是吐字要清晰，咬字要真切，正确运用普通话声、韵、调发音，不要出现发音含糊的字。三是语调准确。为了更有效地表达思想感情，演讲者要对语调做高低抑扬的变化处理，既不能一味地高，也不能一味地低。只有使音调的高低随意而变、随情而变，才能达到最佳的演讲效果。四是语速适当。语速过快或过慢是演讲的一大弊端，要避免走极端。如果要营造幸福、愤怒或惊讶的感觉，语速可适当快；如果要体现宁静与温馨，或解释复杂的信息，语速可较慢。五是停顿得当。演讲者在演讲时不仅要有停顿，还要巧妙地利用停顿，使停顿变为一种表达艺术，使听众享受到语言的节奏美。六是句式灵活，做到长句短句搭配，整句散句结合，口语句、文言句交替使用，体现出充沛的感情。

4. 运用体态语言

每种体态语言都会带来相应的演讲效果，演讲者应重视用眼睛、面部表情、手势动作等来增强有声语言的表达力。在演讲过程中，演讲者要做到姿态端正，挺胸收腹抬头，自然站立，目光亲切自然，保持与听众接触。面部表情、目光传递及手势运用要与演讲内容一致，与语言和情感保持协调，总体给人一种精神饱满、胸有成竹的好印象。

5. 学会随机应变

尽管演讲者在演讲之前做了充分准备，但由于演讲环境复杂，演讲者个人失误，演讲随时可能会出现意外情况，因此，在演讲过程中，演讲者要善于捕捉演讲环境及听众的变化，处变不惊，灵活巧妙地处理演讲中的偶发事件。当演讲者不小心讲话失误时，可以用反问法加以掩饰，如"我这样说对吗？显然是不对的！因为……"；如果听众不够配合，演讲者应迅速冷静地分析可能的原因，或根据实际运用悬念法，如"这是为什么呢？""这个问题可以怎么解决呢？"或是运用幽默法等，激发听众兴趣，促使听众产生积极的思维活动。若是场内有听众讲话，演讲者可以停下来，看着说话的听众，用眼睛制止他们，假如仍不奏效，也千万不要动怒，应使用委婉劝说或突然提问法加以解决。

⏰ 沟通故事

吹牛

有一年，马季和赵炎这对说相声的老搭档合作演出。那天，两人演出的相声节目叫《吹牛》。演出中，两人正"吹"得不可开交时，礼堂天花板上有盏大灯突然炸碎，灯泡的玻璃散落一地，众人大吃一惊，观众们听到响声也把注意力放在了大灯上面。一场精彩的演出受到了严重的影响。为了缓解当下紧张的气氛，马季镇定自若地指着天花板，对观众说："大家请看看？谁更能吹牛呢？瞧我的，我可把电灯都吹炸了！"观众先是一愣，接着全场爆发出海涛一般的掌声、欢呼声。这就是随机应变的能力。这种能力是人们对突发事件迅速做出反应，并巧妙进行解决的一种能力。

（四）适当幽默

幽默的过程，是感情相互交流传递的过程。幽默本身是一种修养的体现。好的幽默是真情实感的自然流露，是严肃和趣味间的平衡，它追求的是融洽的人际关系。幽默用得得当，不仅能够给自己塑造出一个正面、有吸引力的形象，还能够处理与人交往过程中遇到的很多麻烦。

1. 巧用幽默反驳刁难

在日常沟通中，我们也许会受到某些人的过度玩笑、挑衅和挖苦。如果我们正面交锋，生硬还击，就可能会陷入两败俱伤的糟糕局面。所以如果没有必要，尽量不要跟他人争辩，如果实在忍受不了，就可以用幽默的方式，借敌力为我力，借力打力。

⏰ 沟通故事

幽默反击

一位著名的丑角演员在一次演出的幕间休息时，一个很傲慢的观众走到他的身边，讥讽地问道："丑角先生，请问一下，你这么受观众欢迎，是不是因为你长着一张又丑又蠢的脸呢？"这位丑角演员轻轻答道："是的，先生。如果我能够有一张好像阁下这样的脸庞，那我肯定就能够拿到双薪了。"这就是"以其人之道，还治其人之身"了，仿照对方的逻辑以反击对方。

---

2. 顾左右而言他

在沟通交流过程中，有时候会遇到一些让自己或他人尴尬的问话，如涉及个人隐私、情感关系等问题。当遇到这些提问时，我们如果以"一言不发"来应对，就会显得有点"目中无人"，毕竟对方也不一定是出于八卦心理才问的。此时，最好的回答方式就是"顾左右而言他"，即表面上是说这件事，但实际上是指向其他话题。简单来说，就是"转移话题焦点，回答了等于没有回答一样"。

3. 自我调侃，豁达自信

每个人都会有缺点或失误，如果一个人对于自己的缺点遮遮掩掩，或者不断地向别人装出"高大上"的姿态，反而会给人留下做作的印象。一个懂得运用幽默自嘲的人敢于把自己的缺点暴露出来，别人不会觉得他愚蠢，反而会觉得这样的人可爱、豁达。

沟通故事

陈嘉谟的"二八乱穿衣"

陈嘉谟是清朝乾隆年间的举人，他的门生众多，可以称得上桃李满天下。一年新春，许多门生一道前来为恩师拜年，谁知80多岁的老先生贪睡，还没有起床。听说客人来了，老先生匆匆忙忙穿衣上堂，同众门生寒暄叙礼。他见众门生笑个不停，才发现由于着急，误穿了妻子的衣服。陈老先生自己也觉得好笑，便自我解嘲地说："我已经80多岁了，你师母也80岁了，今天我的做法正中了乡间的俗语，'二八乱穿衣'呀。"众门生听了之后，都觉得老头子风趣幽默，大家一笑了之。

（五）表达赞美

我们都喜欢被赞美，因为被赞美的感觉，就是被他人重视的感觉。真诚地赞美，是拉近与他人距离的较好方式。赞美他人不仅有助于彼此之间友谊的发展，还可以消除人与人之间的怨恨，让人与人之间的相处变得更为融洽、和谐。赞美他人是一件好事，但绝不是一件易事，赞美犹如煲汤，掌握好火候是关键。恰到好处的赞美可以让对方感到舒服，也会为自己树立一个良好的形象；相反，过度的、没完没了的赞美除了让对方感到你的虚情假意之外，还会有拍马屁之嫌，结果只能令人厌烦。所以，开口赞美前我们一定要审时度势，同时掌握以下赞美技巧。

1. 赞美要情真意切

赞美能使人的自尊心、荣誉感得到满足，但是需要注意的是，如果不是发自内心的赞美，其实是没有什么力量的。所以赞美他人务必有事实、有根据，否则就变成了阿谀奉承或是别有用心。能引起他人好感的只能是那些基于事实、发自内心的赞美。

2. 赞美要细微具体

我们在交往中要善于从细微处发现他人的长处，从具体的事件入手，并不失时机地予以赞美。假大空的赞美会让听的人反感，甚至觉得受到侮辱。赞美用语越具体化，越会让对方感受到你的真挚、亲切和可信。说一百遍"你真漂亮"不如说一句"你今天的衣服搭配得很时尚"。

3. 赞美要讲究新意

赞美应该尽可能有新意，因为"喜新厌旧"是人们普遍具有的心理。陈词滥调的赞美会让人觉得索然无味，而新颖独特的赞美则会令人回味无穷。对于赞美的话语要做到准确、精练，并且慷慨。此外，赞美的行为并非局限于语言，也可以是一张庆祝的小纸条、一个拥抱或者一个信任的眼神。

4. 赞美要合时宜

细心的人会留意交际对象的小改变并及时指出，例如"你最近减肥很成功""这个设计的构图做得真不错"等。付出努力之后，每个人都希望能得到肯定。合乎时机的赞美会给对方一种你很在乎他的感觉。此外，最有实效的赞美不是"锦上添花"，而是"雪中送炭"，最需要赞美的是因被埋没而产生自卑感或身处逆境的人。领导者经常赞美下属，才可能把团队管理成和谐向上的集体。

课堂互动

你发现一个同学PPT做得很好，请运用以上的技巧赞美他。

（六）得当拒绝

拒绝总是遗憾的，但又是难以回避的。如果对该拒绝的事不拒绝，轻易承诺了自己无法履行的职责，就会带给自己更大的困扰，增加沟通上的难度。可见该拒绝时我们就得拒绝。首先，你需要克服的是头脑中"拒绝别人是错的，是不应该的"的声音，而代之以"拒绝是一种权利，就像生存是一种权利，我们每个人都拥有这个权利"。所以，你无须为拒绝感到负罪、羞赧或内疚。另外，你需要提醒自己，你拒绝的是对方的一个请求、一个需要而已，不是对方这个人。其次，我们在拒绝时要讲究策略，并且无论采用什么方式拒绝，都必须以减少对方的不悦和失望、寻求其谅解和认同为基本原则。一般情况下，我们可以采用以下策略礼貌拒绝。

1. 先倾听，再说"不"

当对方向你提出要求时，他们心中通常也会有某些困扰或担忧，我们应耐心地听完对方的话，并用心了解对方的理由和要求，站在对方的立场上认真思考。拒绝之前倾听能让对方先有被尊重的感觉，在你婉转表明自己拒绝的立场时，让对方感觉到你是经过认真考虑之后才不得已而为之的，不是简单应付。

2. 态度温和坚定

当你开始说不的时候，态度必须是温和而坚定的。好比同样是药丸，外面裹上糖衣的药就比较让人容易入口。同样地，委婉表达拒绝也比直接说"不"更让人容易接受。例如，当对方的要求不符合公司或部门的规定时，就委婉地表达自己的权限。在自己工作已经排满而爱莫能助的前提下，让对方清楚自己工作的优先顺位，以及耽误工作会对公司与自己产生的冲击。若对方因为你的拒绝而表现出愤怒的态度或威胁时，你不需要立刻回应，多用同理心来缓和对方的不满与挫折感。

3. 多一些关怀与弹性

拒绝时除了可以提出替代建议，隔一段时间还要主动关心对方的情况。有时候拒绝是一个漫长的过程，对方会不定时地提出同样的要求。若能化被动为主动地关怀对方，并让对方了解自己的苦衷与立场，可以减少拒绝的尴尬与影响。当双方的情况都改善了，就有可能满足对方的要求。

课堂互动

你的同学向你借钱，说是用作购买参考书，但你担心他不会还给你，又怕他借钱是用作玩乐的，你会如何拒绝他？

団队有效沟通

| 知识链接 |

拒绝的技巧与方法

在什么情况下可以拒绝别人？怎样做才能使自己不做违心的事，而又不影响友谊？如何拒绝的确是人际交往中的一个至关重要的问题。一般来说，下列情况应考虑拒绝。

1. 违背自己做人的原则。
2. 不符合自己的兴趣爱好。
3. 违背自己的价值观念。
4. 可能陷入关系网。
5. 有损自己的人格。
6. 助长虚荣心。
7. 庸俗的交易。
8. 违法犯罪的行为。

其实，学会拒绝并不难。下面这些拒绝的方法较为常用。

谢绝法：对不起，谢谢，这样做可能不合适。

婉拒法：哦，是这样，可是我还没有想好，考虑一下再说吧。

不卑不亢法：哦，我明白了，可是你最好找对这件事更感兴趣的人，好吗？

幽默法：啊！对不起，今天我还有事，只好当逃兵了。

无言法：运用摆手、摇头、耸肩、皱眉、转身等身体语言和否定的表情来表示自己拒绝的态度。

缓冲法：哦，我再和朋友商量一下，你也再想想，过几天再决定，好吗？

回避法：今天咱们先不谈这个，还是说说你关心的另一件事吧……

严词拒绝法：这可不行，我已经想好了，你不用再费口舌了！

补偿法：真对不起，这件事我实在爱莫能助了，不过，我可帮你做另一件事！

借力法：你问问他，他可以作证，我从来干不了这种事！

自护法：你为我想想，我怎么能去做没把握的事？你让我出洋相啊。

学会拒绝，既可减少许多心理上的紧张和压力，又可使自己表现出人格的独特性。自己在人际交往中不再陷于被动，生活也会变得轻松、潇洒些。

（七）巧妙说服

在生活中，随时可能遇到要说服他人的情况。说服力就是让你说话更有分量的能力，是让他人跟你达成共识的能力。"说服"没有绝对的公式，但也有一些技巧。

1. 调节气氛，以退为进

在说服时，你首先应该想方设法地调节谈话的气氛。如果你和颜悦色地用提问的方式代替命令，并给人以维护自尊和荣誉的机会，气氛就是友好而和谐的，说服也就容易成功；反之，在说服时不尊重他人，摆出一副盛气凌人的架势，那么说服多半是要失败的。

2. 获取肯定的回答

当说服工作开始时，不要先提及与对方的不同点，而要努力寻找与对方的共同点，并加以强调，获取对方赞同的反应，力争在谈话开始时就使对方说"是"，尽可能不让他说"不"。因为一个否定的回答是不容易突破的障碍，一个"不"字出口，就等于在你和对方之间筑起了一道厚厚的墙壁，推倒它需要十倍的耐心和努力。因此，一开始就使对方采取肯定的态度是重要的。

3. 换位思考

所谓换位，就是站在对方的立场考虑问题，理解并同情对方的思想感情，从对方的角度说明问题，体验你的思想感情，进而使他改变自己的看法。

4. 争取同情，以弱克强

渴望同情是人的天性，如果你想说服比较强大的对手，不妨采用争取同情的技巧，从而以弱克强，达到目的。

5. 善意威胁，以刚制刚

很多人不仅知道用威胁的方法可以增强说服力，还不时地加以运用。这是用善意的威胁使对方产生恐惧感，从而达到说服目的的技巧。

6. 消除防范，以情感化

一般来说，在你和要说服的对象较量时，彼此都会产生一种防范心理，尤其是在危急关头。这时候，要想使说服成功，你就要注意消除对方的防范心理。如何消除防范心理呢？从潜意识来说，防范心理的产生是一种自卫，也就是当人们把对方当作假想敌时产生的一种自卫心埋。消除防范心理的最有效方法就是反复地给予暗示，表示自己是朋友而不是敌人。这种暗示可以采用多种方法来进行，如嘘寒问暖，给予关心，表示愿给帮助等。也可以设法通过具体生动的现身说法、典型事例剖析、利害关系的强烈对比等方法去感染对方。

⏰ **沟通故事**

领队的善意威胁

在一次集体活动中，当大家风尘仆仆地赶到事先预定的旅馆时，却被告知当晚因工作失误，原来订好的套房（有单独浴室）中竟没有热水。为了此事，领队约见了旅馆经理。

领队：对不起，这么晚还把您从家里请来。但大家满身是汗，不洗洗澡怎么行呢？何况我们预定时说好供应热水的呀！这事只有请您来解决了。

经理：这事我也没有办法。锅炉工回家去了，他忘了放水，我已叫他们开了集体浴室，你们可以去洗。

领队：是的，我们大家可以到集体浴室去洗澡，不过话要讲清，套房一人50元一晚是有单独浴室的。现在到集体浴室洗澡，那就等于降低到通铺水平，我们只能照通铺标准，一人降到15元付费了。

经理：那不行，那不行的！

领队：那只有供应套房浴室的热水。

团队有效沟通

> 经理：我没有办法。
>
> 领队：您有办法！
>
> 经理：你说有什么办法？
>
> 领队：您有两个办法，一是把失职的锅炉工叫回来，二是您可以给每个房间拎两桶热水。当然我会配合您劝大家耐心等待。
>
> 这次交涉的结果是经理派人找回了锅炉工，40分钟后每间套房的浴室都有了热水。
>
> 威胁能够增强说服力，但是，在具体运用时要注意以下几点。
>
> 第一，态度要友善。
>
> 第二，讲清后果，说明道理。
>
> 第三，威胁程度不能过分，否则会弄巧成拙。

二、书面沟通

书面沟通是沟通主体将自己或自己所代表的团队的意志用文字表述出来的一个创造性的过程，在这个过程中，可以取得无声胜有声的效果。书面沟通可以有充分的时间做准备，推敲行文、斟酌字句、创作修改，使得最终的作品正确、完整、清晰。同时，书面沟通很容易实现多向传递，且信息得到记录、保存，失真性相对较小。

课堂互动

请思考你经常会在什么场合下用到书面沟通？为什么？

1. 书面沟通的文体类型

任何形式的书面沟通都要通过一定的文体表现出来。在沟通过程中，常用的书面文体大致可以分为以下几类。

（1）行政公文

行政公文指国家机关、企事业团体在公务活动中所使用的各种应用事务性文书形式，主要有命令、决定、公（通）告、通知、通报、议案、报告、请示、批复、函、意见、会议纪要等。

（2）计划类文书

计划类文书是经济管理活动中使用范围很广的重要文体形式，主要包括工作计划、战略规划、工作方案、工作安排等。

（3）报告类文书

报告类文书指调查主体在对特定对象进行深入考察了解的基础上，经过准确的归纳整理、科学的分析研究，进而揭示事物的本质，得出符合实际的结论，由此形成的汇报性应用文书，包括调查报告、经济活动分析报告、可行性研究报告、述职报告等。

（4）法律类文书

法律类文书指根据一定的约定，达成某种协议，并共同遵守协议的条款，如果违约，违约方将给对方一定的经济补偿的具有法律效力的书面文书形式，包括合同书、协议书、诉讼书、招标书和投标书等。

（5）新闻类文书

新闻类文书指具有公开宣传与传播功能，借助报纸、杂志、书籍等载体，向大众进行报道，具有新奇性、推广性、借鉴性等特点的书面文书形式，包括新闻、通信、消息、广告文案等。

（6）日常事务类文书

日常事务类文书指人们在处理日常活动过程中经常采用的一种书面沟通形式，主要包括信函类和条据类，信函类文书包括感谢信、慰问信、求职信、介绍信、证明信、请柬、邀请函等条据类文书，包括请假条、留言条、收条、票据等。日常事务类文书形式固定，书写简单，陈述的事件单一，是人们表达情感和进行沟通的常用文体。

2. 写作的流程及要求

书面沟通离不开写作，写作前必须了解写作的程序，通过不断地实践，掌握技巧，提高写作能力。一般来说，写作过程可以分为拟定提纲、收集资料、正式写作和编辑修改4个阶段。

（1）拟订提纲

拟订提纲是形成文书结构的关键环节。它是文书有序展开的"路线图"，提纲写得越详细，写起来越省力。这一阶段可以从以下几个方面着手。

一是确立目标。写作的目标清晰、明确，不仅能使写作的思路更加清晰、富有条理，而且能使各项工作有的放矢，提高写作效率。

二是确定主题。主题不明，纲目就找不到汇聚的中心。拟订、推敲提纲时一定要紧扣主题，在主题思想支配下整体地、综合地布阵，力图"举一纲"而使"万目张"，进一步确定写作的文体及主要的内容和观点。

三是分析读者。写作是为了让读者阅读、理解，这就要求写作者必须认真分析、研究读者，选择对读者有用的或者读者感兴趣的信息，运用读者习惯的语言来写作。

四是列出提纲。提纲是文书写作的整体框架，要能反映出写作的意图、主要的内容及观点，是写作内容的浓缩和概括。

（2）收集资料

写作需要素材，这些素材可以来自脑子里的记忆，但更多的是需要你做一个有心人，从各种渠道收集资料，对其加以归纳、整理、提炼，从而让其成为对写作有用的素材。这些素材可以是写作的缘起，可以是叙述中的事实，可以是说理的论据，也可以是解决问题的手段。

（3）正式写作

正式写作是一个高度复杂的脑力劳动过程，基本要求是正确、清晰、完整、整洁。具体来讲，正式写作时要注意以下几点。

一是注意文书的整体设计。文本的整体设计要做到封面美观大方、文字大小合适、段落条理清晰、页边距设置合理及表格、插图规范等。只有做好了这些读者才对文书产生好的第一印象。

二是观点鲜明并具有感染力。书面沟通最好能开门见山地表明写作目的，让读者开始阅览时就能知道这份文书是否与自己有关，以及自己是否对这份文书感兴趣。

三是选择正确的写作方式。不同的文体有不同的写作格式要求，按照格式来写，满足读者期望的同时，也符合书面沟通礼仪。

四是语句简洁明了。书面沟通最容易出现的主要问题是词语烦琐、句子冗长、观点累赘。在写作过程中，通常15个字左右的句子便足够了，多用简单的句子和词汇，力求简洁。

五是书写要做到规范、清楚、完整。也就是用词准确、条理清楚、标点符号正确、语句通顺、不写错别字、不生造滥用不符合规范的简化字，这样不仅能够给读者带来视觉上的美感，而且能够更准确地表现文书的内容。

六是注意内容的逻辑性。书面语言在内容组织、遣词造句、语法规则等方面具有明显的逻辑性，要正确安排篇章结构、灵活运用词句、使用标准规范的语法结构和格式。

（4）编辑修改

文书的写作过程就是反复比较、修改、不断推敲的过程。对提纲、内容、观点等，修改的方法是概括、提炼、归纳；对词句、文字、标点等，修改的方法是增加、替换、删除、合并、扩大。通过修改不断完善文书。

沟通故事

韩非发愤著书

　　韩非是战国末期韩国人，拜儒家代表人物荀况为师。战国末期，社会局势异常混乱，各国诸侯为巩固或扩大自己的地位，展开了频繁的明争暗斗，百姓流离失所，深受其苦。韩非清楚地认识到，在这种局面下，儒家"仁政"的观点、"仁者爱人"的主张已经完全推行不下去了。为了适应社会发展的趋势，他总结了前期法家的经验，提出了一整套"法、术、势"相结合的中央集权的法治理论。他满怀自信地向韩王呈上了自己变法图强的政治主张，并且积极向韩王献计献策。起先，韩王还听得很认真，不住点头表示赞同，可是听着听着，韩王就不耐烦起来。原来，韩非有口吃的毛病，一到紧张或得意的时候，就越发口吃得厉害。韩王实在是听不下去了，就挥挥手把韩非打发走了。韩非的满腔变法热情被兜头浇上一盆冷水，但他想，我不能说，但我还能写。我的主张不被韩王采纳，但肯定有识才的明君。于是，他埋头于著述之中，写出了《孤愤》《五蠹》《内储说》《外储说》《说林》《说难》等十多万字的作品。韩非的作品流传到了秦国，得到了秦王的赏识。后来，韩非在秦国受到秦王的重用。

技能实训

请针对下列情景，根据"认同观点＋赞美＋巧妙对答"的模式进行有效问答训练，例如"您的意见对我们顺利推进工作来说很有价值，专业度很高。不过……"

小方："高经理，为什么这次又是安排我去北京出差？"

客户："你们这次提供的样品类型太少了！"

学生："老师，我已经很努力地在备考了。"

拓展练习

三张环保卡片

某饭店的客房里放有三张环保卡片。

其一，是放在洗漱台上的卡片，上面写着："尊敬的宾客：如果您在打点行李时忘带了洗漱用品（牙刷、牙膏、剃须刀、须后膏、梳子等），只要给客房部打个电话（分机55），我们将立刻免费给您送来。"

其二，是放在卫生间的一张卡片，上面写着："尊敬的宾客：你可曾想过，每天世界各地的饭店有多少吨毛巾毫无必要地更换洗涤，因此而耗用的数量巨大的洗涤剂对我们的水资源造成多大的污染？为了我们共同的环境，请您做出决定，将毛巾投入浴缸表明您要求将其更换；否则意味着您愿意继续使用，我们将为您挂放整齐。谢谢您对环保的支持！"

其三，是放在床头柜上的卡片，上面写着："尊敬的宾客：通常我们每天都对客人的床单进行换洗，如果您觉得没有必要，请于清晨将此卡放在床上，这一天您的床单将不再更换。感谢您对饭店绿色行动的支持！"

思考：

如果你是住店客人，你觉得哪一张卡片更具有人情味，读起来感觉更愿意接受？请试着修改完善你不太满意的卡片内容。

第三节　有效沟通应用

学习目标

- 掌握面试、电话、会议、谈判、职场关系等不同情境的有效沟通技巧。
- 能自信、自然、自如地应对不同的沟通情境。
- 提高人际交往能力，形成稳定的品格和气质。
- 增强团队意识和协作能力，培养爱岗敬业的精神和职业道德意识。

情景导入

今天是许敏面试的日子，她抱着忐忑的心情来到面试现场。整个面试现场一片轻松，所有的应聘者都围坐在一张大圆桌周围。主考官正襟危坐，一言不发，而其他工作人负责给应聘者派发各类零食，外加一份非常简单的问卷。因为应聘者都是应届毕业生，大家吃吃喝喝聊聊天，丝毫没有面试的气氛，倒是更像一场同学聚会。等到做完问卷，主考官告诉大家可以回家等通知了。许敏这才意识到刚才跟旁边的人分东西吃，咬耳朵聊天都有可能是面试的一部分。结果是，等了一个星期后，徐敏的邮箱收到了这家公司的婉拒信。

团队有效沟通

> **情景解析：**
> 　　面试是每一位即将进入和已经进入职场的人都会经历的一种沟通形式，是一场精心设计的"考试"活动，目的性很强。案例中，许敏在面试现场忽视了个人的仪态，综合表现不佳，最终，面试结果比较遗憾。

知识园地

课堂互动

你认为面试沟通中最重要的是要注意哪些方面？

[素养提升 / 爱岗敬业]

　　我们每天都在沟通，时时处处都有沟通。做好沟通工作，无疑是团队各项工作顺利进行的前提。我们需要在团队工作的不同情境中运用有效沟通的方法和技巧，提高个人和组织沟通的效率，创造工作动力，激发工作潜能，共同推动团队战略目标的实现，促进自身职业的发展。

一、面试沟通

　　面试是通过面谈、书面或线上交流（视频、电话）的形式来考察一个人的工作能力与综合素质，通过面试可以初步判断应聘者是否可以融入自己的团队。为了能在较短的时间内成功地营销自我，运用沟通技巧是一个关键因素。

（一）面试的类型

面试根据不同的标准会有不同的种类划分，这里介绍几种常见的面试类型。

1. 结构化面试

结构化面试是指面试题目、面试实施程序、面试评价、考官构成等方面都有统一、明确的规范的面试。正规的面试大多是结构化面试。

2. 非结构化面试

非结构化面试也称"随机面试"。主考官可以任意地与应聘者讨论各种话题，让应聘者围绕某一主题随心地交谈，发表言论，在"闲聊"中观察应聘者的组织能力、知识面以及谈吐和风度。

3. 情景面试

情景面试中引入了无领导小组讨论、公文处理、角色扮演、演讲、答辩、案例分析等人员甄选中的情景模拟方法。用人单位提前设定情景，提出问题或计划，面试的模拟性、逼真性强，应聘者的才华能得到更充分、更全面的展现，主考官对应聘者的素质也能做出更全面、更深入、更准确的评价。

4. 无领导小组面试

无领导小组面试是一种采用情景模拟的方式对应聘者进行集体面试的考察方式，考官可以通过应聘者在给定情景下的应对危机、处理紧急事件以及与他人合作的状况来判断该应聘者是否符合岗位需要。

5. 视频面试

视频面试更多的是通过线上视频聊天来对应聘者进行面试。在约定的视频面试开始时间之前，应聘者需下载指定的应用或者登录指定系统进行测试和提前调试。同时，应聘者需要寻找一个隔音好、背景简洁的面试环境，确保自己的形象、声音都能够在面试视频中呈现出好的状态，它同视频面试中的个人表现一起，构成了面试官对一名应聘者的整体评价。

6. 电话面试

电话面试注重应聘者的口才表达能力。电话面试中因为没有了肢体语言，也没有纸质证明等条件，应聘者的口才表达能力就显得特别重要。电话面试往往是招聘者对应聘者的第一次沟通，对之后能否有第二次面试和笔试等起到相当决定性的作用。但基于电话面试的条件局限性，一般电话面试都只会作为初步了解应聘者大体情况的面试方式。

（二）面试内容

面试中应聘者回答问题的过程就是应聘者的信息进行获取、评价的过程。尽管不同行业、不同职位的要求不尽相同，但主要内容也有相通之处。在面试沟通考查中，一般会依据以下的内容进行评价。

拓展资源

无领导小组讨论需要注意的问题

1. 个人基本情况

虽然每位应聘者的登记表和简历已经反映了应聘者的基本情况，但是为了全面、深入地了解和检查这些情况，考官还会在面试中提出相关问题。通过应聘者的自我介绍，了解应聘者的家庭背景、学校教育经历、工作实践经验等。因此，应聘者要准确、清楚地记住自己的基本情况，不要与登记表和简历中所写内容有出入或自相矛盾。在询问这些情况时，考官一般会对照登记表进行核对，应聘者只有回答准确，才会给人以诚实、可信的感觉。

2. 求职的动机

应聘者的求职动机是面试中考核的一项重要内容。考官往往会向应聘者提出问题"你为什么来应聘这份工作？"或"你为什么选择我们公司？"。通过应聘者的表述，考官能了解应聘者来本单位应聘的动机，进一步考察其工作态度是否端正，是否有求职诚意，是否有培养前途，以及能否在本单位长期工作。

3. 综合素质

综合素质是面试时用人单位方考核的重要方面，面试时通过询问应聘者的特长爱好、成功的经历及胜任工作的专业技能等，了解应聘者的品德修养、口头表达能力、专业素质、综合分析能力、应变能力、进取心等情况。

（1）品德修养：高尚的道德情操、良好的修养是做人的基本要求，也是做好工作的保证。同等条件下，品行端正、衣着整洁、举止文明、诚实守信的应聘者往往更容易得到用人单位的认可。

（2）口头表达能力：应聘者能将自己的思想、观点、意见或建议顺畅地用语言表达出来。

（3）专业素质：用人单位往往录用专业基础扎实、知识面广、动手能力强的应聘者。通过应聘者的回答，了解其专业知识的深度和广度，判断其专业知识和特长是否符合应聘岗位的要求。

（4）综合分析能力：应聘者能对考官提出的问题，通过分析抓住本质，并且说理透彻、分析全面、条理清晰。

（5）应变能力：应聘者能准确、贴切地理解考官所提的问题，对突发问题和意外事情反应机智敏捷，回答恰当，处理妥当。

（6）进取心：事业心、进取心强的人一般都有明确的事业奋斗目标，并为之努力奋斗。因此，用人单位需要应聘者具有较强的事业心和责任感，未来能够和同事们同甘共苦，并能够为事业的发展做出应有的贡献。

（7）团队精神：团结就是力量，目标的达成需要所有成员通力合作，这是团队发展的基础和保障。因此，用人单位希望应聘者具有团队意识，善于协作。

（8）心理素质：应聘者应具有良好的心理素质，具有承受失败打击的心理能力，要有在艰苦或不利的环境中调整自己状态的能力，并且能够较快地适应新的工作和生活环境。

（9）社交能力：现代社会越来越重视一个人的社会交往能力，因此，面试中通过询问应聘者参加哪些社团活动、喜欢与什么样的人打交道、在各种社交场合中所扮演的角色来了解一个人的组织领导能力和社交能力。

⏰ **沟通故事**

不同寻常的面试

小丽去一家IT公司参加面试，她提前准备了一系列的面试，并精心组织了答案。结果，一开场面试官就对她说："最近也不知怎么了，看的客户多，可单子就是不好下。你怎么看？"这种提问方式让小丽提前准备的"自我介绍""我的优点、缺点"等问题的答案完全没有了用武之处。最后，她竟然和面试官探讨起不同行业的业务模式来。

面试了20多分钟，常规的面试问题一个都没有。在小丽叙述时，面试官一直微笑着点头。得到了认同后，小丽也不由得放松了下来，后面越聊话越多。在谈话中，面试官也充分了解到小丽的实力和水平。

这种不同寻常的面试方式可以考查求职者的反应能力和专业能力。所以，应聘者一定要懂得灵活应变，以最好的状态迎接面试"挑战"。

（三）面试沟通的策略与技巧

为了能在面试的核心阶段获得考官的认可，赢得关键阶段的胜利，应聘者应从以下几个方面做出积极的努力。

1. 留下良好的"第一印象"

应聘者从进入面试现场到面试结束退出的整个过程中都要谦逊有礼，以给考官留下良好的印象。进入面试室后，主动向考官问好。对方叫你坐下时，要说"谢谢"。坐下时要放松自己，但要坐得挺直，切勿弯腰曲背，不要双腿交叉或叠膝，不要晃动小腿，双腿自然并拢或稍微分开一点儿。神态要保持亲切自然，和颜悦色，不亢不卑。

2. 正确有效地倾听

有效倾听是面试成功的一个要诀。应聘者处于被面试的地位，要时刻关注着考官的思维变化，耐心、专心、细心地倾听、获取谈话内容的要点，主题的转变，语音、语气、语调、节奏的变化等各种信号，准确进行分析判断，然后采取合理有效的应对措施，因此"听"清楚考官的每句话，是面试最基础、最根本的事情。

3. 冷静客观地回答

面试的主要内容是"问"和"答"。在面试中，考官往往是千方百计"设卡"，以提高考试的难度，鉴别用人单位真正需要的人才。应聘者面对这种局面，要想回答得体，就要掌握应答的基本要领：一是确认提问内容，切忌答非所问；二是面试中如果遇到自己不懂、不知、不会的问题时，应坦诚地回答，既不要回避，也不要不懂装懂；三是考官故意提出不礼貌或令人难堪的问题，这不是考官"不怀好意"，而是一种战术，其意在于"重创"应聘者，考验应聘者的应变能力，考察应聘者的反应是否得体、胸襟是否广阔等。应聘者切勿表现出不满、怀疑、愤怒，而要保持冷静，表现出理智、容忍、大度，保持风度和礼貌，系统地与考官讨论问题的核心。

4. 恰当得体地提问

考官在面试快要结束时，通常以一种看似自然而又礼貌的语气提问应聘者："今天面试就到这里了，不知道你还有没有问题要问？"面试者在此时频频发问或者漠然地回答"没问题"都是不可取的。应聘者应通过提问使考官看到自己关心所应聘组织的发展，具备正确且较为坚定的求职动机。提问时语气要平和、谦逊、诚恳，问题不要提得太多，将最重要、最有代表性的问题简要地提出来即可。

5. 礼貌地向考官告辞

当考官暗示或明示可以结束面试时，应聘者要礼貌地与考官告辞。告辞时应聘者一般要面带微笑，并说"感谢对方给了自己这次面试机会"之类的话。例如："非常感谢你们给了我这次难得的机会，我会为曾经参加过贵单位的面试而自豪！真心地谢谢你们，再见！"告辞前，如果考官没有明确地告诉你什么时候可以接到面试结果通知，你可以向他提出这个问题。辞别时，应聘者应整理好随身携带的物品，从容稳重，有条不紊。出去推门或拉门时，要转身正面面对考官，让后身先出门，然后轻轻关上门。

│ **知识链接** │

面试结束前可以提出的问题

1. 这项职务的期望目标是什么？有没有什么部分是我可以努力的地方？
2. 贵公司是否有正式或非正式的业务培训？
3. 贵公司的升迁通道如何？
4. 贵公司是多极化经营的跨国公司，将来是否有外派、轮调的机会？
5. 贵公司能超越同行的产品优势是什么？
6. 在项目的执行分工上，是否有资深的人员能够带领新进人员，并给新进人员发挥的机会？
7. 贵公司强调的是团队合作，那对成员的素质和特性有什么要求？
8. 贵公司鼓励员工在职进修吗？
9. 贵公司在人事方面的规定和做法是怎样的？
10. 是否能有机会参观一下贵公司？

团队有效沟通

二、电话沟通

电话已成为我们日常生活和团队事务交流中最普遍的方式之一。由于电话沟通时只闻其声不见其人，沟通者必须把握好相关事项，并注意灵活地运用技巧，这样才能达到理想的沟通效果。

（一）接打电话基本要求

为了正确地使用电话，顺利地进行电话沟通，无论是主叫人还是受话人，都应遵循接打电话的基本要求。

一是态度礼貌友善。不管对方是什么人，你在接打电话时都要注意态度友善、语调温和、讲究礼貌。从一个人在电话里讲话的方式，就可以基本判断出他的个人修养水平。

二是传递信息简洁。由于现代社会中信息量大，人们的时间观念强，因此，商务活动中的电话内容要简洁而准确，忌海阔天空地闲聊和不着边际地交谈。

三是控制语速、语调。由于主叫人和受话人双方在语言上可能存在差异，因此要控制自己的语速，以保证通话效果；语调应尽可能平缓、温和，音量要适中。咬字要清楚，吐字要比平时略慢一点。为了让对方容易听明白，必要时可以把重要的话重复一遍。

四是使用礼貌用语。通话双方都应该使用常规的礼貌用语，忌出言粗鲁或通话过程中夹带不文明的口头禅。

（二）拨打电话技巧

1. 有所准备，简明有序

一是做好心理方面的准备，保持好状态；二是如果要谈的内容较多，可在纸上列出要点。尤其是业务电话，内容涉及时间、数量、价格等，做好记录是非常必要的。

2. 选好通话的时间

拨打电话要考虑在什么时间最合适。如果不是特别熟悉或者有特殊情况，一般不要在早上7点以前、晚上10点以后打电话，也不要在用餐时间和午休时打电话，否则有失礼貌，也影响通话效果。

3. 礼貌的开头语

当对方拿起电话听筒后，应当有礼貌地称呼对方，亲切地问候"您好"。只询问对方，不自报家门是不礼貌的。如果需要讲的内容较多，可以问一句："现在与您谈话方便吗？"

4. 用声调传达感情

讲话时语言流利、吐字清晰、声调平和，能使人感到悦耳舒适。再加上语速适中、声调清朗、富于感情、热情洋溢，就能使对方能够感觉到你在对他微笑。这样富于感染力的电话能打动对方，并使对方乐于与你对话。

5. 合理安排通话时间与内容

一般情况下，职场通话时都要有意识地简化内容，尽量简明扼要。一次打电话的全部时间应当不超过5分钟。主听人要自觉地遵守"5分钟原则"，控制通话时间，少说空话、套话。若确实无法在5分钟内完成通话，就要礼貌地征询对方的意见，并在挂断电话前表达自己的歉意。

6. 礼貌的结束语

一般情况下，电话应当由打电话的一方主动挂断。挂电话时，应当有礼貌地寒暄几句"再见""谢谢""祝您成功"等恰当的结束语，一定要轻放话筒。

（三）接听电话的技巧

1. 及时、礼貌地接听电话

电话铃响了，要及时接听，最好在三声之内接听。不要怠慢，更不要接了电话就说"请稍等"，撂下电话长时间不理对方。如果确实很忙，可表示歉意，说："对不起，请过10分钟再打过来，好吗？"在正式的团队业务交往中，接电话时拿起话筒所讲的第一句话，常常是自报家门，如"您好！蓝天公司技术部刘明。请讲"。

2. 认真倾听，积极应答

接电话时应当认真地听对方说话，并不时给予回应，如"是""对""好""不客气""我听着呢""我明白了"等，或用语气词"哦""嗯"等，让对方感到你是在认真听。漫不经心、答非所问，或者一边听一边同身边的人说话，都是对对方的不尊重。

3. 认真清楚地记录

在电话中传达有关事宜，应重复要点，对于号码、数字、日期、时间等，应再次确认，以免出错。随时牢记5W1H技巧，所谓5W1H是指When（何时）、Who（何人）、Where（何地）、What（何事）、Why（为什么）、How（如何进行）。在工作中这些信息对打电话、接电话同样重要。利用5W1H技巧，可以使电话记录既简洁又完备。

4. 友善对待打错的电话

如果对方打错了电话，应当及时告之，口气要和善，不要表现出恼怒之意。正确处理打错的电话，有助于提升团队形象。

5. 正确代接电话

替他人接电话时，要询问清楚对方姓名、电话、单位名称，以便在接转电话时为指定的受话人提供便利。在不了解对方的动机、目的时，请不要随便说出指定受话人的行踪和其他个人信息，如手机号等，要尊重他人隐私。在询问确定打电话之人需要帮忙后，准确记录相关事宜，并及时传达。

6. 礼貌地挂断电话

电话一般由上级、长辈先挂断。双方职级相当时，电话一般由主叫人先挂断。挂断电话前的礼貌不可忽视，确定对方已经挂断电话后，要轻轻地挂电话。

课堂互动

结合学习内容，对你最近一次打电话或接电话的经历进行评价。

三、会议沟通

会议沟通是指在团队中，为了协同工作，有关人员高度聚集，商议分工合作、计划修改，或是消除分歧、避免重复，集思广益，为决策者提供愿景、制定战略规划的沟通机制。组织及参加会议不仅需要掌握一定的会议沟通技巧，而且必须在实践中体验、提高。

（一）做好会议安排

1. 及时发出通知、请柬

组织者需要事先拟好会议通知，通知中务必写明会议主题、时间、地点及参加人员等内容。还可采取请柬的形式，以示会议的隆重以及对与会者的尊重。然而，无论是通知还是请柬，都必须在会前的一周送达或邮寄到与会者手中，使参加会议的人有足够的时间准备。

2. 备好会议资料

首先，列出会议的程序和日程安排，即将会议的各项活动按先后顺序排列好，并且会议的日程安排要适当，注意张弛有度；其次，把领导的重要讲话或相关的文字资料打印并装订好，待开会时发给每一位与会者。

3. 布置好会场

（1）组织好会场的布置工作

会场选定后，会议气氛的营造有赖于会场的布置。组织者应当依据会议的内容来安排布置会场，或庄重肃穆，或郑重宏达，或热烈欢快。现场要做好横幅、照明、空调、话筒、投影仪、电话、传真机等设施的设置和测试。同时，根据会议类型摆放长方形、正方形、椭圆形或圆形桌子。中型以上的会议需要设置主席台，主席台背后悬挂会标或旗帜。

（2）安排好会场座次

① 领导在主席台上就座时的座次安排

主席台必须排座次、放名签，以便领导同志对号入座，避免上台之后互相谦让。座次排列的原则是：以中为尊，左为上，右为下。

② 与会者的座次安排

与会者的座次应统一安排。由于座位有前有后、有正有偏，在排座次时要妥善安排，照顾全面。可按与会者姓名汉字的笔画数，以从少到多的顺序排列，也可按行业系统排列。

（二）主持会议的技巧

会议主持人的主要作用是承上启下、穿针引线，使会议成为一个有机的整体。会议主持关乎着会议能否顺利进行，影响着会议的整体效果，同时也考量着主持人的语言表达能力和控制局面的能力。

1. 工于开场

俗话说："好的开头是成功的一半。"对于主持人来说，更是如此。良好的开场白是主持的关键，它可以确定基调、营造气氛、表明主旨、沟通感情，使全场人的情绪沸腾起来，注意力集中起来，形成一种全场和鸣共振的态势，从而保证活动的顺利开展。开场白要表明会议定能成功；指出议题的重要性；指出达成的决议将对人们产生的影响；充分估量会议价值，给与会者设一个目标。

2. 推进会议

主持人应起指挥员或向导的作用。当与会者怒火迸发时，主持人是个消防员、裁判员，可以行使限制权；主持人也是个采购员，容纳百家之言，善于鉴别有价值的意见，并使之完善。

拓展资源

主持人有效推进会议的要点

团队有效沟通

| 知识链接 |

理智应对影响会议的人

（1）应对口若悬河的人

有些人话太多，他们总喜欢听自己说话，似乎要利用会议来垄断讨论。如果你事先知道这类人，就安排他坐在你的左右，这样你可以"避免"看到他想要发言。如果他发言了，给他适当的时间，然后说："你提出的几点很好，现在让我们听听其他人的。"如果打断他这一招不灵，就限定时间，例如，每人只能发言两分钟。

（2）应对一言不发的人

有些人胆小，只要当他们想在众人面前讲话时，舌头就发紧。这时问一些你认为他们能够回答的问题，例如，有关他们的工作、家庭或他们如何处理某一特殊情况的问题。有机会就表扬他们，拍拍他们的肩膀，帮助他们克服发言时的不安心理。

（3）应对窃窃私语的人

当一个人开始与周围的人交谈，干扰了会议时，最好的办法是尽可能用眼神制止他。但总有些人毫不体谅他人的感受，你不得不提醒他们。如果交谈达到必须加以制止的程度，你可以通过直接提问来打断交谈者，你也可以停止发言，等着他们安静下来。如果这也不管用，你可以对他们说："如果你们有什么要说的，请大声说出来，好让每个人都能从你们的讨论中获益。"另一个可行的办法是，如果你想制止他们，就请他们总结一下最后几个建议，并估计其可行性。

（4）应对争论不休的人

事事都要争论的与会者会使一个好的会议"流产"。对于这种情况，主持人需要采取得当的沟通技巧来处理。要尽量分析清楚他们为什么每件事都争论不休，一旦找到了原因，事情就好办了。不要批评他们，要把他们刻薄的评论和质疑看作是司空见惯。如果你无法控制他们，就把他们的问题中存在的谬误念出来，然后提交给大家讨论，适当施加些公众压力，可能会使他们安静下来。

---

3. 结束会议

结束会议前要制定或引出决议，在这个时刻，若没有主持人的有力领导，往往功亏一篑。一是通报取得的成果，简明地列出达成的协议，并向与会者公开。二是明确今后的行动方法，指出哪些事情会后就得落实，负责人是谁。三是感谢与会者的帮助，把会议决定的事项印成文件，发给与会者和与此有关的人。

四、谈判沟通

谈判是最常见的团队业务活动之一，既是一种竞争，又是一种高度合作的行为。参与谈判的双方如果没有良好的沟通桥梁，任何谈判都难以顺利进行。谈判的目的并不是控制对方，而是要和对方一起协作找出问题，并寻求适当的解决方案来解决双方所共同面临的问题。

（一）谈判的程序

1. 准备阶段

准备阶段是指谈判正式开始以前的阶段，其主要任务是进行环境调查、搜集相关情报、选择谈判对象、制定谈判方案、组织谈判人员、建立与对方的关系等。准备阶段是商务谈判最重要的阶段之一，良好的谈判准备有助于增强谈判的实力，建立良好的关系，影响对方的期望，为谈判的进行和成功创造良好的条件。

2. 开局阶段

开局阶段是指谈判开始以后到实质性谈判开始之前的阶段，是谈判的前奏和铺垫。虽然这个阶段不长，但它在整个谈判过程中起着非常关键的作用，它为谈判奠定了氛围和格局，影响和制约着以后谈判的进行。因为这是谈判双方的首次正式亮相和谈判实力的首次较量，直接关系到谈判的主动权。开局阶段的主要任务是建立良好的第一印象，创造合适的谈判气氛，谋求有利的谈判地位等。

3. 摸底阶段

摸底阶段是指实质性谈判开始后到报价之前的阶段。在这个阶段，谈判双方通常会交流各自谈判的意图和想法，试探对方的需求和虚实，进行谈判情况的审核与倡议，并首次对双方无争议的问题达成一致，同时评估报价和讨价还价的形势，为其做好准备。摸底阶段虽然不能直接决定谈判的结果，但是它关系着双方对最关键问题（价格）谈判的成效；同时，在此过程中，双方通过互相摸底，也在不断调整自己的谈判期望与策略。

4. 磋商阶段

磋商阶段是指一方报价以后至成交之前的阶段，是整个谈判的核心阶段，也是谈判中最艰难的，是谈判策略与技巧运用的集中体现，直接决定着谈判的结果。它包括了报价、讨价、还价、要求、抗争、异议处理、压力与反压力、僵局处理、让步等诸多活动和任务。磋商阶段与摸底阶段往往不是截然分开的，而是相互交织在一起的，即双方如果在价格问题上暂时谈不拢，又会回到其他问题继续洽谈，再次进行摸底，直至最后攻克价格这个堡垒。

5. 成交阶段

成交阶段是指双方在主要交易条件基本达成一致以后，到协议签订完毕的阶段。成交阶段的开始并不代表谈判双方的所有问题都已解决，而是指提出成交的时机已经到了。实际上，这个阶段双方往往需要对价格及主要交易条件进行最后的谈判和确认，但是此时双方的利益分歧已经不大了，可以提出成交了。成交阶段的主要任务是对前期谈判进行总结回顾，进行最后的报价和让步，促使成交，拟定合同条款及对合同进行审核与签订等。

6. 协议后阶段

合同的签订代表着谈判告一段落，但并不意味着谈判活动的完结。谈判的真正的目的不是签订合同，而是履行合同。因此，协议后阶段也是谈判过程的重要组成部分。该阶段的主要任务是对谈判进行总结和资料管理，确保合同的履行与维护双方的关系。

（二）谈判的技巧与策略

谈判是一门科学，又是一门艺术；它既是一场智慧、信息、知识、能力的较量，又是一场艰苦的耐力、信心的角逐。学会和掌握一定的谈判技巧与策略，可以帮助我们获取谈判的成功。

1. 迂回入题，营造和谐的沟通氛围

谈判双方都想通过沟通来实现自己一方的某种意图，所以这是一种对立统一的关系。因此，谈判双方往往需要一种轻松、祥和、愉快的谈判氛围，因为人们可以在轻松和谐的氛围中耐心地倾听不同的意见，并拥有更多发言的机会。聪明的谈判者往往从中心议题之外开始，逐渐引入话题，可视对方的喜恶选择谈论的题目，如天文地理、轶闻趣事、个人嗜好等。从介绍己方人员入题或从介绍己方雄厚的实力和良好的信誉入题也比较常用。轻松融洽的洽谈氛围会拉近谈判双方的距离。进入正题后，谈判者很容易找到共同语言来解决双方的分歧或矛盾。

2. 投石问路，获取对方情报

谈判也要知己知彼，方能百战百胜，所以获取对方情报十分重要。在开口之前，一定要先仔细观察对方的举止神情，进而捕捉对方的动机和思想脉络，这样就可以看穿对方的心理底线，大概猜出对方的成本、价格等方面的信息。这个时候再开口谈判，成功的胜算就大得多。除了察言观色外，还应注意提问和应答的技巧。

（1）提问

如果你不知道对方的心理底线，就不要打草惊蛇，可以采用提问的方式反复试探。提问可采用假设和疑问方式，且要有针对性，做到有的放矢。模糊、冗长的语言会使对方产生怀疑、反感，降低自己的威信，成为谈判的障碍。例如，你可以问"假如我们定下全部货品，价格是多少？""如果我们付款方式改变一下呢？""对我们的产品，你有什么看法？"……只要是你想知道的信息，都不妨直问，然后通过对方即兴发言的态度和内容来摸清其心理。

（2）应答

一是不要彻底回答。有时候对方问话，全部回答不利于我方。例如："你们对这个方案怎么看，同意吗？"此时，时机尚未成熟，你可以说："我们正在考虑、推敲……"

二是不要马上回答。对于一些问题，不要马上回答，特别是一些话题可能会暴露我们的意图和目的，需要特别小心。例如，"你准备出多少钱？"如果时机不成熟，不要马上回答。可以找一些其他的借口来谈别的，或者推诿，所答非所问，如产品质量、交货期等，等到时机成熟再摊牌，这样效果会更理想。

三是慎重回答尚未理解的问题。在谈判中，答话一方说的任何话都接近于承诺，一经说出，在一般情况下很难收回。与此同时，谈判者的问题往往又深藏"杀机"，如果不知道问题的真正含义，就可能进入陷阱。鉴于此，谈判者对问题必须进行充分的考虑，字斟句酌，慎重回答。

四是不要回答得太肯定。模棱两可、灵活的回答有时是必要的。谈判时回答一个问题的关键是知道什么该说，什么不该说，不管答案是否正确。例如，"你打算买多少？"考虑到先说出订数不利于讲价，那么就可以说"要视情况而定，看你们的条件是什么？"这类回答通常采用比较的语气，如"据我所知……""那要看……而定""至于……就看你怎么看了"。

3. 要善于倾听、分析和判断

高明的谈判者不仅善于倾听，还善于在不显山露水的情况下启发对方多说、详细地说。在倾听了对方的意见后，要从对方说话的神情、讲话的速度、声音的高低，说话的思维逻辑等方面，判断出对方是一个什么类型的谈判者。然后，根据自己的原则和立场，想出对策。同时，也必须

随着对方策略的变化而改变，或者尽量将对方的思维引导到自己的策略上。只有这样，才能掌握谈判的主动权。

4. 正确使用非语言沟通

在谈判过程中，姿势、手势、眼睛、表情等非语言方式往往起着重要的作用，一举一动都能体现特定的态度，表达特定的含义。因此，谈判者要正确使用非语言沟通方式。值得注意的是，一些经验丰富的谈判者会利用非语言方式来迷惑对方。要准确判断谈判者的内心想法，还要综合整个现场环境以及谈判对方所有人的非语言信息来判断。

5. 一定记住要祝贺对方

在谈判一开始时，谈判者总是会提出一些超出自己预期的条件，以便给自己留出让利空间。因此，在谈判结束时，一定要向对方表示祝贺，如"您在这次谈判中表现很出色，给我留下了深刻的印象！佩服！佩服！"，以此来巩固对方正在取得胜利的感觉。

五、职场关系沟通

职场中稳定融洽的人际关系能够帮助团队成员了解所在企业或工作领域的内情，并且像回音板一样对团队成员个人的表现及时地做出反馈。这不但能使职场中人工作更愉快，还可以提高其创造能力和工作效率。

（一）与同事沟通的技巧

朝夕相处的同事是人们生活中不可缺少的一部分。与同事和谐、有效地沟通，才能卓有成效地促进各项工作的开展。

1. 保持好心态

海纳百川，有容乃大。与同事沟通要宽容大度，求同存异。大事讲原则，小事讲风格，构筑团结协作的同事关系。要善于接纳同事的不同意见，见贤思齐，共同进步。所谓的求同存异并不是说要毫无自己的立场、无原则地赞同同事，涉及大是大非问题，定要坚持原则、不妥协让步，但要讲究沟通的方式方法，避免伤害对方的感情。对一些无关紧要的事情，应采取不计较的态度，谦和忍让，豁达大度，难得糊涂。要形成"团队形象"的观念，"家丑不外扬"，不说不利于工作和团结的话，多补台少拆台，形成利益共同体。

2. 善于倾听

善于倾听是增加亲和力的重要因素。当同事的家庭、生活或工作出现麻烦而心情不愉快时，他向你倾诉，你一定要认真倾听，同时把自己的情感融入其中，使自己成为同事最真诚的倾听者。

3. 巧用语言

沟通中的语言至关重要，应以不伤害他人为原则。要用委婉的语言，不用伤人的语言；多用鼓励的语言，不用斥责的语言；多用幽默的语言，不用呆板的语言；等等。

4. 尽力帮助

"我能为您做点什么？"这是建立良好人际关系的奥秘。每一次真心的付出，自身的人格魅力就会增加一个光点，不断地付出，点点滴滴的光点就会连接起来，形成一个"自身人格光环"，在同事心目中你就成了值得交往和共事的人。

5. 微笑待人

俗话说，"抬手不打笑脸人"。和同事相处，如果对他们正在热烈讨论的话题感觉无话可说，那么你要学会微笑倾听。和对方说话时，一定要有眼神交流。

6. 巧妙保持中立

在涉及具体某个人的是非时，要学会巧妙地保持中立，适当地附和："是么？"对于没有弄清楚的事情不要随意发表明确的意见。总之，要学会"参与但不掺和"。

7. 赞美欣赏

能够看到同事身上的优点，并及时地给予赞美、肯定，对同事身上存在的一些不足之处给予积极的鼓励，这是良好沟通的基础。不在背后议论同事，不聊同事的隐私，常做"送玫瑰的人"，不要做"落井下石的人"。

8. 保持联络

常言道"朋友多了路好走"，在空闲时间与同事保持联系，打个电话或者发条信息，哪怕只是只言片语，也能达到交流感情的目的。

⏰ **沟通故事**

小张的尴尬

小张新入职一家心仪的公司，他非常珍惜工作的机会。一个多月来，他处处小心做事，每每笑脸相迎，同事们对他也比较和善。周末来了，部门的同事张罗着大家一起聚餐，也邀请了小张。小张很开心地赴宴了，席间大家开心畅谈，其中有个同事与小张最热络，几乎将部门里的种种问题，以及身边同事的性格、特点都述说了一遍。小张"相见恨晚"，很珍惜这位"毫无保留"的同事对自己的"信任"，加之对部门人事情况一无所知，就放松了自己的防备心理，附和着将自己不服气的人和事向这位同事倾诉而后快，甚至还对两位同事评头论足了一番。没过几天，小张所说的话被转达给了其他同事。小张在部门里十分尴尬，也非常后悔自己一时激动没管好嘴巴。

课堂互动

学习与同事沟通的技巧，对你处理好与同学之间的人际关系有什么启发？

（二）与上级沟通的技巧

1. 与上级沟通的基本准则

（1）尊重领导

尊重领导是领导对下属的基本要求。尊重领导包括心理上的尊重和行为上的尊重。

见到领导应整理衣冠，趋步向前，主动问好；对领导的询问要回答得清晰有力，反应迅速；在领导布置工作时，下属要认真聆听；对领导的正确指示要坚决执行；如对指示有疑问或认为指示有错误之处，一定要委婉陈述，并提出自己有建设性的看法与意见；如果意见没有被采纳，则应依领导的意思办理并努力完成，下级服从上级是起码的组织原则。下属与领导产生矛盾后，最好能找领导进行沟通，就算是领导的工作有失误，也不要抓住不放。

（2）主动沟通

下属要时刻保持主动与领导沟通的意识。由于各种各样的原因，上级无法面面俱到，下属主动与领导沟通就显得尤为重要了。不要整天埋头于工作而忽视了与上级的主动沟通，要学会有效展示自我，让自己的能力和努力得到上级的肯定。只有与领导保持有效的沟通，才能获得领导的器重，从而得到更多的机会和空间。一个人如果只知道埋头苦干而不去想如何让领导注意到自己，那他可能很难得到领导的重视；同时，领导也可能由于不知道有这样的下属而无法全面地把握工作的安排分派。所以，适时地推销自己也是与领导相处中重要的环节。

（3）准确领会

准确地领会并贯彻领导的意图是一个合格下属的基本要求。假如因为误读领导意图而说错话、办错事，就可能费力不讨好，把事情弄糟。领导的意图往往蕴含在文件、批示或口头指示中，需要下属去体会、理解。当然，下属有时候也需要进一步向领导询问、请教。下属一定要用心理解，切忌不懂装懂。

（4）及时汇报

从领导那里接受工作之后，无论大事小事，下属都必须做到一结束就马上汇报，丝毫马虎不得。如果是长期任务，就应该在每一阶段结束后都进行进展情况报告。其实领导交给下属的每一个工作他都会非常关心，如果下属能及时汇报，让领导随时掌握最新情况，领导会更加放心。

（5）表达清楚

在和上级沟通的时候，语言表达要清楚、明白，数据运用要具体、精确，不能含糊其词，避免说"据说""大概""也许""估计"之类的词汇。还要抓住重点来说，对信息进行加工提炼，提高信息质量，以加深领导的印象。

此外，最好在双方都比较平和的时候进行沟通，特别是自己受了委屈，感觉压抑的时候，要控制好自己的不良情绪，否则带着情绪沟通，容易激动，也会影响上级的情绪。无法控制情绪不仅会导致表达错乱，还容易引起上级的反感，导致沟通失败。

（6）接受批评

上级有自己的立场，当你执行任务失误时，上级可能不分青红皂白、大发雷霆。这时候，即使你有充分的理由，也不要马上解释或与上级针锋相对。遇到问题时，要多做换位思考，例如，如果我是上级，我该如何处理此事？这样才能理解并支持上级处理问题的方式、方法。虽然你可能会暂时委屈地离开上级的办公室，但由于你的态度，随后你能够很快找到合适的时机，向上级解释真实的情况。

2. 向上级请示汇报的技巧

下属学会如何向上级请示汇报是一个很重要的环节。一次好的请示汇报能让上级肯定你的成绩，对你另眼相看；否则，上级会否定你的工作与成果，甚至低估你的能力。

（1）恰当地运用非语言沟通

向上级请示汇报时，要注意非语言沟通方式。例如：遵守时间，不能失约；进办公室要有礼貌，仪表举止要优雅大方，显得彬彬有礼；口头汇报要做到用语准确，句子简练，语言应力求自然朴实，做到言简意赅，切忌不顾实际，信口开河，避免口头禅；请示汇报时应做到语速适中，音量适度，时间限定在半小时内，若15分钟就更好，留一些时间让上级提问，以便领会上级注意或感兴趣的问题所在；当自己的意见被否定时，要冷静对待，不要让自己的表情大起大落，也不要轻易打断上级的谈话，即使自己是正确的，也不要去顶撞领导，能给他人留面子是对他人的尊重，"通情"一般都是有利于"达理"的；汇报结束时应注意礼貌。

（2）认真边听边记

与上级沟通时如果过滤掉了重要的信息，就可能会带来执行后的巨大差距。克服这一缺点最好的方法就是边听边记，先记下来，再慢慢理解和揣摩。我们可以采用"5W2H"的方法来记录。"5W"就是谁传达指令（who）、做什么（what）、什么时间（when）、什么地点（where）、为什么（why）；"2H"就是怎么做（how）、做多少（how much）。"5W2H"是我们理解工作信息的导向，这其中任何一点如果不明白都要主动询问领导，并记下来。

（3）理解透彻，不要"想当然"

如果对任务理解不了，要学会跟领导探讨任务。当领导把任务交给你时，你最好重复一遍，这样倘若有遗漏之处，领导也会及时补充。如果你有不明白的地方，就立即向领导请教。同样，在执行任务的过程中，倘若遇到心存疑问之处，也要及时跟领导沟通，避免你所做的工作达不到领导想要的结果。

（4）注重书面成果

当任务完成，达成结果之后，要主动向上级汇报。一个职场人能得到上级的青睐，业绩是一方面，另一方面是每做完一项工作，都会以书面的形式总结出这项工作成功与失败的原因。尽管有些书面总结写得不是很出色，但不会影响沟通的积极效果。与上级沟通自己的工作总结是一个很好的方法，因为它既显示出你对上级的尊重，也容易让上级看出你的进步。

（5）诚心请教

向领导请教有两个好处。一个好处是让领导掌握你的工作进度，得到领导的指点。即使最后工作没有按预期完成，领导因为早知道状况了，不会有太大的心理落差。另一个好处就是显示对领导的尊重，给足领导面子，以满足领导的成就感。

──　**课堂互动**　──────────────

请根据"5W2H"的方法进行分析，体会下列指令所传递的意图。"小亮，请你将这份安全承诺书打印50份，在今天下班前送到班主任的办公室，交给各个班主任，请留意打印的质量，班主任要分发给班级学生签字。"

3. 说服上级的礼仪

有时候，上级的决定并非全部正确，因此，真正为公司利益考虑的员工应当恰当地给上级提建议，使用一定的沟通技巧说服上级采纳建议。

（1）选择适当的提议时机和场合

在给上级提建议时，要照顾到他的心情，不要在他工作繁忙或者心情不好的时候提建议。否则他不仅听不进你的建议，还会对你产生反感。应该选择上级有闲暇、心情好的时候提出。给上级提建议，不应该在公共场合应该选择在上级的办公室等私人场合。

（2）不要全盘否定领导的计划

领导制定了一个方案，肯定对此方案很满意。因此，在给领导提建议时，要在肯定的前提下，对某些局部问题提出商讨。采取先赞同后否定的方式，让领导觉得你在沿着共同的目标前进，只是想把方案做得更加完美，任务完成得更加出色。这种方式不仅使领导容易接受，还会令领导对你刮目相看。

（3）灵活运用多种沟通方式

给领导提建议，一定要有说服力，不能只用口头形式。口头表达难免会不充分，而且不能保证领导当时在专心地听自己说。一定要用书面形式，在建议里面要充分表达自己的思想，而又要简明扼要，不要华而不实，要能经得推敲。也可以选择采用PPT的形式。多一份踏实、多一份调查，让每次的建议都是三思而后行的结果，保证提的建议具有较高的"成功率"。

（4）表达不同建议时的语言技巧

领导的方案中一定有可取之处，而可取之处是值得下属学习的。下属在表明态度时，要注意说话的态度和敬语的运用，恰到好处地表达出自己的意思，使领导觉得你是为了使他的方案更加完美，而不是彻底抛弃他的方案。这种说话方式更容易使人接受，也不至于激发领导与你的矛盾，导致彼此关系陷入僵局。

在表达不同建议时，可以用下面这些特殊句式方法，以取得良好的效果。

设问法：采取设问的方式，用问话一步一步地引导领导认同你的观点。这是个很巧妙的方法，很容易被领导接受。

"三明治"法：表达不同建议时，可以使用先肯定、再否定、后安抚的"三明治"模式，即任何答复都以积极肯定为起始点："是的，可以，行，我们能做"；再向否定过渡："但，或许，可能需要一些时间，恐怕需要其他部分的配合，人手如能调配一下就更好……"；最后再次强调积极的一面："不过，我们会进一步想办法解决，诸如时间紧张，需要其他资源等问题，请放心……"，或者明确请求领导在哪方面予以支持或协助。这种委婉的说法更易被领导接受。

拖延法：对于领导的错误决定，倘若你唯命是从，马上付诸行动，可能会造成不良后果。面对这种情况，你可以先默认或口头上答应，以缓解当时的氛围，过后你以忙其他的事作为拖延的理由。等过一段时间后，领导自己想明白了，有了新的决定，就会收回自己的话了。

（三）与下级沟通的技巧

与下级沟通能够及时了解下级的心理状态和工作压力，从而有针对性地进行指导和缓解。这样能够提高下级的忠诚度，增强团队的凝聚力。

1. 正确传达指令

与下级沟通，大多数情况下是给下级安排一定的任务，发挥团队的整体作用。这就需要掌握正确传达指令的技巧。

（1）研究指令的正确性、可行性，要让下属清楚下达的指令，自己就必须对指令了如指掌，不但知其然，还要知其所以然。

（2）保持指令的一致性。指令一旦确定下来，一般不得随意变更。否则会让下属产生反感，不但失去对你的信任，还失去了工作的热情。

（3）使指令具体化。向下属下达指令时，表述要尽量具体，避免用抽象的说法，否则会让下属摸不着头脑，进而耽误了整个指令的执行。此时，同样可以使用"5W2H"的方法来表述指令。

（4）注意指令的可接受性。下达指令时态度要和善，用词要恰当。首先，要让下属清楚指令的重要性，引起思想上的重视。其次，应明确下属的自主权，充分调动其积极性和主观能动性。同时对下级的疑问要有充分的准备，并且能够耐心地解答。

2. 换位思考

俗话说，"设身处地，将心比心，人同此心，心同此理"。领导要尊重下级，互相尊重是有效沟通的基本前提。对下级的尊重并不会影响管理者的权威，相反，领导还可以获得更大的尊重。领导要尽可能包容，包容所有不同文化背景、不同工作、不同知识水平的基层员工。学会尊重不同的观点和想法，承认差异的存在，避免只用一种类型的员工。在处理问题时，领导要换位思考，放下架子，站在下级的位置上前，同时，再把下级放在领导的位子上陈说苦衷，从而抓住下级的关注点，这样沟通就容易成功。

此外，与下级面对面沟通时，领导不应一言堂，只顾自己发表看法，而应多听少讲，认真倾听下级的意见，从而了解下级真实的想法，满足下级的自尊，获得友谊和信任，真正实现平等的双向交流。

3. 多激励少斥责

每个人的内心都有自己渴望的"评价"，希望别人能了解，并给予赞美。领导应适时地给予下级鼓励、慰勉，认可褒扬其某些能力。当下级不能愉快地接受某项工作任务时，领导可以说"当然，我知道你很忙，抽不开身，但这事只有你去解决，我对其他人没有把握，我思前想后，觉得你才是最佳人选。"这样一来，就使对方无法拒绝，巧妙地使对方的"不"变成"是"，下级得到心理上的满足，从而较为愉快地接受工作任务。对于下级工作中出现的失误，特别要注意，不要直言训斥，而要同下级共同分析失误的原因，找出改进的方法和措施，并鼓励他一定会做得很好。要知道斥责会使下级产生逆反心理，而且很难平复，会对以后的工作带来隐患。

4. 以情感人

领导的说服工作在很大程度上可以说是情感的征服。只有善于运用情感技巧，以情感人，才能打动人心。感情是沟通的桥梁，要想说服别人，必须架起这座桥梁，才能到达对方的心理堡垒，征服他人。领导与下级谈话时，要使对方感到领导不抱有任何个人目的，没有丝毫不良企图，而是在真心实意地帮助自己，为下级的切身利益着想。这样沟通双方的心就近了，就会产生"自己人"效应。情感是交往的纽带，领导能够很好运用情感技巧，和下级交朋友，成为下级真正的"自己人"，他们是完成团队目标的主体力量。

5. 善于赞扬下级

赞扬是对他人一种的肯定表现。赞扬下级是一种激励下级的工作技巧，是一种低成本的激励方式。

（1）善于发现下级的优点

每个人都有一些优点，有人工作效率很高，有人工作非常细致认真等。在工作中要善于发现这些优点，并将其储存在脑海里。

（2）赞扬要及时

员工某个方面表现好，领导应及时夸奖赞扬，如果拖延到时过境迁，那么迟到的赞扬也已经失去鼓舞人心的效力了。

（3）赞扬的态度要诚恳

领导给予下级由衷的赞扬，会引起下级的高度重视。毫无内容的虚伪赞扬不但起不到任何激励的作用，还会让下级对领导产生反感，不利于进一步沟通。

（4）赞扬的内容要具体

发现了下级的优点就要把它说出来，而不是简单地称赞"你真棒""你做得很好"，赞扬下级一定要做到言之有据。只有赞扬得具体，才能使受夸奖者高兴，并引起情感共鸣。

（5）选择恰当的赞扬场合

如果下级的某项工作得到了大家的一致认可，这时选择部门会议等公开场合来表示赞扬比较好。公开表扬要讲究技巧，以表扬事来表扬人，这是对下级的极大鼓励，也不会引起其他下级的猜忌。如果只是领导个人发现的一些优点或者成效，可以私下表扬，传递对下级的赞许和信任，同时也可以通过这个机会向下级提出进一步的期望和目标。

6. 恰当地批评下级

金无足赤，人无完人。当下级有过失时，领导需要适当地批评指正。由于传达的是负面消息，因此在批评时要掌握相应的技巧。

（1）以真诚的赞扬开头

一个人犯了错误并不等同于其一无是处。由于批评容易引起下级的抵触情绪，因此在开始谈话时，以赞扬下级的某些优点或者成绩为开端，这样可以使下级感觉到自己得到了比较客观的评价，主动放弃心理上的抵抗，从而更容易接受批评。

（2）尊重客观事实

批评下级要拿出真凭实据，不能信口开河。要尊重客观事实，不缩小，不夸大，就事论事。批评下级，并不是批评对方本人，而是针对他的错误行为，不要把对下级错误行为的批评扩大到对其本人的批评上，更不能否定下级的人品人格，否则就会造成不可调和的矛盾。

（3）注意语言技巧

恰当的批评要以不伤害下级的自尊、自信为前提，同时表述要引起下级足够的重视。针对不同的批评对象，要采取不同的批评方式。例如：对一些性格比较内向的下级，要尽量用委婉的语气来表达；对一些性格开朗、直来直去的下级则可以直接表达态度，但是语言不可过激；对一些敏感多疑的下级则可以采用旁敲侧击的方式。

（4）选择恰当的批评场合

对那些造成较大损失，形成较大影响事件的下级，领导需要在公众场合进行批评，从而提醒其他下级避免再犯类似错误的情况，所以最好在公开批评前和下级私下进行一次面谈，使其有一定的心理准备。如果是不太严重的错误，最好把下级单独叫到办公室、休息室等地方批评。每个人都会犯错，领导要以宽广的胸襟、爱护下级的心态，包容下级。正确、适时地批评对下级和部门都具有正面的效应。

（5）友好地结束批评

正面地批评下级，或多或少都会使下级有一定的压力。如果批评结束时不欢而散，下级难免产生消极的情绪，甚至对抗情绪，这会为以后的沟通带来障碍。所以，批评下级时，领导应该在友好的氛围中结束。例如，在结束批评时，领导说"我想你会做得更好"或"我相信你"等，并伴以微笑和肯定的眼神，这会带给下级积极的引导，增强其改正错误、做好工作的信心。

| 知识链接 |

不同的批评方式

情景1：员工接电话时语速过快。

批评方式1："小刘，你接电话的方式实在太唐突了，你要从现在开始接受职业化的训练。"

批评方式2："小刘，最近我注意到你讲话的速度相当快，我有点担心客人可能听不清楚你讲的话。"

情景2：员工摔碎了碟子。

批评方式1："小王，你太不小心了。"

批评方式2："小王，不要一次拿那么多东西，少拿些东西就不会掉下来了。"

情景3：希望员工改进提高。

批评方式1："我希望你能有所改进。"

批评方式2："我看到你接待顾客非常热情，我敢肯定，只要你加倍努力，多加练习，你一定能够胜任接待工作的。"

课堂互动

请点评上述3个情景中的批评方式。

（四）与客户沟通的技巧

客户是团队工作中非常重要的沟通对象，与客户建立良好的关系，并进行有效的沟通，对于工作的开展、团队形象的塑造及效益的实现具有非常重要的意义。

1. 与客户沟通的基本要求

（1）真诚相待，礼貌先行

在营销过程中，有时候一个细节就能让客户认同服务或产品，因此，与客户沟通的第一步，就是真诚坦率，有礼貌。不管是首次拜访还是回访，要尊重客户的意见，学会多问征求性的话语，如"好吗？""您看行吗？""您觉得呢？"，要让客户觉得你是一个非常有礼貌的人，这样他们才会愿意与你交往合作。

（2）调整状态，明确目的

我们往往会由于心情紧张或急于表达自己的合作意图，忽视了自己的表达方式，结果与客户沟通起来就会吃力。为此，相关人员在与客户沟通之前要做好多方面的准备，如心理准备、身体

团队有效沟通

准备、态度准备及情绪准备等。恐慌的心理、疲惫的身体、黯然的神态及消极的情绪等都可能使沟通归于失败。要尽可能地用清晰、简明的语言使客户获得其想要知道的相关信息，沟通过程要有条理性，不紧不慢，不慌张。遇到与客户意见相左时，委婉地阐述自己的观点，有技巧地说服客户，最终达成一致。

（3）了解客户，取得信任

不同类型的客户有不同的需求，我们只有针对目标客户进行深入细致的分析，找出客户真正的兴趣点，才能尽快接近客户、打动客户直至实现合作目标。另外，因为客户形形色色，并不能完全深入全面地了解客户的情况。沟通时，要从客户的话语间揣摩客户的心理，引导客户主动提出需求。而与客户维系长久合作关系的重要前提是诚信，与客户沟通要言之有物，抓住重点，从客户的角度和立场来看待产品，以取得客户的信任。还可以通过摆事实的方法来介绍自己所在的公司，让客户了解公司的发展前景不可小觑，让客户有足够的信心和你所在公司建立长久的合作关系。

（4）察言观色，不否定客户

交谈过程中，如果发现客户对某些介绍不感兴趣，马上停止。当客户指出产品确实存在缺点时，不要隐瞒，也不要置之不理，而要积极地回应。例如，当客户提出产品的功能不如其他品牌时，不妨先肯定客户的意见，再指出产品的其他优势。有时，客户可能与我们有不同的观点和看法，如果直接告诉他们，其观点和看法错误，就很可能导致客户认为我们在故意抵触，这将导致交谈不欢而散。越是能容纳别人的观点，就越能表明尊重，例如可以回答"你的观点也有道理……"等。

（5）及时跟进，维护客户

在合作目的实现后，跟进和维护客户就显得更为重要了。将客户视为朋友，平时保持联络，多沟通，增进了解，如节假日以电话、短信等方式问候，邀请客户闲暇时邀请客户参加企业举办的各类开放性活动等，增强企业与客户之间的黏性。

2. 拜访客户的技巧

所谓"百闻不如一见"，在职场交往中，经常会采用拜访客户的形式来使业务关系取得实质性的进展。拜访客户的技巧有如下几个方面。

（1）要有约在先

这是拜访时首先要考虑的问题。如果未经预约而贸然登门拜访，就会打乱客户的日程安排，引起反感，甚至被拒之门外。预约主要涉及约定时间、地点、人数及主题。预约后，接下来就要如约而至，如果确因特殊原因不能赴约，应尽早通知对方并说明理由，否则会失礼。

（2）要登门有礼

这一环节要注意以下几个方面。

一是预先告知。快要到达预约地点时，先打个电话告诉客户一声，此举有两个作用：一是向对方确认一下，有时预约时间较早，以免对方忘记；二是对方好有个准备，如停止正在进行的活动等。

二是把握好进门后的三分钟。进门后短短的三分钟足以体现拜访者的举止修养和职场经验。在进入客户公司前应先整理自己的着装，以最佳的形象、最从容的姿态进行商务拜访。同时，应尊重其办公环境——非礼勿视、非礼勿听、非礼勿言、非礼勿动，更不能随意吸烟。如果对方公司有前台或专职接待人员，应向其递交名片，并说明受访者的职务及姓名，然后听从接待人员的安排进入接待室或受访者的办公室。若自行进门，应用食指轻叩房门，力度适中，间隔有序地敲三下，等待回音。如无应声，可稍加力度，再敲三下，如有应声，再侧身隐立于右门框一侧，待门开时再向前迈半步，与主人相对。

如果被引入接待室等待，应向接待人员表示谢意，在得到对方允许后方可就座。当接待人员奉茶时，应立即欠身双手相接，并致谢。如果茶水太烫，要等晾凉了再喝，必要时也可以把杯盖揭开，不要一边吹一边喝。如果等待的时间过长，无法继续等待，要向接待人员说明情况，另约时间，请其代为转达，说明时要客气、委婉。

见到要拜访的客户时应主动递交自己的名片，再次说明来访的事由和目的，但是要掌握节奏，等待对方主动伸手再握手。双方恰当的表现能使拜访有一个良好的开端。

（3）要为客有方

要做到为客有方，就应做到"两个限定"。

一是要限定交谈的内容。为了控制时间，要注意回避一些话题。当然，为了适当调节气氛，说点轻松愉快的、时尚流行的话题也是可以的。要注意的是，即使双方观点不同，也没有必要为此和客户发生争执。在礼貌地提出自己观点的同时，对客户的不同意见应表示尊重。

二是要限定交际的时间。事先说好了双方要谈多长时间，就要遵守约定，一般拜访的时间控制在一刻钟至半小时。当双方谈完事情后，就应及时起身告辞。到了休息时间，毫无疑问也应告辞。除非你想请对方吃饭，或者对方请你吃饭，否则快到用餐时间时应起身告辞。当有其他人来访时也应尽快告辞。

（4）要妥当告辞

告辞时要注意以下几点。

一是要表达感谢，适时告退。告辞应选择在自己说完一段话之后，而不是对方说完一段话之后。告别前，应该对对方的友好、热情等给予适当的肯定，并说一些"打扰了""添麻烦了""谢谢了"之类的客套话。如有必要，还可以说些诸如"这半个小时过得真快！""和您说话真是一种享受""请您以后多指教""希望我们以后能多多合作"的话。同时，告辞前不应打呵欠、伸懒腰等举止。

二是要向在场的所有人道别。起身告退的时候，如果还有其他人在，即使不熟悉，也要礼貌地向他们打招呼。

三是要说走就走。

四是要回报平安。

| 知识链接 |

与客户沟通接近法

在与客户沟通中，接近客户，打开准客户的"心防"，是进一步深入交流的前提。可按照以下步骤来接近客户，具体如下。

第一步，Attention（引起注意）。通过寒暄进入主题并表现出你的专业水平，让客户对你产生良好的第一形象，进而引起客户的注意。

第二步，Interesting（产生兴趣）。不仅要引起客户的注意，还要使客户觉得跟你说话会很高兴，引起他愿意了解的兴趣。

第三步，Desire（激发购买欲）。在与客户沟通的过程中，要站在客户的立场，着重阐释产品的优势和价值，引发客户产生购买这个产品的欲望。

第四步，Memory（留下印象）。要让客户对你及你推销的产品留下深刻的印象。

第五步，Action（促使行动）。在客户有了深刻的印象后，还要与客户积极互动，促使客户实施购买行动。

第六步，Satisfaction（购买满意）。客户买完产品后，要让客户感觉到，买你的产品是一件非常愉快的事情。

技能实训

角色扮演

实训目标：运用与同事沟通的技巧，解决日常生活中的问题。

实训场地：室内。

实训步骤：

（1）从同学中选出4人扮演员工，他们需要完成一项相同的工作任务，其余的同学扮演他们的同事，协助他们完成工作。

（2）老师召集4名员工到"会议室"，宣布4名员工需要完成的工作任务是在最短的时间内收集5副眼镜、10支笔、5部手机、6个发饰、7件外套。

（3）活动开始，4名员工按照任务要求，寻求同事的帮助，以最快的速度收集物品。

（4）完成得最快且准确的员工为胜利者。

思考与讨论：

（1）你用了什么沟通方法获得到了同事的支持，从而快速地收集到了所有的物品？

（2）获得他人帮助的技巧还有哪些？

拓展练习

我来做主持人

假设你现在正在主持一场会议，遇到以下问题。

（1）会议中的讨论不够热烈。

（2）会议中的某项讨论偏离了主题。

（3）几位与会者在开小会。

（4）两位与会者因不同的观点产生争执。

（5）与会者问了会议主持人一个难以回答的问题。

（6）调查对一个观点的支持程度。

（7）想知道自己是否是个成功的会议主持人。

思考：

（1）请在小组中针对以上问题进行充分的讨论，梳理出处理思路。

（2）分小组模拟场景，演示会议主持人的处理过程。

团队有效沟通

第十单元
团队沟通艺术

10

沟通是信息、思想和情感传递的过程，是人的本质的内在需求，既是生理需要，更是心理需要。影响沟通心理和行为的不确定性因素很多、随机性较大，因此应注意从心理学角度把握沟通艺术，使沟通更有效率，更得人心。

第一节 团队沟通心理

学习目标

- 掌握沟通心理学的基本概念、团体凝聚力的运行机制。
- 能体会个体自尊、公众尊重及治疗性改变。
- 养成良好的沟通心理，建立积极、健康的沟通心态。
- 培养同理心，能宽和待人，多角度、辩证地分析问题。

情景导入

　　有两位学生，为了一件小事争执不休，互不相让。第一位学生怒气冲冲地去找老师评理，老师心平气和地听完他的话之后，郑重其事地对他说："你是对的！"于是第一位学生得意洋洋地跑回来宣扬。第二位学生不服气，也去找老师评理，老师在听完他的叙述之后，也郑重其事地对他说："你是对的！"当第二位学生满心欢喜地离开后，一直跟在老师旁边的第三位学生终于忍不住了，他疑惑地问："老师，您平时不是教我们要诚实，不可说违背良心的话吗？可是您刚才对两位同学说他们都是对的，这岂不是违背了您平日对我们的教导吗？"老师听完之后，不但毫无怒色，反而微笑地对他说："你是对的！"第三位同学这才恍然大悟。

情景解析：

人人都有自尊心和好胜心，在非原则性的问题上不必过于纠结谁对谁错。有时候以情动人比以理服人更具有智慧，以认同的态度照顾到对方的心理，这样既给人留下一条后路，又彰显了自己宽容的胸怀，一举两得。这样有助于建立和谐的人际关系。

知识园地

课堂互动

请向身边同学描述你对心理学的理解。

素养提升

同理心

一、什么是沟通心理学

（一）沟通心理学含义

心理学作为一门古老而年轻的学科，总是与"神秘"和"不可信"联系在一起，因为在历史的演变中，"心理"二字的含义总是被赋予新的内容。

心理学家常常思考这些问题：人性是什么？人的行为如何控制？生活环境对我们造成了哪些影响？大脑与心理有怎样的联系？心理学家的工作正是探寻这些问题的答案。也就是说，心理学是一门研究人的心理活动规律的科学。

沟通心理学是一门与人际沟通相关的社会心理学，从心理学的角度研究如何让人们的沟通更顺畅、更有效、更愉快。分析人们在沟通中的做法以及背后的心理原因，更有利于掌握积极、有效的沟通之道。

（二）团队沟通心理解析

很多人缺乏对团队沟通心理内涵的完整认识，存在一些常见的误解。

观点1：心理学是读心术，会算命。

观点2：只有出现了心理障碍才会需要心理学。

观点1解析：心理学不等于读心术

持观点1的人误以为心理学是读心术，会算命，但是心理学从未与算命有任何联系，算命靠猜测和故弄玄虚来蒙蔽他人，而心理学却是根据具体的表现和相关的理论来认识他人。心理咨询也绝非掐指一算就能得到来访者的全部信息，而是通过种种心理咨询治疗方法来引导来访者表达自己的内心。

观点2解析：让看不见的心理被发现

持观点2的人误以为只有出现了心理障碍才会需要心理学。事实上，心理学研究就是让那些看不到的心理过程（如焦虑、记忆、梦）和行为能够被看到，让内部时间和过程外化，让个人经历公开化。

⏰ **沟通故事**

心理沟通

　　和珅的与众不同表现在他高超的思维并轨功夫。他有时甚至能够完全钻到乾隆的大脑里去，准确猜出乾隆的想法。

　　清人笔记中有一则和珅猜中皇上命题的故事。按照惯例，顺天（指北京）乡试《四书》考题，例由皇上钦命。由内阁先期呈进《四书》一部，命题完毕，书归内阁。一次皇上命题后，内监捧着《四书》送还内阁。恰巧和珅当值，便问起皇上命题的情况，内监只说皇上手批《论语》第一本，将尽批完时，始欣然微笑，秉笔直书。和珅沉思片刻，遂猜想皇上批字为"乙醯"一章。因为乙醯两字包含"乙酉"二字，而那年就是乙酉年。和珅以此通知他的弟子们，结果那年的乡试考题果然是"乙醯"一章。

　　乾隆做太上皇时，有一次召见嘉庆与和珅。两人入室，见乾隆坐在龙座上闭着眼睛，仿佛入睡了。但口中念念有词，也不知是何种语言。久之，乾隆忽然睁目问道："这些人叫什么姓名？"嘉庆不知如何回答，和珅却高声应答："高天德、苟文明（此二人为白莲教领袖）。"嘉庆听了莫名其妙，乾隆却缓缓地点点头，继续闭目低语。

　　过了些日子，嘉庆密召和珅："汝前日召对，上皇云何？汝所对作何解？"和珅说："上皇所诵为西域密咒，诵之则所恶之人虽在数千里外，亦当无疾而死，或有奇祸。奴才闻上皇念此咒，知所欲咒者必为教匪悍酋，故以此二人名对也。"嘉庆自愧弗如。

二、团体凝聚力的运行机制

（一）团体与个体间联系

　　人本主义心理学家罗杰斯认为，有机体生来就有一种自我扩展与发展的倾向。在个体治疗及团体治疗中，主导者的功能相当于催化剂，创造着利于成员自我扩展的条件。个体首要的任务是自我探索，检验以前拒绝觉察的感受与体验。那么，团体的接纳、支持和成员间彼此的信任与接受是如何帮助有问题的个体的呢？的确，仅有单纯的支持与接纳是远远不够的，团体交流中除了与成员建立温暖而信任的关系外，还要懂得创造一个较好的条件来激发其他过程。罗杰斯认为，当团体领导者与成员之间存在着理想的关系时，就会产生下面的特征性过程。

　　（1）成员越来越自在地表达自己的感受。

　　（2）成员逐渐具备现实检验能力，能更多地区分他对周围环境、对自身和对他人的感受与知觉。

　　（3）成员更能意识到体验与自我概念的不一致。

　　（4）成员能意识到以往被自己扭曲或否定的感受。

　　（5）成员现在的自我概念能包容以前被扭曲或否认的方面，渐渐能和自己的体验更多地统一起来。

　　（6）成员能更多地不受威胁地体验主导者无条件的积极关怀及自身无条件的积极自尊。

　　（7）成员逐渐体会到自己才是对某客体及体验的本质及价值评判的核心。

（8）成员较少表现出认为他人对自己的评价的影响，更多地表现出他人的评价对自身发展的推进效果。

所有个体生来都有成长及自我实现的倾向。主导者不必激发成员的这些特质，主导者的任务是去除成长过程中的障碍，方法之一是在治疗团体中营造理想的治疗氛围。成员之间的坚固联系不仅能直接证实一个人的价值，还使成员在自我暴露和承担人际风险上更愿自行选择。这些变化有助于成员在与外界的联系上消除旧的、消极的自我概念。团体成员认识到自己的团体在人际学习的任务中合作良好，会使他们在积极和自我强化的循环产生了更大的凝聚力。团体任务的成功能加强团体成员间情感的联系。

团体凝聚力成为一个重要因素，是因为个体将其他团体成员的肯定视为一次崭新的、重要的体验。而且，成员彼此之间的接纳和理解比主导者的接纳更具有影响力及意义。毕竟，其他成员并没有关心、理解他人的义务，他们不收任何费用，这也不是他们的"工作"。

在一个团体中发展亲密关系，就是个体在团体中深深地感受到人情味的经历，可能对成员有很大的价值。即使这些并未留下明显的痕迹，在外显行为上也无太大改观，但个体仍能在自己身上体验到更有人性、更丰富的部分，并以此作为内在的参考点。

成员间彼此的接纳虽然在团体治疗过程中十分关键，但只能慢慢地发展起来。被他人接纳和自我接纳是密切相关的，不仅自我接纳基于被他人接纳，而且只有当自己接纳自己之后才可能被他人完全接纳。治疗团体的成员可能同时感受到自我轻视及深深地轻视他人。这种感受可以表现在成员一开始拒绝加入"一群疯子"中，或表现在成员因害怕卷入不幸的大漩涡，而不愿与一群痛苦的人紧密相连。

（二）个体自尊与公众尊重

根据经验，所有寻求心理专业人士帮助的个体通常有两个最重要的困难：一是建立并维持有意义的人际关系；二是维持个人的价值感（自尊）。

个体自尊和公众尊重是高度相关的。个体自尊指个体对自身价值的评估，与个体先前的社交关系经历有着必然的联系。在早期发展过程中，个体对于他人对待自己态度的看法，会决定个体如何看待与评价自己。个体根据某些特定生活经验的一致程度，内化了许多观点，再依据这些内化了的评价来进行稳定的自我价值的衡量。

除了这些内部存储的自我价值外，个体仍会或多或少地在意或受他人当前的评价的影响——尤其是其所属团体的评价。我们所参与的团体和社会关系会成为我们自我的一部分。一个人对某一团体的依恋是多方面的。团体其他成员对于自己在团体中的吸引力的信心，以及成员相互间对归属的渴望，这两方面形成了个人对团体的依恋。

公众尊重，即团体对个体的评价，其对个体的影响取决于下面几个因素。

（1）个体所认为的团体重要程度。

（2）团体与个体沟通公众尊重的频率与明确程度。

（3）这些特质对个体的重要性如何。

团体对个体越重要，个体越遵从团体的价值观，个体就越倾向于同意团体的评判，也会较注意且看重个体自尊与公众尊重之间的差异。这两者间的差异将会使个体产生不协调的状态，个体会采取行动以去除此不协调的状态。

团队沟通艺术

假设此差异是负面倾向的，即团体的评价比个体的自我评价低，那么如何解决这些差距？一种方法是错误认识，即否认或扭曲团体的评价。在治疗团体中，这样的发展会产生恶性循环：团体首先会因为个体不参与团体任务（包括对自身及与他人关系的积极探索）而给予差评；而防御及沟通问题的增加只会更进一步降低团体对该个体的尊重。一种更为常见的用来处理差距的方法是贬低团体的价值，例如，个体会强调团体是人为的或是由不正常的人所组成的，然后将此团体和一些团体对个体做的不同评价进行比较，此种成员通常会在治疗中脱落。

在一个成功结束的团体中，一名团体成员回想他在团体治疗的早期时光，他说："在很长一段时间里，我告诉自己，他们都是怪人，他们说我防御和难以接近都是荒谬的。我一开始多次想要离开，但后来我感觉到有足够的联系让我决定留下。一旦我做了这个决定，我就开始告诉自己，一些关于我的评价不可能都是错误的。这个就是我的治疗中的转折点。"对于此差异最终的且具有治疗性的解决方法是个体通过改变被批评的行为及态度来提升公众尊重的程度。若个体深深地被团体吸引且公众尊重程度略低于个体自尊程度，则此方法很可能生效。

所有的疗效因子都是相互联系的，无论改变的原因如何，行为和态度的改变必然会带动其他的改变。当团体对成员的评估有所改变时，成员对团体中的自我及团体本身都会较为满意，之后，适应性循环便会发生。

更常发生在治疗团体中的不一致是相反方向的：团体对个体的评估高于其自我评估。当成员处于这种不协调的状态，也会致力于解决此差异。处于这一状况下的成员会怎么办？这个成员也许会通过暴露自己的缺点，来降低众人对自己的尊重程度。一定程度内的谦逊远比傲慢自大更容易适应环境。所以在治疗团体中，这种行为会使其更受众人尊重，因为暴露自己的不足正是团体所珍视的规范，反而会增进其被团体接受的程度。最佳的治疗状况是，成员开始检视及改变其较低的自尊。

（三）治疗性改变

凝聚力是指团体成员被团体及其他成员所吸引的程度。在团体治疗中，因为团体成员的主动参与、自我表露、自我探索、情绪表达、非防御性、领导能力、对他人感兴趣及对团体的支持都会增进其受欢迎的程度。

值得注意的是，能坚守团体规范的个体，不仅能在团体中获得公众尊重，而且能运用同样的社交技巧更有效地处理团体外的人际问题。因此，在团体中受欢迎程度有所提高，会从以下两个途径发挥治疗性：提升个体自尊及强化适应性的社交技巧。这会使受欢迎的个体变得更加受欢迎。团体治疗中的这种挑战也会帮助不受欢迎的成员变得受欢迎。

有凝聚力的团体，成员们彼此接纳、支持，并渐渐地在团体中发展出有意义的关系。在接纳及理解的环境里，成员会更愿意表达自己、探索自己，渐渐能觉察到以前不能接纳的自我部分，并加以整合，而且能与他人发展更深的关系。成员在有凝聚力的团体中角色会大大影响其自尊。在团体中获得的、被大家推崇的社交行为使个体在治疗团体外更能适应社会。凝聚力有助于自我暴露、冒险及在团体中建设性地表达冲突，这些现象都会促进治疗的成功。

课堂互动

请思考并回答下列问题。

1. 在日常的团体沟通中，你是如何融入团体交流的？

2. 在团体沟通过程中，你怎样看待自我暴露呢？

| 知识链接 |

团体凝聚力的主要表现

美国社会心理学家L.费斯汀格认为团体凝聚力是使团体成员停留在团体内的合力，也就是一种人际吸引力。如一个人在玩"流星球"时，流星球就是围绕手这个中心转，手就是中心点。凝聚力的中心点是什么？就是一个团体对所有成员的吸引力。团队凝聚力主要表现在以下3个方面。

1. 团体本身对成员的吸引力。团体的目标方向、组织形态、行业精神、社会位置等适合成员，吸引力就大，反之吸引力就会降低，甚至会使成员厌倦、反感，从而脱离团体。

2. 满足所有成员多种需要的吸引力。团体满足成员个人的各种物质和心理需要，是增强团体吸引力的最重要条件。

3. 团体内部成员间的吸引力。团体成员利益一致，关系和谐，互相关心、爱护和帮助，吸引力就大；反之，吸引力就小，甚至反感，相互排斥。

技能实训

数字传递

实训目标：领会到在团体交流中团体凝聚力的重要性。

实训工具：计分板、笔。

实训步骤：

（1）学生分成若干组，每组5～8人，每组选派一名组员担任监督员。

（2）所有参赛的组员纵列排好，队列的最后一人到培训师处，培训师向全体参赛学生和监督员宣布游戏规则。

（3）各队代表到主席台来。培训师："我将给你们看一个数字，你们必须把这个数字通过肢体语言让你的前一个队员知道，全过程不允许说话；后面一个队员只能够通过肢体语言向前一个队员进行表达，通过这样的传递方式层层传递，直到第一个队员将这个数字写在白纸上。"

（4）小组的第一个队员将这个数字写到讲台前的白纸上（写上组名），看哪个队伍速度最快、最准确。

（5）比赛进行三局（数字分别是0、900、0.01），每局休息1分15秒。第一局胜利计5分，第二局胜利计8分，第三局胜利计10分。

思考与讨论：

（1）P（计划）D（实施）C（检查）A（改善行动）循环在这个游戏中如何得到体现？

（2）该循环的4个步骤中，哪个步骤更重要？

（3）个人在实训过程中获得哪些启发？

拓展练习

责任

目的：练习"蹲步—猜拳"的沟通过程，促进思考，积累经验。

要求：

（1）每组4个人，两人相向站着，另外两人相向蹲着，一个站着和蹲着的人是一边。

（2）站着的两个人进行猜拳，猜拳胜者，则由猜拳胜者一边蹲着的人去刮对面蹲着人的鼻子。

（3）输方轮换位置，即站着的人蹲下，蹲着的人站起来；继续开始下一局。

思考：

（1）如何看待责任？

（2）当别人失败的时候，你有没有抱怨？

（3）两个人有没有同心协力地对付外面的压力？

第二节 团队沟通美学

学习目标

- 掌握心理感受的含义。
- 能熟练运用非暴力沟通的语言方式。
- 养成健康、文明、积极的心理品质，调节和管理好自己的情绪。
- 能主动发现、感知、欣赏、评价美，培养良好的性格和品格。

情景导入

墨子有个得意门生叫耕柱子，但他总是被墨子批评，久而久之就产生了不满的情绪，但他并没有消极地抵触学习，而是在放学后找墨子沟通。墨子告诉他，正因为他是一块可塑之材，所以才会一再地教导与匡正他。耕柱子听后，放下了心中的不满，认真求学。

情景解析：

"不以主观意识扰乱客观规则，以无为辅助万物自然。"很多时候我们自认为的思考只是一个戴着有色眼镜看事物的过程而已，甚至从起心动念，评价一件事物是非对错的那一刻开始，就已经错了。

所有站在主观角度的评价和认知，与客观状态都存在着一定程度的背离，所以有这样一句话叫"一说就错。"只有了解了自身存在问题，才能用一个相对标准和客观的眼光去看待客观存在的问题。

很多人在生活中常犯的一个错误就是只能看到自己眼前所能看到的事情，也就是执着于事物的表象，而忽略了事物本身存在的另一面影响。

知识园地

课堂互动

请向身边同学描述你对感受的理解。

团队沟通属于组织内部的沟通，我们可从美学的角度来探讨团队沟通的成功之道。美学孕育于中国古代的生命哲学，生命哲学是生命美学的底蕴。例如，在儒家美学中，审美追求和生命追求是通过"致中和"统一起来的。"人而不仁，如乐何？"也就是说，美必须与仁一致。

一、什么是心理感受

（一）感受的含义

感受是身体的感觉和情绪反应，是你的需要是否被满足的信号。积极的感受通常代表需要得到了满足，消极的感受则说明需要没有被满足。

通过关注你的感受，你能够探究自身更深层次的需要。在我们问自己是否有某个需要，或者他人问我们是否有某个需要时，我们可以先留意自己的感受，这是我们自身非语言的部分。它可以帮助识别当前我们是否有某个特定需要，以及这个需要是否得到了满足。通过练习，你可以学着让你的身体信号告诉你，在某个特定时刻，你或者你的练习伙伴是否准确地猜测出了你的需要。

感受给了你重要的额外信息，利用这些信息，你能够自由地探索你的内心世界和外部世界。当你有了这些额外信息，在面对外界刺激而产生负面感受时，你可以有意识地进一步探索这个感受的来源，即什么样的需要未被满足，进而可以看到更多的选择。这样你就有可能摆脱自动化反应。这些自动化反应最初都是人们在儿时学习到的，然后在成长过程中逐步确立并强化。当你懂得感受是需要是否被满足的信号时，你可以用另一种眼光审视你的生活，以找到更好的方式来满足你以及他人的需要。

（二）心理感受性的含义

心理感受性概念最早出现在20世纪50年代的心理学文献中。心理感受性是一个多维的人格概念，它描述了一种对自己和他人认知、情感和行为的元认知反应的动机。从广义上讲，该概念被看作是一种自我保护机制。具体地说，心理感受性是个体对自己和他人的认知、情感及行为间的相互作用发生兴趣并去洞察和感悟的能力。

心理感受性高的个体是对人类行为的精确阐释者，而且他们能够跨人格和人际领域正确评价心理结构上的连续性；心理感受性适中的个体可能更加看重自己的人格特征和人际行为间具有一致性和结构上的连续性。心理感受性作为许多心理治疗的一个重要的先决条件，在心理分析的治疗领域得到了广泛的关注。在以观察为导向的心理治疗中，高的心理感受性水平可能导致更为积极的治疗效果，但这方面仍缺乏实证的经验支持。目前，心理感受性这一术语已经被具体用作心理动力学的心理治疗领域一个重要变量，同时也被看作是成为合格治疗师的一个必要标准。

心理感受性的相关研究主要集中于人格、心理病理学、发展性研究以及临床领域。目前对心理感受的测量方法主要有自陈式测量、主题统觉测验和情景测验。对正常人来说，心理感受也就是人的一个心理想法，也就是对人或事的心情或者感觉。

例如，当你感到生气时，你可以不像以前那样做出愤怒反应，而是探究生气的感受是源于什么需要没有被满足，然后尝试选择一些与你的习惯性反应模式不同的做法。当你能够选择不同于习惯性反应模式的方式去回应时，你就能学习如何从这些无意识的习惯中解放出来。这个学习的过程不仅让你对自己有所洞察，还让你对他人的内在也有所洞察。所以，感受可以被看作一扇大门——通向对自己和他人内心更深层次的学习。

（三）拟似感受

心理学是一个学科群，包含着遍布基础研究和应用研究领域的多个分支。在基础研究中，心理学家关注理论问题，他们的研究也许并不与当前的社会现实有关，但可能对人类生活产生影响；在应用研究中，心理学家的兴趣是研究与人们息息相关的问题。

| 知识链接

体验感受

请读表10-1中列出的拟似感受和这一拟似感受背后可能的真实感受，还有引起这些真实感受的未被满足的需要。你以前经常使用哪一种表达呢？从现在开始，请留意你在日常工作、生活中的想法和对话。当你意识到自己是在使用拟似感受的表达时，试着在内心把它们翻译成你的真实感受和需要。

表10-1　拟似感受背后的真实感受和需要

拟似感受	真实感受	需要
被攻击	害怕 生气	安全感
被背叛	生气 痛心 失望 愤怒	信任 可靠 诚实 尊重
被欺负	生气 害怕 有压力	自主权 选择权 安全感 关心
被批评	痛苦 害怕 焦虑 侮辱	理解 认可 承认
被侮辱	生气 尴尬	尊重 关心 和平
被操控	生气 害怕 无力 挫败 失落	自主权 授权 信任 平等 自由 自由选择 连接 真诚
被压迫	焦虑 仇恨 不知所措	放松 清晰 空间 关心
被认为理所当然	难过 生气 痛心 失望	感激 认可 承认 关心

续表

拟似感受	真实感受	需要
不被感激	悲伤　生气 痛心　沮丧	感激　尊重　认可
被冤枉	生气　痛心 怨恨　愤怒	尊重　正义　信任 安全感　公平

备注：以上内容选自2000年4月非暴力沟通工作坊（维斯康星国际强化训练营）里做出的列表，由苏珊·斯凯编辑。

二、非暴力沟通

"良言一句三冬暖，恶语伤人六月寒。"语言可以是一炉炭火，让人如沐春风，带来温暖和友善；也可以是一把利刃，鲜血淋漓，引起冲突和纠纷。生活、学习、工作中沟通无处不在，而实际上有时候话说出去也会是一种"暴力"，不恰当的指责、嘲讽、否定甚至沉默，以及随口而出的评价和结论常常形成语言暴力，造成情感和精神上的创伤。这种沟通不仅无效，而且影响我们的情绪，影响我们的生活品质。美国马歇尔·卢森堡博士发现了一种沟通方式，依照它来谈话和聆听，能使人们情意相通，和谐相处，这就是"非暴力沟通"。

（一）非暴力沟通的含义

马歇尔·卢森堡博士是全球首位非暴力沟通专家，长期致力于研究运用非暴力沟通消除分歧和争议、解决世界范围内的争端和冲突。他在《非暴力沟通》一书中写："我相信，人天生热爱生命，乐于互助。可是，究竟是什么，使我们难以体会到心中的爱，以致互相伤害？又是什么，让有些人即使在充满敌意的环境中，也能心存爱意？"这是他探索和平解决冲突方法的思考，也是沟通中经常会碰到的问题。

所谓非暴力沟通即"Nonviolent Communication"（简写NVC），又称"爱的语言"，它"指导我们转变谈话和聆听的方式"。NVC的目的是通过建立联系使我们能够理解并看重彼此的需要，然后一起寻求方法满足双方的需要。

（二）非暴力沟通的心理分析

暴力不仅仅是身体的，还有可能是心理的，且后者对人的伤害更大。非暴力沟通是基于爱、理解与尊重的沟通，"当我们褪去隐蔽的精神暴力，爱将自然流露"。NVC要素及技巧是有心理基础的，非暴力沟通的实现需要心理支持。

1. 观察—无条件尊重

观察是与人沟通交流的关键所在，非暴力沟通提倡在特定的时间和情境中进行观察，并清楚地描述观察结果。印度哲学家克里希那穆提曾说："不带评论的观察是人类智力的最高形式。"

评论是我们习惯的沟通方式，非暴力沟通主张的观察与评论是大有区别的。例如，"领导昨天无缘无故对我发脾气"这句话中，"无缘无故"是评论，甚至"发脾气"也是主观臆断，真正观察的表达是"领导昨天对我拍桌子大吼"。显而易见，表达评论和表述观察的沟通效果是不一样的。评论附加了猜疑、臆测等情绪，如果言过其实，容易产生误解，沟通一方也会倾向于反感、反抗、反驳；而观察描述的是特定时间和情境中看到的事实结果，是对事实的尊重，也是对沟通对象的基本尊重。

人本主义心理学家罗杰斯提出"无条件尊重"求助者。尊重意味着真诚礼貌、平等信任，为良好沟通营造安全、自由的氛围。例如父母跟孩子的沟通，一个父亲说孩子"天天玩手机，学习成绩差"时，孩子的反应一定是不高兴而且逆反的。因为第一，大人可以玩手机，玩手机不是学习成绩不好的必然原因；第二，"天天"这样的评论带有情绪色彩，不符合事实的描述会引起反感和争议。如果父亲说"每天花在手机上的时间有两个小时，浪费了宝贵的学习时间"，孩子的反应可能就会是认同且接受。在沟通中描述我们观察的一切事实，用尊重和理解，实现真正有效的沟通，建立和谐的人际关系。

2. 感受—共情

在人际沟通中，我们常常被劝说或者劝说他人换个角度、设身处地站在对方立场看问题，而这种换位思考需要一种共情的能力。共情即站在对方的角度观察、感受和倾听，以他人为中心，识别和接纳他人。共情是双方的理解和体验，发掘双方真实的内心感受，以真心感受真心，当两个人的内心感受连接的时候，才能和谐、有效沟通。

心理咨询师对求助者内心世界的理解及体验要求运用共情，又称"同理心"。通过共情，咨询师能够设身处地、准确地理解求助者，把握求助者的内心世界，鼓励并促进其进行深入的自我探索，促进沟通双方彼此的理解和更深入的交流。

设身处地地表达感受，表达内心的真实情感，而非表达想法，通常使用"我觉得"这种词语并不能真正达到共情。例如，"我觉得你不喜欢我"表达的就是一种对他人进行判断的想法，不如告诉对方"我很伤心"更能表达内心感受，促进双方深入沟通。换位体察对方的感受，真实地表达自己的感受，设身处地地为对方考虑，这样才能找到沟通的融合点，达到情谊相通。

3. 需要—倾听

共情之所以难，是因为大多数人并不能很好地倾听，尤其是当沟通发生冲突和表达不愉快的情绪时，人们倾向于自我保护，不能在沟通中真正倾听他人的需要，发现话语背后的事实。心理咨询中，如果有来访者说"我真不想活下去了"，其实他想要的是有人能够读懂他的绝望，当你能够理解这个人的绝望时，哪怕什么都不做，只是耐心地倾听，也能让这个人在倾诉中得到安慰。

马歇尔·卢森堡说"非暴力沟通是一种基于需要的意识"，我们要认识到，人们做与不做某件事情都是为了满足某种内在的需要。例如父母看到孩子没在学习而是在玩手机，会觉得自己有一个不听话、不上进的孩子，但是在非暴力沟通中，"孩子没在学习而是玩手机"这件事情背后有孩子的需要，这个需要可能是放松，可能是快乐，可能是特别渴望在游戏的胜利中获得自信心的满足，甚至可能仅仅是他与伙伴的一次承诺。

仔细倾听对方的话，分辨话语背后对方是在表述什么样的感受，他有什么样的情感需求，这样你才能明白他到底想说什么，需要什么。对于一些人怀疑自己的能力或觉得自己无能时，如"我太无能了！""我真是个混蛋！"这时候你对他说"人没有十全十美的，不要太苛求自己"是没用的。你应该静下心来，给对方一些反馈，提醒他："你很失望，是因为你希望自己更优秀，对吗？"用心倾听语言背后的需求，才能真正直达人心，解决矛盾。

4. 请求—积极关注

大多数暴力的根源在于人们忽视彼此的感受与需要，而将冲突归咎于对方。夫妻间常听到抱怨说："在一起久了，他待我没以前好了。"可是为什么"他"总也做不到"她"想要的程度呢？因为不懂"请求"，缺乏积极关注，"他"不知道"她"到底需要哪种程度的关心。所以，非暴力沟通在表达观察、感受和需要后，要清楚地告诉对方，我希望你做什么。有效沟通总是要有所回应，需要我们对自己、对他人积极关注。对自己的认识越深刻，表达越清楚，我们就越可能得到称心的回应。

有效沟通的前提是和谐的关系。例如，亲子关系中，父母跟孩子讲再多道理也不见得有效果，很多父母会说"我是对的，我是为你好"，这是人际关系中两个非常有破坏性和杀伤力的信念，这样的沟通没有真正尊重、在乎对方的感受，往往得不到回应。积极关注就是辩证、客观地看待对方，也是帮助对方辩证、客观地看待自己，帮助他们深化自我认识，提出具体的请求。沟通的效果取决于他人对你的回应，有效果比有道理更重要。

（三）非暴力沟通的语言方式

沟通是一门语言艺术，非暴力沟通指导我们不再进行条件反射式的反应，而是关注自己的观察、感受和愿望，有意识地使用语言。结合生活实际，这里介绍4种比较实用的非暴力沟通语言方式。

1. 动态不评判

非暴力沟通是动态的语言，不主张绝对化的结论。像"总是""从来"这样带有评论性的词汇，或者带有主观评议性的词语，往往是情绪化的沟通，没有给对方留有余地，容易引起歧义和争议。沟通是动态的，只有实事求是地描述所观察的事实，不评判、评论或者指责，不倾向于绝对化的结论，就事论事，别人就不会倾向于逆反，沟通才能出现友善的回应。例如：

（1）"你从来不关心我！"（绝对化评论）

"这半年你只给我打了两次电话。"（观察事实）

（2）"他太霸道。"（指责评论）

"每次开会就他一个人发言，别人没有机会。"（描述事实）

2. 说"我"不说"你"

沟通产生暴力常常是由于人们习惯用"'你'信息"来表达，如"你怎么这样做""你总是丢三落四""你从来不考虑我的感受"，把情绪暴力指向对方，很容易造成矛盾冲突。如果用"'我'信息"来沟通，表达自己的观察、感受、需要和请求，沟通将友好而和谐。例如：

（1）"你没说清楚！"（指责你）

"可能我听岔了，也许我没听明白。"（反省我）

（2）"你们太过分了！"（批评你们）

"我们感到失望。"（表达我们的感受）

（3）"你怎么这么晚回来？"（对你的抱怨）

"我很担心你。"（表达我的感受）

3. 合一不批驳

提出对他人的批评和提出自己的主张，哪一个才是我们沟通的需要？如果我们通过批评来提出主张，人们的反应常常是申辩或反击。如果我们直接说出需要，其他人就较有可能做出积极的回应。

注意倾听对方的感受和需要，尽量不用"可是""但是""不"这样的词汇，表达"但是"或"不"时就意味着站到对立面了。出现意见分歧时，不直接批评反驳，可以用"同时"代替"但是"，使用合一架构的沟通方式，譬如"我尊重你的看法，同时……""我同意你的观点，同时也……"。这种沟通方式既表明站在对方的立场看问题，又建立起一个合作的架构，容易达成契合。如果能用同理心换位思考，很多看似无法解决的问题就迎刃而解了。所谓合一架构的沟通方式就是以共情的态度观察、感受对方的信息，促使沟通双方更深层次的合作交流。例如：

（1）你说的有道理，但是……（明显说对方没道理）

你说的有道理，同时我也有一个提议，不如我们再议一议，怎样？（表达自己）

（2）母亲对孩子说："不能玩手机！"（孩子很可能产生逆反情绪）

母亲对孩子说："我理解你想玩手机的心情，同时我想和你做个约定，先写完作业，每天适当玩20分钟放松一下，可以吗？"（感受对方的心情，兼顾满足需要）

4. 请求不命令

清楚地说出请求，可以在沟通中避免猜疑和不睦，但是语言表达需要注意，尽量不用"应该""应当""必须"这样的词汇，也不能有发号施令、强人所难的意思。请求的表达如果混淆于命令，便会不知不觉地形成语言暴力。非暴力沟通用来帮助我们在诚实和倾听的基础上与人联系。一旦人们相信我们看重彼此的感情，并能兼顾双方的需要，那么，他们也就会相信我们所表达的愿望是请求而非命令。例如：

你应该把自己的房间收拾整齐。（命令）

请你把自己的房间收拾整齐，好吗？（请求）

⏰ **沟通故事**

校长与教工的纷争

马歇尔·卢森堡博士在处理一所小学校长与教职工之间的纷争时，问教职工们："校长做了什么不符合你们的需要？"

有人说："他是个大嘴巴！"

有人说："校长的话太多。"

还有人说："他认为只有他想说的话是重要的。"

马歇尔·卢森堡博士认为，这些都是评判语言而不是描述语言。

可以想象，如果校长在场，他一定会想，凭什么说我是大嘴巴？我怎么话多了？什么叫我认为最重要的？

一场争吵就是这么产生的。

而用描述性语言应该是这样的：在全体教师会议上，校长讲述他的童年和参加战争经历，导致会议超时。

这完全是一个事实，校长无可反驳。

> 当我们和他们沟通时，用描述性语言比用评判性语言可以减少90%以上的纷争。而描述性语言的关键是说具体，说细节。

三、沟通美学修养

（一）沟通中的美学含义

"美"的含义很多，而关爱生命的善事、好事，是美的主要含义。正如《论语·颜渊》所说："君子成人之美，不成人之恶。"沟通中的美学均以此为基础。

美，是用眼看和用心关照而产生的知觉，知觉对于沟通过程所产生的理解的影响力大于事实和旨意。沟通之美在于语言美、心灵美、行为美的和谐统一，要用美的心态、美的眼睛、美的习惯去对待团队沟通中的人和事。因此，要有美学修养。我们可以通过阅读、观察、体验来发现美、感受美；也可以通过提高个人的美学素养和审美能力来创造美和传递美，提升团队沟通效果。

（二）"美"学修养的养成

人与人之间有隔膜或冲突，有时不一定是因为遇人不淑，而是我们看世界的角度要调整。同样一个世界，换一个角度看时，便会豁然开朗。团队沟通效果固然与技巧训练有关，但实际上，是否能发现美、感受美、创造美和传递美也是决定沟通成败的重要因素。因此，人们在沟通中也要有"美"学修养。

1. 插花欣赏

美好的东西会给人带来好心情。插花前，心中已充满对未知美好的期待，即便没有专业的技艺，但修剪插放，根据花材会得到一些灵感，接着去找相应的花器，插摆时左看看右改改，忙得不亦乐乎。因为爱花的美，在整个过程中都是满心欢喜。用美好的事物取悦自己，可以改善心情。

2. 阅读修身

"腹有诗书气自华。"读书是一种知识的积累，能力的提高，艺术的沉淀，形象的塑造。读书之人在举手投足之间，常常展现出书卷之气，言谈间温文尔雅，胸中能吞吐风云。所以，读书素来被视为有修养生活中的一件美事。

3. 纯真善美

儿童的眼睛是最清亮的，他们总会很清晰地看到世间的美和不美。成年后的我们也应具有小时候的那份纯真与善良，用澄澈的视角看世界。一个人选择以什么样的方式与世界联结，就决定了他的生命状态会是什么样。选择光明，就会沐浴在光明中，也给他人带去光明。以善美做事待人，方能维持安详与和平，守住恬静与幸福。

课堂互动

请思考并回答下列问题：在团体沟通过程中，你怎样认识非暴力沟通方式呢？

技能实训

七彩连环炮

实训目标：在团体交流中，勇于突破自己。

实训工具：气球若干。

实训步骤：

男女间隔排列，先男后女，以接力的形式，第一名同学跑到指定位置吹气球，直到吹破，然后跑回原位置换下一个同学，如此轮换，以两分钟为限，计时完毕时按吹破气球的个数记录成绩。

思考与讨论：

（1）在团体中你是善于表达自己的人吗？

（2）在陌生的环境中你具有勇敢精神吗？

拓展练习

信任背摔

目的：培养团体间的高度信任；提高组员的人际沟通能力；引导组员换位思考，让他们认识到责任与信任是相互的。

要求：

（1）每个队员都要笔直地向后倒下，而其他队员则伸出双手保护他。每个人都希望可以和他人相互信任，否则就会缺乏安全感。要获得他人的信任，就要先做个值得他人信任的人。猜疑他人的人是难以获得他人信任的。这个游戏能让队员在活动中建立及加强对伙伴的信任感及责任感。

（2）游戏人数：12～16人。

思考：

（1）你如何看待信任？

（2）你身边有很多值得信任的朋友吗？

参考文献

[1] 贾德芳. 创业团队建设与管理[M]. 北京：清华大学出版社，2021.

[2] 陶金. 团队建设与管理[M]. 2版. 广州：暨南大学出版社，2022.

[3] 姚裕群，赵修文，刘军. 团队建设与团队管理[M]. 5版. 北京：首都经济贸易大学出版社，2020.

[4] 潘建林. 团队建设与管理实务[M]. 3版. 北京：机械工业出版社，2020.

[5] 王聪颖. 团队建设与管理[M]. 南京：南京大学出版社，2019.

[6] 苗青. 团队管理成就卓越的基石[M]. 杭州：浙江大学出版社，2019.

[7] 陈锋. 团队管理[M]. 2版. 北京：中国人民大学出版社，2020.

[8] 周丽. 团队建设实训教程[M]. 北京：企业管理出版社，2021.

[9] 栾达. 高绩效团队：员工培养＋效率提升＋制度规则[M]. 北京：清华大学出版社，2022.

[10] 何雪英. 团队建设与管理[M]. 北京：清华大学出版社，2023.

[11] 荣晓华，张燕. 管理学原理[M]. 7版. 大连：东北财经大学出版社，2023.

[12] 彭云飞. 团队建设实务[M]. 北京：经济管理出版社，2021.

[13] 惠亚爱，舒燕. 沟通技巧与团队合作[M]. 3版. 北京：人民邮电出版社，2019.

[14] 谢红霞. 沟通技巧[M]. 3版. 北京：中国人民大学出版社，2018.

[15] 张向东. 沟通技巧[M]. 北京：中国人民大学出版社，2022.